防水・耐久テクノロジー

MAG SEALED
[DAIWA TECHNOLOGY]

SALTIGA

3500H ¥85,500 〜 6500H ¥106,000　※価格はメーカー希望本体価格です。

タフワイヤー
超絶剛力クラス遂にSTX68登場!

PEにはPEを想定したハリが必要だ。

STX-58はそこからスタートし
着実に、堅実に、実績を積み重ねてきました。

実績からの確信は、いよいよ剛力クラスSTX-68へと

特徴的なPE対応フォルムはもちろん。
しかし、本質機能はあくまでも「強く、鋭いこと」

釣りばりの本道追求です。

株式会社オーナーばり

本　社／〒677-0018 兵庫県西脇市富田町120　TEL(0795)22-1433(代) FAX(0795)22-6003　ホームページ http://www.owner.co.jp

Blue Sea's Shakotan Custom

積丹カスタム　北海道御用達

SEA'S Conductor
Full length BORON rod

Full Length BORON の粘り

フルレングス BORON POWER

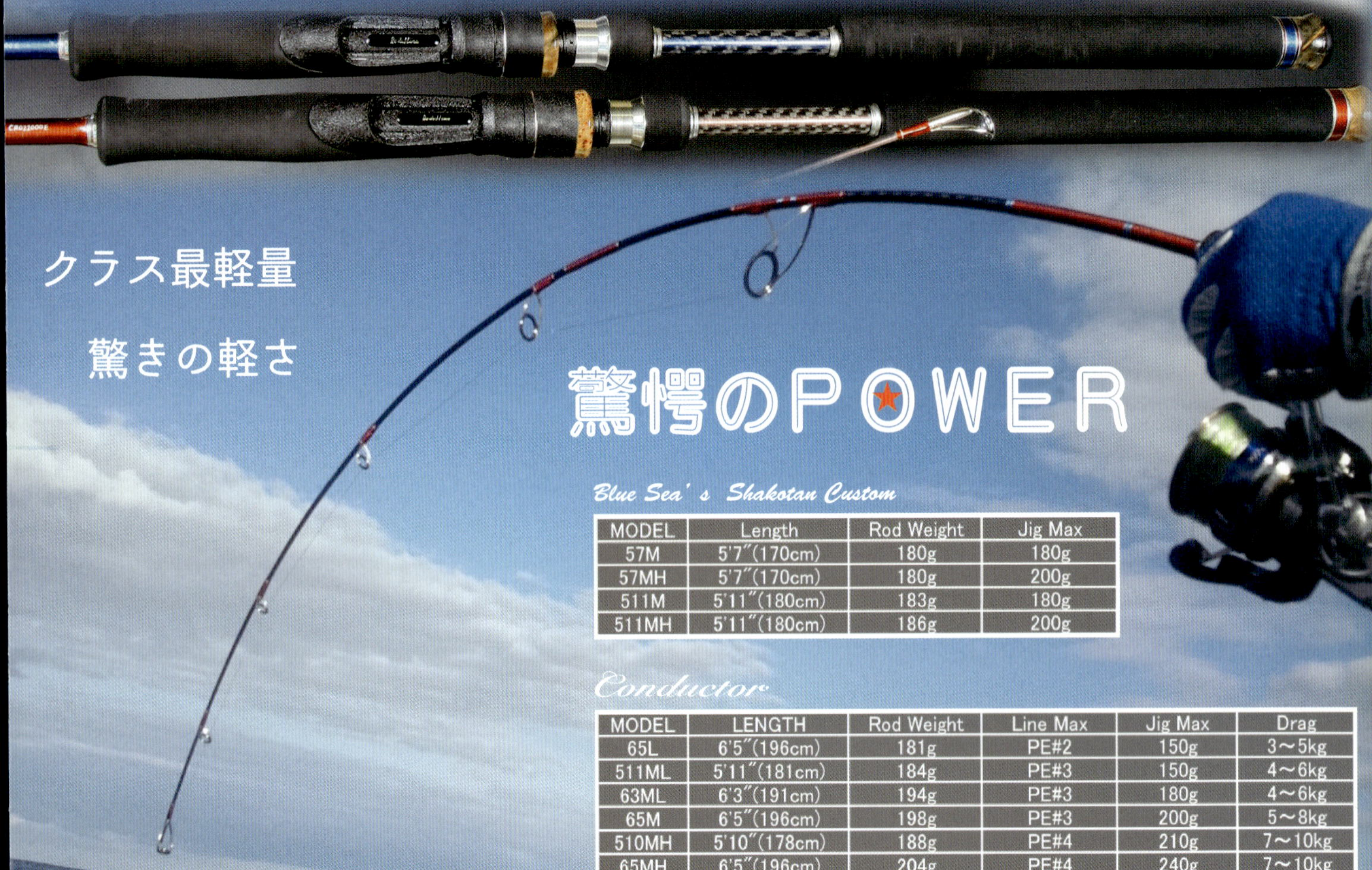

クラス最軽量

驚きの軽さ

驚愕のPOWER

Blue Sea's Shakotan Custom

MODEL	Length	Rod Weight	Jig Max
57M	5'7"(170cm)	180g	180g
57MH	5'7"(170cm)	180g	200g
511M	5'11"(180cm)	183g	180g
511MH	5'11"(180cm)	186g	200g

Conductor

MODEL	LENGTH	Rod Weight	Line Max	Jig Max	Drag
65L	6'5"(196cm)	181g	PE#2	150g	3～5kg
511ML	5'11"(181cm)	184g	PE#3	150g	4～6kg
63ML	6'3"(191cm)	194g	PE#3	180g	4～6kg
65M	6'5"(196cm)	198g	PE#3	200g	5～8kg
510MH	5'10"(178cm)	188g	PE#4	210g	7～10kg
65MH	6'5"(196cm)	204g	PE#4	240g	7～10kg

★ 積丹　Hモデル　登場

240g前後のロングタイプJigを操作するのにより適した
パワーアクションを持たせ疲れにくいレングスを設定しました

MODEL	Length	Jig Max
55H	5'5"(165cm)	240g
59H	5'9"(175cm)	240g

これまでのBlanks製作マンドレル(鉄芯)M-4.0 MH-5.0に対し、
Hには6.0を適用、Blanksパイプ内径をアップしてトルクを上げました。
レングスを5'5"にコンパクトにすることで、ロングタイプのJIG操作を
より快適にし、疲れを少なくしてくれます

ロッドカラー、名入れ、ガイド巻きスレッドカラー
インストライプ、ガイド設定、ハンドル長
ベイト仕様スパイラルガイド、etc
Blanksデザインからのフルカスタムオーダーまで
お受けしています

Restaffine custom rod m.f.g.
〒520-0516　滋賀県大津市南船路188　　TEL:077-592-8121　FAX:077-592-0107

http://restaffine.com
e-mail : restaffine@iris.eonet.ne.jp

※製品仕様はデザイン等、予告なく変更することがあります

鉄壁の鉄ジグラインナップ。

Current Rider
カレントライダー

激烈スライド、フラッシングフォールでアピール！

Weight(g)	120	150	180	300
小売価格(¥・税抜)	2,100	2,450	2,800	3,700

Swim Rider
スイムライダー

センターバランス・左右非対称。

Weight(g)	65	90	120	135	150	180	200	230	300	350	420
小売価格(¥・税抜)	1,700	1,900	2,100	2,200	2,450	2,800	3,000	3,300	3,700	4,000	4,500

Swim Rider Short
スイムライダー ショート

あたかも浮遊しているが如く漂うショートタイプ。

Weight(g)	80	100	125	145	175	205
小売価格(¥・税抜)	1,800	2,000	2,100	2,450	2,800	3,000

Swim Bird
スイムバード

だれもが使いやすく、そして操作しやすい。

Weight(g)	110	130	150	170	220
小売価格(¥・税抜)	2,100	2,200	2,500	2,800	3,300

Slow Rider
スローライダー

絶妙のバランスでアングラーを魅了する、鉄ジグの黄金比を踏襲。

Weight(g)	105	135	155	185	255	335
小売価格(¥・税抜)	1,600	1,750	1,850	2,200	2,700	3,000

Spin Rider
スピンライダー

フォールで喰わす！

Weight(g)	65	80	100	125
小売価格(¥・税抜)	1,450	1,500	1,600	1,700

Sus Rider
サスライダー

ステンレス素材の特性を活かした、鉄壁のスイミング性能！

Weight(g)	28	45	70
小売価格(¥・税抜)	800	1,100	1,300

SWANGER
スワンガー

水面直下の乱舞！

Weight(g)	32
小売価格(¥・税抜)	800

Nature Boys
Angler's Environmental Systems
http://www.e-natureboys.com/

発売元　株式会社ビッグオーシャン　〒039-3214　青森県上北郡六ヶ所村大字平沼字田面木246　Tel.0175-75-3121　Fax.0175-75-3125
製造元　青森宝栄工業株式会社　〒039-3214　青森県上北郡六ヶ所村大字平沼字田面木246

FAMELL JIGGING8 （ファメル ジギングエイト） NEW

8ブレイドが生み出す滑らかな糸質が、糸鳴り音やガイド抵抗を低減します。また、抜群の直線強度を誇る超強力8ブレイドPEに見えやすいイエローマーキングを採用。ロックショアジギングからオフショアでのライトジギング・鯛ラバ・テンヤ・青物ジギング・キャスティングゲームまで幅広く対応するジギング専用PEライン。

200m：0.6号／0.8号／1号／1.5号
300m：2号／2.5号／3号／4号

ブルー　オレンジ　グリーン　レッド　パープル
10m　　10m　　　10m　　　10m　　10m
※1m毎に黄黒黄マーク／5m毎に黄マーク 10m×5色

このマークのついた商品は「つり環境ビジョン事業」の環境保全に活用されます。

YAMATOYO TEGUSU Co., LTD.

730-2 Kasahara-Cho, Moriyama, Shiga 524-0004, Japan　TEL.077-582-2520　FAX.077-582-4721　http://www.yamatoyo.com

082 ブリ釣りABC
ビギナーさん、いらっしゃい！

- 083 スタイル別タックル考
  最初のワンセットを選ぶ
- 084 形状と素材、カラーについて
  ジグの特徴を知る
- 086 4種類を選抜
  ショア用ルアーの特性と使い方
- 087 安全＆快適に行こう
  オフショアスタイル
- 088 ラインとショックリーダーを結ぶ①
  PRノット
- 091 ラインとショックリーダーを結ぶ②
  FGノット
- 094 ショックリーダーとジグを結ぶ①
  トリプルニットノット
- 095 ショックリーダーとジグを結ぶ②
  パロマーノット
- 096 オリジナルなら嬉しさ倍増
  アシストフックの作り方
- 099 定番3パターンの接続法
  フックのセッティング
- 100 コレくらいはやっておこう
  最低限メンテナンス

102 北の大地にオススメ！
専用タックルガイド99
ロッド・リール・ライン・ルアー

- 114 美味しく食べ尽くそう
  読んだらおろせた！
  解説＝木越真周
- 120 皆の幸せな笑顔が見られる
  末広がりの八品
- 122 ブリ遊漁の草分けが語る
  草創期の釣り
- 124 ブリ釣りできます！
  全道遊漁船ガイド
- 130 From Staff

- 039 【Area_05 日本海／寿都町】
  いつ来ても、夢ふくらむ岬
  弁慶もたじろぐ怪力を求めて 文＝千葉栄治
- 042 【Area_06 日本海／積丹半島①】
  第一次ブームから、釣れるメソッドまで
  ブリジギング戦記 聞き手＝木越真周
- 046 【Area_06 日本海／積丹半島②】
  シャコタンブルーは眠らない
  夜の爆発力を体感せよ！ 文＝早田伸太郎
- 050 【Area_06 日本海／積丹半島③】
  抜群の景観も気持ちを昂ぶらせる
  刺激的すぎるトップの夜明け
  解説＝安瀬修一 リポート＝中川貴宣
- 055 【Area_06 日本海／積丹半島④】
  ショアブリの聖地から発信
  10kgを視野に入れたタックル＆メソッド
  解説＝小松健哉 リポート＝中川貴宣
- 060 【Area_07 道北日本海・オホーツク海／増毛町～浜頓別町】
  2014年は大フィーバー
  確立なるか"サーフ・ショアブリ" 写真・文＝伊原幸男
- 063 【Area_08 オホーツク海／網走市周辺①】
  トラウト派も続々と参入中
  ブリブームに乗り遅れるな！
  解説＝西川竜哉 リポート＝佐藤博之
- 066 【Area_08 オホーツク海／網走市周辺②】
  まだまだ開拓の余地あり
  ブリトップの新舞台 写真・文＝佐々木大
- 071 【Area_09 オホーツク海／知床半島①】
  10月は超大ものの期待大！
  世界遺産のブリジギング 文＝佐々木帝
- 074 【Area_09 オホーツク海／知床半島②】
  「まさか」が現実になったウトロの磯
  大地の突端シリエトクのショアブリ
  リポート＝西井堅二
- 076 【Area_All 北海道全域】非力な人でもノープロブレム
  スローなジギングはいかが？ 文＝佐々木大

North Angler's COLLECTION

ブリ釣り北海道
Off Shore & Shore Fishing

STAFF

Editor in Chief
平澤裕樹

Editor & Advertisement
山澤彰宏

Writer & Photographer
佐々木大
中川貴宣
西井堅二

Writer
岡 貞光
木越真周
佐藤博之
伊藤まき
小林 亮

Photographer
齋藤義典

Art Director
小澤篤司

Designer
須崎加寿代 (AD.man)

Editorial Supervisor
若杉 隆

Photograph by Takanori Nakagawa

CONTENTS

012 PROLOGUE
ブリ釣り始めるなら今でしょ!
写真=佐々木大

014 近年は全国屈指の漁獲量
鮭鱒王国はブリ天国にもなった!?
解説=星野昇

019 実績エリアに乗ってゆけ
北海道の鰤ルートを巡る

020【Area_01 津軽海峡/函館市戸井】一回の釣行で2度オイシイ
ジギングとキャスティングは互角!?

026【Area_02 日本海/松前町】魚種豊富な津軽暖流の入口
青もの御三家に出会えるかも!? 文=岡貞光

030【Area_03 日本海/上ノ国町】名物船長と釣り人が語る
南西部の草創期と現在 文=岡貞光

034 ジギングのベーシック

035【Area_04 日本海/江差町】常連直伝、鴎島戦略
翼の島で両手を広げる大ものを!
文=笠谷光仁 写真=中川貴宣

PROLOGUE

ブリ釣り始めるなら今でしょ!

　北海道といえば、昔から誰もが認めるサケ・マスの王国。今もそれに揺るぎはないが、夏〜秋にかけて、カラフトマスとシロザケの来遊量が年々減少しているのは事実。そんななか、来遊量が飛躍的に増えているのがブリである。ブリの漁獲量が右肩上がりになるのに伴い釣果もうなぎ上り。そうして近年、北海道でブリ釣りの入門者が爆発的に増えている。サケ・マスとは次元が違う、凄まじいスピードとパワー。それを両手に受け止めて、興奮しない人はまずいないだろう。これまで、青もの釣りの文化がなかった道民にとって、その強烈なファイトはじつに新鮮だ。

　以前もブリは釣れていたとはいえ、回遊エリアは道央〜道南に集中していた。それが近年、道北と道東にもブリが数多く来遊し、太平洋側を除いた広範囲で大きな盛り上がりを見せている。どのエリアでも10kgクラスは珍しくなく、大ものを追う夢もある。ジギングだけでなく、地域によってはトップウォータープラグのキャスティングでねらえるのも魅力だ。さらに、オフショアの人気エリアはショアから釣れているのも見逃せない。

　北海道では2000年前後、函館や積丹を中心に"第一次ブリブーム"が起きた。しかし、草創期の当時は有効なタクティクスが明らかでなく、ブリの魚影も今に比べると少なく、みんなが楽しめる釣りとはいえなかった。しかも、タックルが高価で入門者にとっては敷居の高い釣りだった。その点、今回の"第二次ブリブーム"は、何といってもブリの魚影が以前と比較にならないほど多く、入門者でも好釣果を望めるのがうれしい。そして、低価格帯のタックルが充実し、エントリーもしやすくなっている。

　日本のてっぺんである北海道に北上してくるブリは「天上鰤」と呼ばれ、その注目度は年々高くなっている。全国を見渡しても、10kgを超えるブリが釣れるエリアはとても貴重だからだ。大型のブリはここ数年、サケよりも市場価値が高く、一般の人もブリに対する関心が高まっている。そんななか、活締めした美味しいブリを食べられるのは、まさに釣り人の特権だ。

ブリは体側に黄色の縦帯があり、英語でyellow tail（イエローテイル）と呼ばれる。
圧倒的なスピードとパワーに加え、紡錘形の美しい魚体も人気が高い理由のひとつだろう
Photograph by Takashi Sasaki

【ブリの一生】

0歳期
表1

- 2～5月、東シナ海で生まれる
- 稚魚は流れ藻の下に隠れて北上
- 夏頃までに流れ藻を離れ、海面20℃前後の水温帯に沿って北上を続ける
- 9月頃に北海道まで到達=フクラギ

1歳期
表2

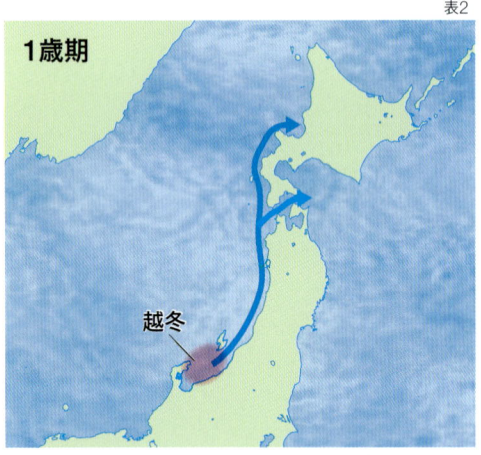

- 越冬後は再び北上し、活発にエサを食べる
- 体長40～60㎝、体重は2～4kgに成長
- 北海道へは8月頃に戻ってくる=イナダ
- 水温の低下とともに南下

2歳以降
表3

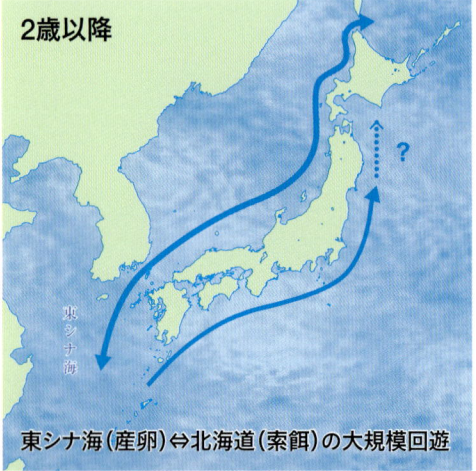

東シナ海(産卵)⇔北海道(索餌)の大規模回遊

- 産卵後は直ちに北上
- 日本海を北上したものは、6月頃には北海道に来遊=ブリ
- オホーツク海に、あるいはサハリン方面まで回遊しているとみられる
- 2歳:約75㎝/7kg→3歳:約84㎝/9kg
  →→→7歳:約1m/15kg以上

9月、斜里の水揚げ風景。定置網に入っていたのは、ブリが大半だった
Photograph by Kenji Nishii

近年は全国屈指の漁獲量
鮭鱒王国はブリ天国にもなった!?

解説◎星野 昇
(北海道立総合研究機構中央水産試験場)
Comments by Noboru Hoshino

これまでに出版されている
北海道関連の魚類図鑑を見ても
ブリが紹介されていることはまずない。
なぜなら、ブリはかつて
漁業の対象になるほど獲れなかったからだろう。
そんな北海道にどうしてこれほど
ブリがやって来るようになったのか?
実際、道内各地にどれくらい来遊しているのか?
その疑問を解くには、漁獲量を知るのが一番。
ここ数年で明らかになりつつある
興味深いブリの生態も含めて専門家に聞いた。

10kgは4歳以上

まず、出世魚のブリは、成長するにつれて名を変えることでよく知られている。関東では、ワカシ（35cm以下）→イナダ（35〜60cm）→ワラサ（60〜80cm）→ブリ（80cm以上）、関西ではツバス（40cm以下）→ハマチ（40〜60cm）→メジロ（60〜80cm）→ブリ（80cm以上）と呼ばれる。

関東も関西も80cm以上がブリで共通するが、それ以下のサイズでも6〜8kg以上であればブリと呼ばれることが多い。かつて道内では35cm以下の小型をフクラギ、それ以上をブリと総称する傾向にあったが、ブリ釣りが流行している近年は関東の呼び名を使う人が増えている。次に、ブリの生活史について『北海道立総合研究機構中央水産試験場』資源管理部主幹の星野昇さんにうかがった。

2〜5月に東シナ海で生まれた稚魚（モジャコと呼ばれる）は、流れ藻の下に隠れて北上しつつ夏頃までに流れ藻を離れ、20℃前後の水温帯に沿って北上を続ける。そうして9月頃、北海道沿岸に到達するのがフクラギだ。その後、秋〜冬になると、水温の低下とともに能登半島付近まで南下して越冬する。これが0歳魚の一般的な回遊パターン（表1）。

越冬後の1歳魚は再び北上してエサを飽食。早くも40〜60cm／2〜4kgに成長したイナダは、8月頃に道内沿岸に戻ってくる。その後はやはり、水温の低下とともに南下していく。60cmを超える頃から成熟が進み、冬から春にかけて東シナ海を中心に産卵。産卵後の個体は、6月頃には道内沿岸に来遊する（表2）。

つまり、ブリは東シナ海から北海道までの広範囲を回遊しながら、2歳で75cm／7kg、3歳で84cm／9kg前後に成長。多くの釣り人が目標に掲げる10kgオーバーは4歳以上だと考えられている（表3）。

ブリサイズなら全国1位？

道内におけるブリの漁獲量は2011年から飛躍的に増加している（表4）。2011年の漁獲量は全道で7145トン、2012年は7185トン、そして2013年には過去最高となる1万2036トンを記録。2014年は少し落ちたとはいえ、それでも8441トンと高水準を維持している。釣りでも2011年以降から爆発的に釣果が上がっているのは皆さんご存じのとおりだろう。ちなみに、前ページで記した"第一次ブリブーム"時の最高値は、2000年の3923トン。2013年と比べると約3分の1程度しかない。こうしてみると漁獲量の多さが釣果に直結するのは明らかだ。

【北海道におけるブリの漁獲量】

表4

凡例：留萌／宗谷／オホーツク／根室／釧路／十勝／日高／胆振／渡島／檜山／後志／石狩

振興局＼西暦	2000	2001	2002	2003	2004	2005	2006	2007	2008	2009	2010	2011	2012	2013	2014
石狩	1,702	825	22	35	6,556	21,732	5,206	1,075	328	2,879	33,571	93,047	54,866	32,939	21,893
後志	450,494	374,249	167,849	151,886	215,132	511,892	372,957	183,771	198,865	414,100	476,380	329,663	592,351	1,071,128	1,335,439
檜山	14,152	15,647	8,792	6,241	10,437	12,345	12,672	5,177	6,726	15,109	31,677	15,093	17,834	15,311	38,031
渡島	3,376,898	977,947	285,952	143,396	424,554	2,628,311	865,430	1,923,193	324,565	605,258	1,434,085	5,880,338	4,431,520	8,772,363	4,749,755
胆振					161	31,972	650	37,797	573	7,256	3,868	17,300	177,904	277,342	312,945
日高	30,710	8,021	5		387	115,777	7,260	64,507	628	1,870	26,531	397,118	905,411	861,858	530,419
十勝						28	33	181	2		122	1,445	101	820	3,096
釧路	363					29	73	83	10	14	5,618	3,084	416	4,379	48,444
根室	6,825	159		2		735	195	451	226	1,273	2,065	5,204	43,382	183,147	542,677
オホーツク	7,342	547	25	110	506	9,808	858	78	1,879	1,749	13,069	64,865	258,064	350,512	565,782
宗谷	12,771	7,561	9,298	83	10	9,603	15,137	15,328	2,268	18,010	72,113	295,311	627,107	366,133	231,146
留萌	22,348	85,974	30,950	3,740	11,011	86,389	50,572	12,589	45,683	101,177	69,840	43,207	76,170	100,890	62,087
全道計	3,923,605	1,470,930	502,893	305,493	668,754	3,428,621	1,331,043	2,244,230	581,753	1,168,695	2,168,939	7,145,675	7,185,126	12,036,822	8,441,714

単位：kg

※漁獲量は北海道水産現勢に基づく。2014年は暫定値

【全国の漁獲量に占める北海道の割合】

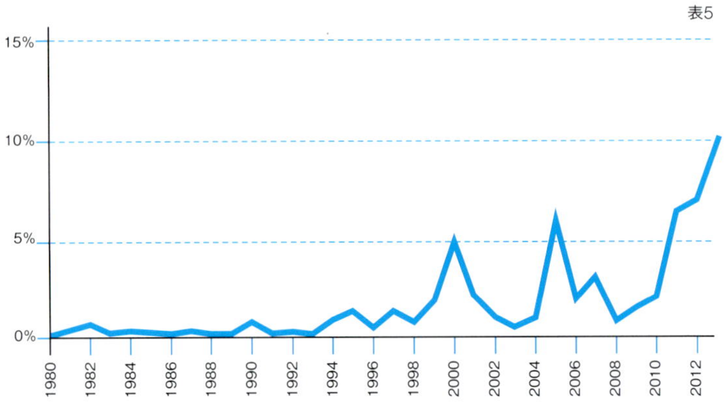

表5

北海道でブリが好調な要因は？
その1: 資源量自体が増えている

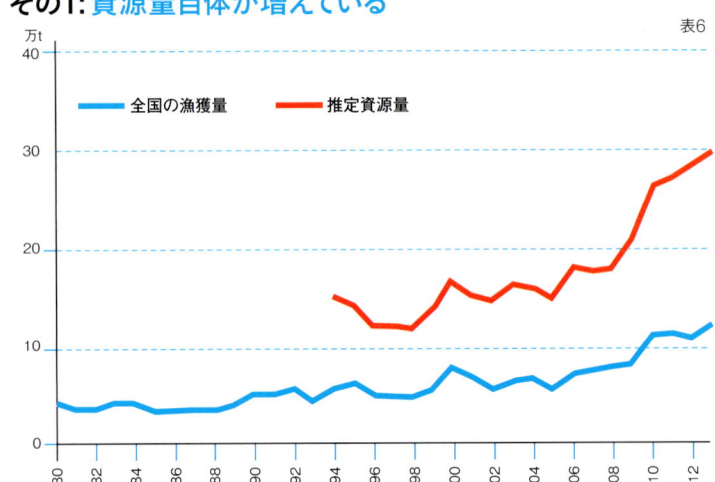

表6

その2: 温暖化に伴う夏季水温の高温化

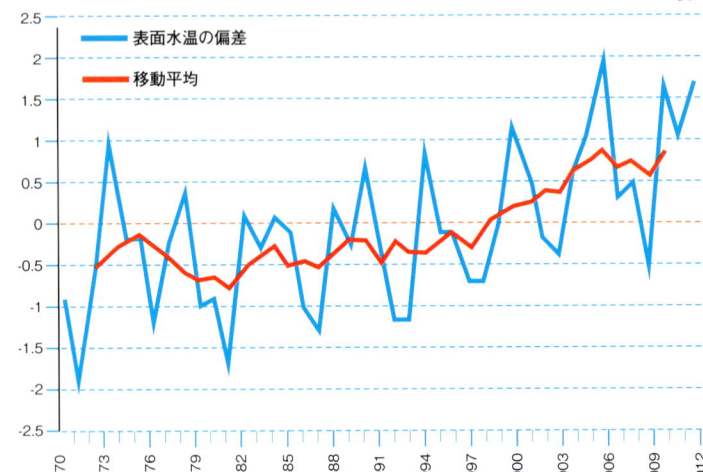

表7

「日本海東方沖」表面水温偏差（7～9月）※気象庁HPより

近年は全国屈指の漁獲量

鮭鱒王国はブリ天国にもなった!?

各振興局別の漁獲量を見ると、古くからブリのメッカとして知られる津軽海峡に面した渡島がずっと1位を堅持し、他を圧倒する漁獲量を誇る。これに続くのが釣り人視点だと道南日本海に面した後志や檜山のような気がするが、意外にそうでもない。2012年は日高が2位で宗谷が3位、2014年はオホーツクが3位。ここ数年は古くからそれなりに安定して獲れている後志、渡島以外の急激な漁獲量アップが際立っている。釣り人視点でみても、宗谷やオホーツクが大ブレイクしているのはうなずけよう。ところで、日高の漁獲量の多さに驚く人が少なくないのでは？本格的にブリをねらっている遊漁船はないようだが、数値からみると道南日本海にあるような気がする。遊漁ケ・マスの王国である北海道は、今やブリ天国でもあるのだ。

2012年は日高が2位で宗谷が3位、2014年はオホーツクが3位。ここ数年は古くからそれなりに安定して獲れている後志、渡島以外の急激な漁獲量アップが際立っている。釣り人視点でみても、宗谷やオホーツクが大ブレイクしているのはうなずけよう。都道府県別では、フクラギやイナダサイズの漁獲量が多い長崎県や島根県と上位を争うが、ブリサイズだけに限定すれば北海道が1位かもしれないという。サケ・マスの王国である北海道は、今やブリ天国でもあるのだ。

全国の10％以上を占めている（表5）。都道府県別では、フクラギやイナダサイズの漁獲量が多い長崎県や島根県と上位を争うが、ブリサイズだけに限定すれば北海道が1位かもしれないという。サケ・マスの王国である北海道は、今やブリ天国でもあるのだ。

星野さんによると、大きく2つの要因があるという。1つは「資源量自体が増えている」。推定資源量は右肩上がりを続け、全国の漁獲量も着実に増えている（表6）。2つめは「温暖化に伴う夏季の海水温の高温化」。ブリのハイシーズンである7～9月の表層水温は、以前と比べて確実に高い（表7）。

ブリの適水温は14℃以上で、10℃前後になると摂食障害を起こし、7℃以下で死ぬとされている。

る。そうした温帯性の魚ゆえ、これまで冷たい北海道の海には短期間しかいられなかった。が、海水温の上昇でブリの適水温が長く続く昨今、全道的にみると6月上旬〜11月下旬の約半年にも渡って漁獲がある。時期によって、獲れるブリのサイズにはバラツキがある。中央水産試験場のある余市町では、来遊の始まる6月頃は8kg以上の大型魚が多いが、徐々にサイズが小型化し10月に入るとフクラギサイズが増え、終盤に再び大型魚が目立つのが近年のパターン。釣り人の間でもよく語られているように、大ものに的を絞るならシーズン初期と後期であるのは間違いないようだ。

大ものは初期と終盤

では、どうして北海道全域でブリがこれほど獲れているのか？

回遊ルートは3パターン？

海水温の上昇に伴い、ブリの回遊ルートにも変化がみられるようになってきた。かつて釣り人の間では、対馬暖流に乗って日本海を北上したブリは、利尻島付近でUターンし南下すると思われていた。それが近年は宗谷や網走、根室の漁獲量の多さからも分かるように、宗谷暖流に乗って稚内を越えてオホーツク海に入り、根室付近までの広範囲を回遊する群れが増えているとみられる。また、対馬暖流以外の回遊ルートとしては、津軽暖流に乗って胆振周辺に来遊してくるパターンに加え、海水温の高い時期は黒潮（日本海流）に乗って太平洋を北上し、道東に入るパターンも推測される。日高以東で漁獲量が多いのは、そんなルートでブリが来遊してくるからかもしれない。

そのなかで、注目すべきは根室の羅臼。2014年の漁獲量は前年の約3倍と急増している。こ

【北海道周辺の海流】

[図：北海道周辺の海流　対馬暖流、宗谷暖流、東樺太海流、親潮、津軽暖流]

れについて「羅臼周辺は東樺太海流と親潮という北からの寒流に挟まれる形で、周辺の海域より高い水温帯が形成されます。そこにブリの主要なエサと考えられているスルメイカも滞留するため、ブリが溜まりやすい環境が広がっているのでは」と星野さん。

誰もが気になるのは今後の動向だが、「ブリの資源量は今のところ過去最高水準が続く見通しです」。年による北海道への来遊量は海況に大きく左右されるようだが、この流れが続いていけば安定して釣果が上がりそうだ。

近年、北海道の夏〜秋の市場では、こんな光景が珍しくなくなった
Photograph by Kenji Nishii

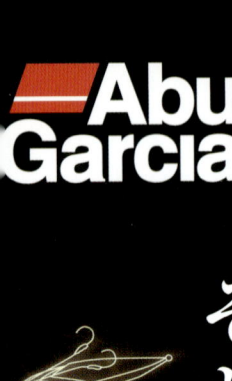

それは全く新しい発想

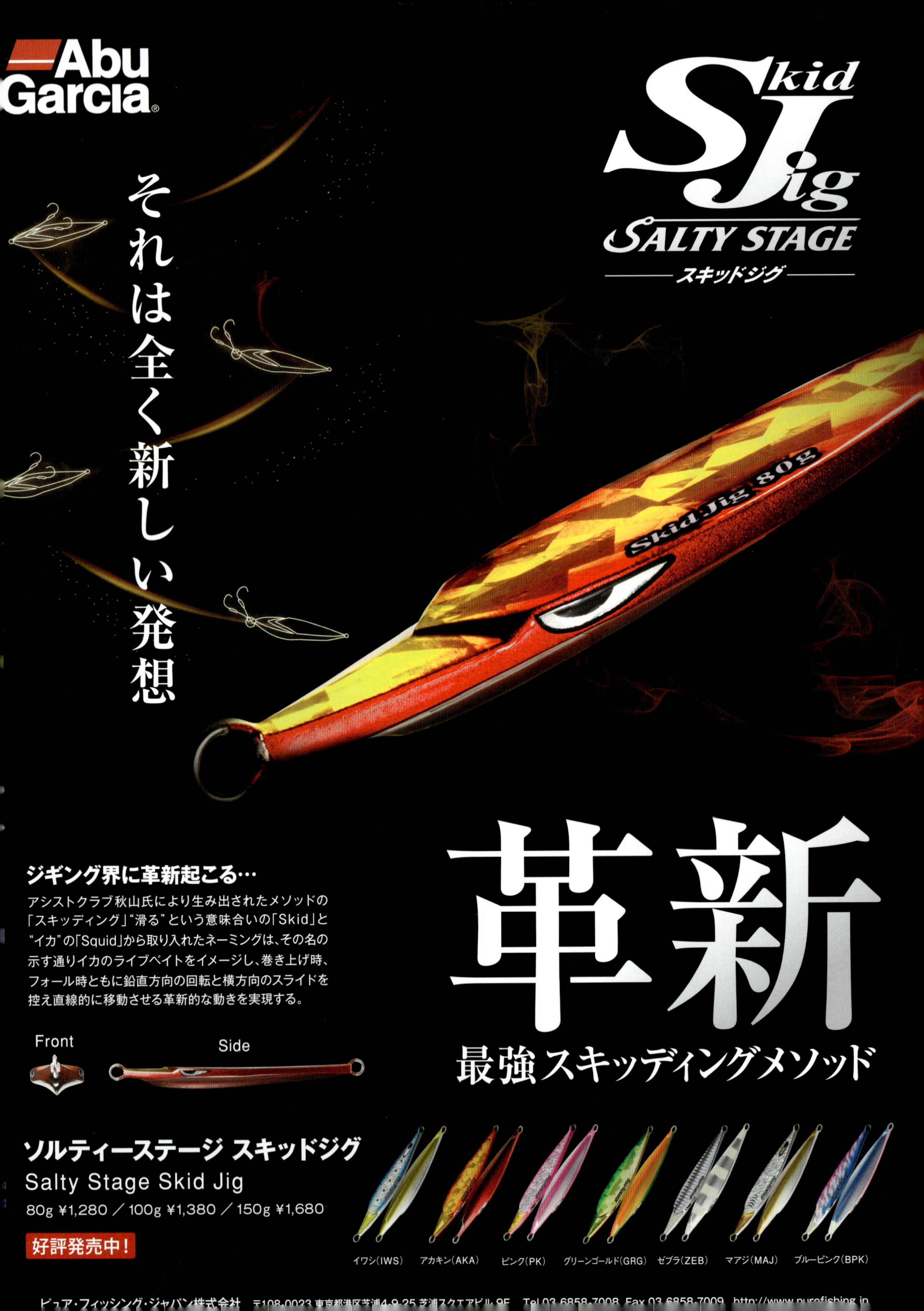

ジギング界に革新起こる…

アシストクラブ秋山氏により生み出されたメソッドの「スキッディング」"滑る"という意味合いの「Skid」と"イカ"の「Squid」から取り入れたネーミングは、その名の示す通りイカのライブベイトをイメージし、巻き上げ時、フォール時ともに鉛直方向の回転と横方向のスライドを控え直線的に移動させる革新的な動きを実現する。

Front　　Side

革新
最強スキッディングメソッド

ソルティーステージ スキッドジグ
Salty Stage Skid Jig
80g ¥1,280 ／ 100g ¥1,380 ／ 150g ¥1,680

好評発売中！

イワシ(IWS)　アカキン(AKA)　ピンク(PK)　グリーンゴールド(GRG)　ゼブラ(ZEB)　マアジ(MAJ)　ブルーピンク(BPK)

実績エリアに乗ってゆけ
北海道の鰤(ブリ)ルートを巡る

ここからは釣果実績の多いエリアに絞り、
オフショアとショアのステージに分けて
各地における開拓の歴史と釣り事情を紹介。
ブリジギングの古戦場である函館からスタートし、
対馬暖流に乗って日本最北端の宗谷岬を越え
オホーツク海の知床半島までを徹底ガイド。

釣果アップのきっかけを探るとともに、
誌上トリップを通じて
北海道のブリ釣りの素晴らしさを
道民はもちろん、道外のアングラーにも伝えたい。

● ジグのアイコンについて
= オフショア用ジグ
Jig Type01
= ショア用など軽めのジグ
Jig Type02
= スロージギング用ジグ
Jig Type03

一回の釣行で2度オイシイ
【Area_01 津軽海峡／函館市戸井】

ジギングとキャスティングは互角!?

北海道近海でベイトを飽食した戻りのブリが
シーズン最終盤にねらえるのは
本州との最短地、汐首岬がある函館市戸井。
目前に横たわる津軽海峡は
北海道におけるブリ釣り発祥地といえるが、
今もなお多くのアングラーを魅了して止まない。

群れに当たると連発必至。タモ入れに忙しい船長は、このサイズだと躊躇なくラインを持って抜いた

小さくても引く！

本州との最短地である汐首岬を擁する函館市戸井と、昔からクロマグロでよく知られ、近年は原発の動向が懸念されている青森県大間は目と鼻の先。汐首岬から大間まで、わずか17・5kmしかなく、よく晴れた日なら対岸の建物が識別できるほどだ。2015年度末に新青森駅〜新函館北斗駅間の北海道新幹線が開業予定だが、青函トンネルが距離の短い戸井〜大間の東側ではなく、福島〜竜飛の西側ルートになったのは水深が浅いのが大きな理由のひとつ。西側の最深部が130mほどに対し、東側はその倍くらい深い。そして、暖流の黒潮と、ベーリング海から南下してくる寒流の親潮が交わる深い海は底知れぬ可能性を感じさせる。

戸井は道内のブリフィールドのなかで最も早くから開拓されてきた場所で、道南や札幌近郊のアングラーのみならず、遠くは道東からも訪れるアングラーもいる。本誌でオホーツク海の釣り事情などをリポートしていただいた釧路市の佐々木大さんは、片道約600kmの道のりを雪が積もってもひた走る。どうして、それほど戸井にひかれるのか？足しげく通う愛好者に聞くと「これほどブリの魚影が多い場所はないから」と口をそろえる。条件がよければ、休む暇がないほどロッドが絞り込まれ、クーラーボックスの空きが心配になるという。

何といっても津軽暖流の出口にあたる戸井の特徴は、他地域に比べると潮がとても速いこと。汐首岬周辺は陸から見ていても海が川のように流れ、速いときだと6ノット（時速約11km）にもなる。ジグが船の真下に落ちるようにするには、きっちり船を立ててもらわないと厳しく片舷流しが多くなる。そうするとラインは斜めに入り、ジグが底に到達する頃には、まるで飛行機が滑走路に着陸するような角度で到達し、着底の衝撃が小さく分かりにくい。そのため、慣れないうちは根掛かりが多発するとはいえ、速い潮流は魚の強さを増幅させる。イナダクラスでも苦労するほどだから、ブリクラスの引きを想像してみていただきたい。

底をとるいくつかの方法

取材時に乗船した『第一海友丸』船長の谷藤宏志さんによると、ブリねらいで行くポイントの水深はおおむね30〜80m。当然、深くなる流れに翻弄され難易度は増してくる。そんな状況下でジグを投入すると、みるみるうちに船から離される。ジグがボトムコンタクトを確実につかめるように、200〜250gまで用意したい。

水深50m前後のポイントで多用しているジグは、センターバランスのセミロングタイプ230g。カラーはブルーピンクとシルバー系で実績が高い。水深が深くなると250g以上はほしくなり、身体への負担が大きくても300gをシャクる強者もいる。ジグのウェイトが重くなると、硬めのロッドでフックもゴツくしないとしっかりフッキングが決まらない。そればかりか、シャクリの動作がジグに伝わりにくい。ロッドは最低でもジグMAX200g以上、ややヘビーなタイプが頼りになるだろう。

このように底とりを重視するのは、着底後の数シャクリでヒットすることが多いう え、「大ものはベタ底で来る」と言われているため。だとしたら、着底後は間髪入れずにアクションさせたほうが魚の反応はよいはず。また、水深50m前後は根が荒く、ジグを素早く底から離さないと根掛かりしやすいのもネックだ。

ウェイト以外に底をとりやすくする方法として、ほかの素材よりも比重が高くコンパクトでも重いタングステン製や、沈下スピードの速いリヤバランス寄りをチョイスする方法もある。また、スピニングが主流だが、ベイトタックルを使うのも有効。ベイトはスピニングタックルと違い、ジグを落としている最中に出るイトフケが少なく、着底時の「トンッ」という衝撃が伝わりやすい。

松本さんのペンシルベイトの操作。ロッドを下向きにして"の"の字を描くようにジャーキングを加え、ペンシルベイトをダイブさせる。なお、キャスティングの釣りでは、頭部と目を守る帽子と偏光グラス、そしてグローブが必着だ

トリヤマの立つ場所にペンシルベイトをキャストすると、水面が沸騰して強烈な手応えが伝わってきた。トップで反応がなければ、50g前後のジグやジグミノーを速巻きするパターンが有効だ

Area_01 津軽海峡／函館市戸井　Off Shore Jigging & Off Shore Casting

ようやく顔を見せたブルーランナー。グッドサイズになると感激はひとしおだ

目を見張るトッププラグの引力

戸井で特筆すべき点がもうひとつある。それは、キャスティングによるトップウォータープラッギングが高い確率で楽しめることだ。本誌は2014年に戸井で取材を2回行なったが、ジギングとトップの釣果は、ほぼ互角という印象を受けた。もちろん、たった2回で判断するのは早計だが、道内各地でブリを追っているのジギングと札幌市の岡貞光さんは「ここほどナブラが立つ海域はないね。大体2回に1回はナブラ撃ちができる。道内でそんな場所は稀でしょう」と目を輝かせる。

ナブラとは、小魚の群れが大型魚などに水面近くまで追い込まれ、水面がざわつくようすをいう。誰が見ても興奮ものの光景で、そんな条件はトップウォータープラグで釣れる大チャンス。そして、以前に経験した過去最大のナブラを見たときのようすを話してくれた。

「20～30m四方のスペースで船周りの海面が沸き立ち、それが移動しては消え、また現われる。船長がナブラの方向に回り込み、船のエンジンを切って待ち構えると、土砂降りのような音を立て、トリヤマとともにナブラが近づいてくる。で、ナブラの泡の中をよく見ると、ブリがまるで池のコイのように口をパクパクさせているんだ」。

キャスティングチームは追い風になって飛距離を伸ばせる。キャスティングチームが陣取る。キャスティングチームは風上側にジギングチーム、風下側にキャスティングチームが陣取る。キャスティングチームは追い風になって飛距離を伸ばせる。

前述したように潮が速いので片舷流しになり、風上側にジギングチーム、風下側にキャスティングチームが陣取る。キャスティングチームは追い風になって飛距離を伸ばせる。

ヤスティングのロッドは7～8フィート、ルアーMAX80g程度が適している。トッピングで、どっちも釣れるの？」と疑問をもつ人もいるだろう。答えはイエス。当然、ナブラが立っている条件でこそトップウォータープラッギングは成立しやすく、ナブラは潮境で立つことが多い。しかし、静寂に包まれた海が突如、沸騰することだってある。この釣りを続けていると、トップウォータープラグがもつ、水面に誘う"引力"の強さを実感するに違いない。

「トレブルフックだと魚から外すときに危ないし、玉網に入れると絡まって大変」と、シングルフックを装着しての一尾

食う気マンマンだったのだろう、180mmのペンシルベイト、ダイワ『ソルティガ ドラドスライダー ヒラマサチューン』をがっぽり

もっとも、ジグが真下に落ちないからといって釣れないわけではない。潮流を利用して斜めにラインを出していき、シャクリを入れて誘いながらボトムエリアを広範囲にねらうのも手。この釣り方だと、ジグが船から離れるので魚に警戒されにくいといわれている。さらに、同じレンジにジグが滞在する時間が長く、じっくりアピールできるのも利点。魚の活性が低くても口を使いやすい状態にもち込める。他地域でも潮があまり動いていない時間帯は、ジグを可能な限りキャストし、斜めに探って釣果を上げているアングラーもいる。真下からジグをシャクリ上げるより、体力的な負担が小さいのもグッド。

たとえば、20m前後で魚探に反応が出たとすいて、20m前後で魚探に反応が出たとすいて、20m前後で魚探に反応が出たとすいて、20m前後で魚探に反応が出たとする。と、中層を回遊しているブリは水面割る可能性が高く、ジグで底をとっても釣方確認をしてからキャストすること）。ング、両方のタックルを持ち込みたい。キ戸井に来るときはジギングとキャスティイのように口をパクパクさせているんだ」。範囲を探れたほうが、バイトチャンスが増すのはいうまでもない（安全のため必ず後方確認をしてからキャストすること）。

022

クロマグロで鍛えているキャスティングは伊達じゃない。よく釣っていた松本さん。300gのジグも平然とシャクる剛腕だ

まずはビッグサイズから

今回、キャスティングで釣果を上げていた七飯町の松本則政さんは、津軽海峡でクロマグロゲームにも挑戦している生粋のトップフリーク。松本さんはナブラがあったらまず、迷うことなくダイビングタイプのペンシルベイトをキャストする。サイズは180〜200㎜。「最初に遊泳力のある大ものが来ることが多い。なので、アピール力の大きいビッグサイズで目立たせる」。

そして、ナブラの中にキャストして着水させたら、いきなりロッドアクションを加えず、「数秒はポーズを入れて放っておく」のが何よりも重要という。「ドバッ」と大きな水しぶきが上がって「やった！」と喜んでも、乗らないことが少なくないのがトップウオータープラッギング。そこでフッキング率を上げるには、アクション中に食わせるための"間"、つまりポーズ（ステイ）を入れるのが欠かせない。ロッドアクションを加えている最中にも出るとはいえ、止めているときのほうがヒット率は高く、かつフッキング率も断然高い。最初のポーズで出なければ、下向きに構えたロッドティップを手前に煽り、ペンシルベイトをダイブさせて止める（図1）。鳥が船のほうに近づいて来るような条件だと、そんなアピールを繰り返すのが効果的だ。

もし、ペンシルベイトに出なければ、水面下を探る作戦に切り替える。なぜかは分からないが、ナブラがあっても水面に出き

時は、キャスティングチームが「出た！」、ジギングチームが「乗った！」とタモ入れで両舷大忙し。盆と正月が一緒に来たような大騒ぎになった。ジギングとキャスティングの両タックルがあり、同船者とコミュニケーションが取れていれば「トップで反応がいいから次のポイントはプラグを投げよう」と、すぐにスタイルを変えられる。もちろん、その逆パターンもあり、一回の釣行で2度オイシイ思いを味わえるのは何とも贅沢。

Area_01 津軽海峡／函館市戸井

沖で掛けたブリは船に近づくと急速に潜り、一気にラインを引き出す。それに対して腰を落として耐えつつ、ブリの強力を全身で受け止める

Off Shore Jigging & Off Shore Casting

023

初雪の便りが届く頃が、丸々と肥えた戻りブリに出会えるチャンス。幸いにして戸井周辺は冬でも積雪が少ない

これまで、ショアの釣りがメインだったアングラーも、近年の好調ぶりを知ってオフショアに目覚める人が増えている

分に楽しい。でも、秋〜冬に釣らないのはもったいない。戸井まで南下してきたブリは、北海道狭しと各地を回遊しながらベイトを飽食し、脂をたっぷりと蓄えている。旨いブリとして知られる寒ブリは、富山県氷見で獲れるものが最上級といわれているが、戸井に集まるアングラーは「こっちの寒ブリも負けていない」と胸を張る。脂が乗っていて口の中でとろける。初雪の便りが届く頃が最高だ。戸井漁協はクロマグロだけでなくブリもブランド化しようと、船上で一本釣りしたものを活締めし、より美味しい状態で出荷する試みを行なっている。10

極上の寒ブリ

2015年は海水温の上昇が早く、どこも早くからブリが釣れている。戸井も例外ではなく、例年よりも1カ月ほど早い5月下旬から釣果が出ている。夏も充らない状況がある。そんな場合は、40〜60gのジグやジグミノーをキャストし、着水直後もしくは少し沈めてから速巻きしたい（図2）。また、魚の気配を感じるのにナブラが見られないときはポッパーの出番。素早くロッドをはじいてポップ音でアピールすると、ブリの活性が高くなり水面まで出てくるのは珍しくない。

そのほか、トップ好きのアングラーには、ペンシルベイトは水面をバシャバシャさせるスキッピングが効いたり、逆にラインスラックを取る程度しかリールを巻かず、シェイキングで静かにアピールするのもよいという。スローとファースト……ブリが興味を示すルアーの動きはさまざま。いろいろな誘いを試してみたい。いずれにしても、自分の操作するプラグに水しぶきが上がり、ロッドを立てると両手に衝撃が伝わる。そんなトップの釣りはじつにエキサイティングで面白い。

● ダイビングペンシルの操作 図1

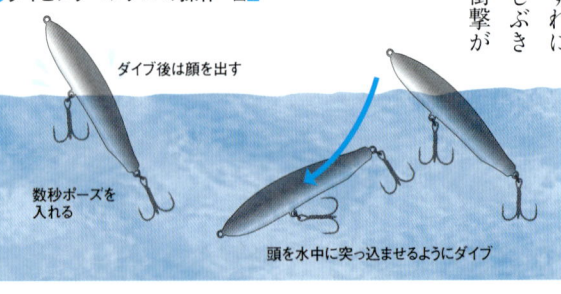

ダイブ後は頭を出す
数秒ポーズを入れる
頭を水中に突っ込ませるようにダイブ

● ジグとジグミノーの操作 図2

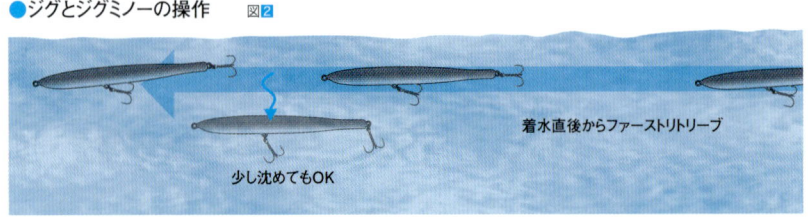

少し沈めてもOK
着水直後からファーストリトリーブ

024

kgクラスの大ものになると、かなりの値が付くらしい。そんな極上のブリを一尾まるごといただけるのは、まさに釣り人の特権だ。
2015年6月現在、対岸の大間原発の建設凍結を求め、函館市が訴訟を起こしている。その行方が注目されるが、もし稼働して事故が起きれば、津軽海峡に壊滅的な被害が出るのは明らかだ。道内屈指の豊かな海を、次世代に残さなければいけない。

ジギングでキャッチしたグッドコンディション。ジグはダイワ『ソルティガ サクリファイスⅡ スティック』200g。胃の中にはサンマ数尾とスルメイカが入っていた

ジギングでヒットした堂々の12kgアップ。戻りのこのサイズになると抜群に強く美味。アングラーは森町の内山直哉さん。ジグで大ものに的を絞るなら、底ねらいに徹するのが一番らしい

Area_01 津軽海峡／函館市戸井　Off Shore Jigging & Off Shore Casting

谷藤船長が舵を取る『第一海友丸』は、船揚場の斜路から出船する

025

北海道最南端の白神岬を望む。津軽半島の最北端、竜飛岬までは約19km。つい松前の名産、クロマグロが掛かるハプニングも期待してしまう

Off Shore Casting

Off Shore Jigging

Jig Type01

Jig Type03

Pencil Bait

Popper

ワンピッチジャークをメインに誘い続ける。写真の海況はよいほう。これから海が荒れてきて、やむなく退散を強いられた

ハードな状況下、待望のヒット。右は遊漁船『洋盛丸』の角谷船長。周辺の海を知り尽くしているベテランキャプテン

魚種豊富な津軽暖流の入口
【Area_02 日本海／松前町】
青もの御三家に出会えるかも!?

他地域で戻りブリのシーズンがひと段落する頃、目を向けてみたいフィールドがある。それは、津軽暖流の影響を顕著に受け、ブリだけでなく温帯域の魚種が豊富な松前だ。メインポイントになる白神岬沖の釣りと、真夏も楽しい松前小島を岡さんが紹介。

文◎岡貞光（札幌市在住）
Text by Sadamitsu Oka

白神岬沖
津軽海峡冬浪漫

津軽暖流の入り口にあたる北海道最南端・松前の白神岬沖は、道内で特に温帯域に生息する魚種がねらえるエリアといえる。ブリの魚影が多いだけでなく、アジ科魚種の最大種であるヒラマサやカンパチも混じり、"青もの御三家"をそろえるのも

松前の隣町、福島『吉岡温泉ゆとらぎ館』に行くと、決して狭くないロビーの壁をでんと支配しているのがイシナギの魚拓。2枚あり、写真の大きいほうは1998年7月26日にあがった183cm／111kg。福島は昭和最後の大横綱、千代の富士の生誕地として知られるが、全盛期の体格は183cm／125kg前後といわれ、ほぼ同じ。まさにイシナギは根魚界の大横綱だ。「昔に比べて数は激減しているから、釣ろうとは思わないけど夢があるよね」と岡さん。通常は水深500mほどの深場に潜んでいるが、産卵期の春になると浅場に岸寄りしてくる。主な生息地として知られるのは高知県や石川県、そして北海道道南

夢ではない道内で数少ない場所だ。2012年はヒラマサの釣果がよく、ブリと同じくらい数があがったという。ヒット率は年によって違うが、かなり水温が高いときは、白神岬の割りと浅いほうに群れが入るようだ。サイズは大きくて2～3㎏くらい、道内広しといえど、ヒラマサが釣れるのは白神岬沖と後述する松前小島くらいそう考えると、青もの好きなら一度は訪れる価値があるだろう。

ヒラマサやカンパチを視野に入れると、水温の高い夏～秋が好シーズンだが、ブリねらいなら冬が最高だ。何といっても南下してくる戻りブリが最後にたどり着く日本海だけに、でっぷりと太った大ものが望める。具体的には12月初旬～中旬。つまり、ほかの地域が釣れなくなった時期に行くと、思わぬ大ものが掛かるかもしれない浪漫があり、寒くてもロッドを握る手に力が入る。

私は松前の隣町、福島の漁港から出船する『洋盛丸』にお世話になっている。船長の角谷敏雄さんはサケマス遠洋漁業の船を下りた後、青函トンネルの工事に約20年従事したそうだ。全長53・85㎞に及ぶ青函トンネルの工事は、福島の吉岡から昭和39年に始まり、出水事故などでたびたび中断しながら昭和63年に完成。最終的に9000億円以上の巨費が投じられたといわれる。最初から最後まで先頭集団に立って掘った角谷船長は「もう土砂や水で……まるで生

き地獄のようだった」と当時を振り返る。その後、やはり海をこよなく愛していたのだろう、遊漁船業を営み現在に至る。

底をとれるかどうか

船はクロマグロ釣りで有名な竜飛岬と小泊を借景に、白神岬の灯台沖をめざす。ここでは潮境を釣るのが基本。角谷船長の話だと、白神岬の灯台から竜飛岬のほうまで一直線に潮境ができ、そのラインの水深50～60mが最も魚が付くポイントだという。根がとても荒く、一帯はソイの好ポイントでもある。

ブリのヒットレンジはボトムが多いとはいえ、戻りの時期になるとナブラが立つmほどアクションを加えながら

潮が速く、小型サイズでもあなどれない抵抗を見せる。スピード感満点の青もののファイトは、何度味わっても楽しい

白神岬と小島、どちらでも活躍してくれるジグ。上2本は『ソルティガ サクリファイスⅡ コンビジャーク』170ｇ、下2本は『ソルティガ サクリファイスⅡ スティック』200ｇ。どちらも、ダイワ

で一概にそうともいえない。中層辺りでヒットしたり、トップウォータープラグで出たりもする。潮は速いときで3～4ノット。さすがに津軽海峡の入り口らしく、荒いポイントでは、ラインが流されて根掛かりしやすくなる。そこで、ラインの色で底までの距離を把握するのだ。それを何度か続けているうちに分からなくなったら、ジグを回収して底をとり直すのが無難だ。

巻き上げた後、リールをフリーにして再び底をとる……その動作を繰り返す。しかし、そうした方法だと潮が速く、かつ根が荒いポイントでは、ラインが流されて根掛かりしやすくなる。そこで、ラインの色で底までの距離を把握するのだ。230gのジグで底がとれなかったら、何を使っても難しいかもしれない。もちろん、重たいのを投入すれば底がとりやすいものの、根掛かりが頻発するのがネック。逆にいえば、200g前後で底をとれる潮加減がベターだ。

こんな場所では、最初に着底したときのラインの色を覚えておくのが重要だ。ブリジギングは通常、底を一度とったら20

秋口はこのクラスがよくロッドを絞り込むが、寒さが厳しくなる初冬は丸々と肥えた大ものに出会えるチャンス

松前小島
ヒラマサの島

北海道最南端の無人島、松前小島。そ

松前小島は渡島小島とも呼ばれ、白神岬の西方約30kmの日本海上に浮かんでいる。周囲約6kmと小さいが、高さは約300mあって険しい

れは、渡島半島の日本海側にある白神岬より南西側の海上にぽっかりと浮かんで見える。晴れた日、この小島から右側に視線を移すと、望めるのが松前大島。2つの島は、地元で「コジマ、オンジマ」と呼ばれているが、仲よく並んでいる。ただ、大島までだと距離があるため、釣り人には港から1〜2時間で行ける小島のほうが親しまれている。

ここでジギングを楽しむようになり、10年くらいになるだろうか。最南端の島だけあり、白神岬よりもヒラマサやカンパチに出会える確率が高い。特に近年はヒラマサのヒット率が高い。島の周囲、水深20〜50mの根周りによく付くようになった。サイズは白神岬と同様に2〜3kgが多いとはいえ、5kgクラスもあがっている。ちなみに、青もの以外だと5〜6月は大型のソイやホッケ、夏は特大クラスのヒラメが魅力。それにコブダイ、クロメバル、オキメバルと呼ばれるウスメバル、さらにアオリイカもよく釣れる。

ぐるっと一周

島の周囲は、避難港のある側を表とすると、裏側に大ヒヤク島、小ヒヤク島という大きな岩の塊が点在している。

ヒヤク島を右手に見ながら島の周りを時計回りに一周してみよう。船でヒヤク島を時計の12時の起点とし、港側に進んで行くと、まず3時の位置で根魚がよく釣れ、ヒラメやコブダイもねらえる水深20〜50mの比較的浅い荒根地帯が広がっている。

港の正面方向まで来ると、水深50〜100mのバラ根地帯になり、水深はこの正面

ヒラマサをゲットして破顔一笑の女性アングラー。ちなみに、ブリとヒラマサの見分け方は難しいが、ヒラマサは胸ビレが腹ビレよりも短い点、上アゴの後端が丸みを帯びている点、体の中央を走る黄色の帯がはっきりしている点などで区別できる

が最も急深でブリの実績も高い。ここで6時の位置まで来たが、そのまま港の白灯台を右手に見ながら進行すると、水深50〜60mのバラ根と荒根が連続する地帯になる。クロマグロやブリのナブラは、この周辺でよく目撃されている。一般的なスペックのキャスティング用タックルもあるとよいだろう。

さらに進んで9時の位置まで来ると、右手に内側に抉れたような水深20m前後の浅いワンドが見えてくる。この辺りからヒヤク島にかけては、巨大な岩塊を思わせる松前小島の岩肌が壁のように立ち上がり、海上からの景観はじつに素晴らしい。ジギングで最もブリやヒラマサが釣れる場所でもある。ヒヤク島周辺は同じポイントでブリ、ヒラマサ、ヒラメ、コブダイがヒットする。

ヒラマサは3kg前後のサイズが多いとはいえ、北海道でねらって釣れるのは小島くらいだろう

青もの以外は大型ばかり？

ブリはほかの地域でも釣れるので、どちらかといえば松前小島でしかねらえないヒラマサをメインにすることが多い。そのため、釣行時期は海水温が最も上昇する8〜9月を選んでいる。時期的なこともあるが、大型ブリとの遭遇率は低く、2〜3kgまたは5〜6kgクラスの群れに当たることがほとんどだ。

前述したようにヒラマサは2〜3kgクラスが中心とはいえ、同サイズのブリと比較すると引きが強く、ファイトもしつこく感じる。また、フォールのアクションに対し、ブリよりも反応がよいようだ。

ジギングで青ものをねらっていると、小島ならではのコブダイがヒットすることがある。ベラ科の魚で、大きくなると"でこっぱち"が目をひく特異な形相。最初のダッシュは良型のブリを連想させるが、そのうちトルクはあっても何か違うと思っていると、ピンク色の魚体が水中から姿を現わす。ジギングで釣れるのは6〜7kgの大型ばかりで、小型は見たことがない。コブダイに出会うと松前小島

に来たことを実感する。

ジギングだと、なぜかヒラメもデカいのばかり。同行者も含めて70cm以上しか見たことがない。自分は2013年、90cmアップを釣ったが、その際に船長に聞くとメーター超えもいるという話だ。

スロージギングも◎

ジギングタックルは白神岬と同じでよいが（次ページの上ノ国で紹介しているスペックでOK）、大型の根魚が釣れる松前小島ではスロージギングもぜひ試してみたい。スロージギング用タックルは、ロッドがダイワ『キャタリナ BJ66XXHB』、リールがダイワ『ソルティガZ 30L』。ラインはPE2号、ショックリーダーはフロロカーボン40ポンドを8mほど。

ヒラマサは浅い根周りに付いていると書いたが、水深20〜60mと幅がある。そのため、ジグは100〜200gでショートからセミロングタイプのほか、スロージギング用も持ち込む。スロージギング用ジグは、ヒラマサやヒラメに対してはフォールアクションを重視し、ブリに対しては巻き上げのアクションでヒットさせるイメージで操作している。

魚種が豊富ゆえ、ジグのカラーは多めに用意したい。ブルー、ブルーピンク、グリーンピンク、ピンク、アカキン、シルバーなどの定番色から、根魚に有効なグロウの入ったゼブラ、片面がグロウのリバーシブルカラーもお忘れなく。

何が釣れるか……

遊漁船は松前の静浦漁港から出る『金洋丸』に、かれこれ10年ほどお世話になっている。船長の石山さんは長年、小島周辺でイカを中心とした漁を営んでいることもあり、釣れるポイントを熟知している。釣りに対しての理解もある実直でやさしい人だ。港には大小2艘あり、通常は5〜6人が乗るのに適した小さいほうで、大人数になると大きい船で出港する。

何が釣れるのか、行ってみるまで分からないのが松前小島。特に、海流や海水温の影響を受けやすい青ものはタイミングが難しい。それゆえ、必ず好釣果に恵まれるという保証はなくても、いつでも何がしかの魚が出迎えてくれ、冒険心をくすぐる魅力たっぷりの島であるのは間違いない。

7月に訪れた際、ロッドを絞り込んだコブダイ。最初はトルクフルでブリかと思うがスピードはない（右）
なぜかヒラメは大型ばかりで、メーターを超えるモンスタークラスも潜んでいるようだ。これは90cmアップ（左）

名物船長と釣り人が語る

【Area_03 日本海／上ノ国町】
南西部の草創期と現在

文◎岡貞光（札幌市在住）
Text by Sadamitsu Oka

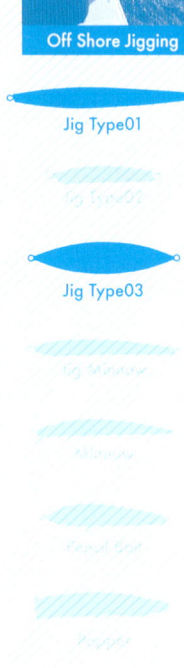

大型の玉網にブリが収まった瞬間、ジャークを繰り返した疲れはどこかに飛んでいく

次男の善成さんも大のジギング好き。全道から訪れるアングラーから知識や技術を吸収し、釣行ごとにデータを取っている

笠谷船長の長男、貴弘さん。遊漁の免許を持っていて、ときに舵を握ることがある。ウデのよさは父譲り

1990年代後半に函館が大ブレイクした後、続いて脚光を浴びたのが檜山振興局南端に位置する上ノ国町だ。道内で数少ない中世の文化財を有する街には同町のシンボルである北海道夜明けの塔が建ち、日本海南西部におけるブリジギング発祥の地でもある。その草創期を振り返りながら、当地の釣り方や特徴を紹介したい。

乗船者がヒットさせたら、隣のアングラーはジグをピックアップし、ランディングを手助けしてあげたい

昔のほうが型はよかった

上ノ国のブリジギングは毎年、時期になると周辺の各港や江差港マリーナから遊漁船やプレジャーボートが出て、おおいににぎわいを見せている。以前から道南日本海側のブリフィールドとして有名だ。そんな上ノ国でブリジギング草創期から遊漁船『北斗丸』の舵を取る笠谷順悦船長は、汐吹地区で北斗という民宿も経営している。

ある日、いつものように釣りが終わって夕食を取っているとき船長の昔語りを聞いた。ちょうど、船長の背後にある床の間には"生涯魚一貫"と書かれた掛け軸が飾られている。漁師を生涯の仕事として貫く意気込みを感じる言葉で、まさにそのとおりの人生を歩んできたように思える。

「岡さん、ブリの話だがのう。じつは、わしが中学生の頃から、イカをエサにした延縄漁では獲れておった」

船長は懐かしむように目をつむり、話を続けた。「無論、今のように数が多いわけではなかった。1つの延縄に7〜8尾というところだ。じゃが、型はよかった。15kgクラスもあがって、当時の浜値では1万円くらいで取引されていた」。

延縄では以前から漁があったものの、魚探で群れを捜し、ジグをボトムに落としから誘い、追わせ、食わせる釣りが流行り始めたのは、2000年以降からだ。数年早く、ブリジギングが流行していた函館に通うアングラーが、上ノ国に流れて来るようになったのが2001年。「2002年に伊達から来た議員さん2人が、6〜8kgのブリを40尾も釣りあげ、伊達のほうえらい話題になったらしい。この頃は、室蘭や伊達からのお客さんが特に多かった」と言う。同時期から、道央や道南の各地からもアングラーが集まるようになり、上ノ国のブリジギングは爆発的なブームとなっていく。

折しも、温暖化の影響なのか日本海側を北上してくるブリの群れが増え、寿都の大謀網に大量のブリが入ったと話題になった。当然、上ノ国の釣果も上昇。2002年あたりから、汐吹地区の前浜は連日、50〜60艘の遊漁船やプレジャーボートが集まる盛況ぶり。まだ50そこそこの年齢であった船長もブリジギングの虜になっていった。

長年のキャリアから

草創期のシーズンは、多少の年度差はあるものの、概ね7月下旬から10月下旬まで。ブリシーズンが終了する11月から、北斗丸はスケトウダラ漁に入る。船長の話だと、上りのブリがやってくる目安は、表面の海水温が20℃を超えたあたりから。ちょうどブリジギングが始まる前、7月上旬の夏ダラのジギングでブリの群れに遭遇する……」。

人生を歩んできたように思える。

とはいえ、本格的なシーズンインは7月下旬から。南から根伝いに北上してくる上りブリの群れが、松前側の原口から小砂子、石崎、汐吹、大崎と、江差寄りの方向に広がる各ポイントに散る。水深にしてそれぞれ、50m、70m、90m、100m、110m。深さの違う根周りを魚探で探りながら群れを捜す。

「シーズン初めは、なじみのお客さんに来てもらって試し釣りをすることが多い。ポイントに入ってから根に沿って流していくのだがのう。潮の流れは南からくる上り潮と、北から来る下り潮がある。上り潮は変わり際から潮が変わった後もよく釣れるが、下り潮は変わり際は釣れるものの、その後はあんまり釣れんもんじゃ。長年やっていても、やはり上り潮のほうがよく釣れる……」。

ワンピッチジャークを中心に釣りを組み立てる。当地でパイロット的に使えるジグは、セミロングタイプの220g前後

高校時代からジギングを楽しんでいる函館市の泉山仁志さん。お母さんはスゴ腕アングラー。親子でロッドを振ることもある

Area_03 日本海／上ノ国町　Off Shore Jigging

通常のジギングで反応が乏しく、スロージギングに切り替えるとヒット！

船に乗ったきっかけ

船長の話は夜更けまで続いた。2002年頃によく使われていたジグは『ジャックナイフ』、『メタルベイト』、『カットバック』など。午前はブルー系、午後はピンク系というように、割りとシンプルなカラーパターンでよく釣れたそうだ。私がジギングを始めた2005年頃は、ジグの種類もカラーバリエーションもかなり増えていた。そもそも、オフショアの釣りをするようになったのは、2001年末にクラブゴールデンドリームというJGFA（ジャパンゲームフィッシュ協会）所属クラブに加入したのがきっかけだ。

当時、同クラブは島牧村との共同開催で、海アメワンデートーナメントに取り組んでいた。クラブはブリジギングなどのオフショア愛好者グループと、ロックフィッシュの愛好者グループで構成されていた。そこで、とりあえずは自分もオフショアの釣りを始めてみようと思ったのだ。ところが、当然のことオフショアは沖釣りだった。

その後、ジギングタックルを入手し、ジグも各種そろえて徐々にブリジギングにハマっていく。北斗丸に乗り始めたのが2006年。そのときのメインロッドはダイワ『ソルティガ ヒラマサ63S』。リールはダイワ『ソルティガZ4500』。ジグはダイワ『ソルティガ ブラスト4500』。ジグはダイワ『ソルティガ サクリファイス スティック』

り。乗り物酔いをしやすい自分にはハードルが高い気もした。それでも、酔い止め薬キン、クロキン、グロウピンク、ブルーピンのアネロンなどを服用しながらブリジギングの扉を開いた。ただ、ジギングタックルを持っておらず、初めてブリジギングで江差から出たときは、誘ってくれた友人に一式を借りた。2000年前後に一世を風靡した遊漁船、函館の金龍丸に乗った際も、釣具店のスタッフにタックルを借りての釣

ところが、オフショアは自分にとって未知の世界。シャクリ方もよく分からず、最初は見よう見まね。船長や船長と一緒に草創期からブリジギングを楽しんでいる息子さんの話を聞きながら、ジグの操作などを覚えていった。実際、沖釣りでは船長のアドバイスに助けられることが多い。時に聞く

話は、ショアの釣りばかりやってきた自分にとって、とても新鮮で面白かった。

釣れる色は、ある

ブリジギングは一般的に、ジグを落としてボトムタッチさせた後、アクションを加えながら20〜30回巻き上げる。そして、再びリールのベイルを起こし、ジグを底に落

として同じようにねらうという繰り返し。ボトムタッチ後の2〜3シャクリでブリのアタリが「ドン」ときたとき、海アメの「着水ドン」に感覚が似ている。それも、この釣りに傾倒するきっかけになった。ヒット後、一気にリールからラインを引き出していくダッシュと重量感は、ショアではなかなか味わえない。また、夏の海上で景色が真っ青に染まるなか、汗をかきながら力いっぱいロッドをシャクリ、青ものとやり取りするシチュエーションはじつに爽快だ。そうして夏〜秋にかけて、毎年のように上ノ国に通い、気づくと10年の月日が経っていた。

ジグは大雑把にいって、ロング、セミロング、ショートと3パターンの長さがある。私が使用するジグでいうと、ロングは『スピードジギングロング』のブルー、アカ

この日、小型のカタクチイワシが食われていたようで苦戦を強いられたが、最後にグッドサイズが微笑んでくれた。定着性が強く、ジグのサイズにマッチするオオナゴがベイトだとジギングで釣果が上がりやすい

ダイワのスロージギング用ジグ『ソルティガ サクリファイスⅡ ロッカク』150gが貴重な一尾を導いた

032

ミズクサガレイ。身は干したソウハチのように薄いが、天ぷらにして食べるとふわふわで甘みがあって美味。最大50cmほどになる

右が通常のジギング用タックル。ロッドは『キャタリナ ジギング ヒラマサ60S』、リールが『ソルティガ4500』。PEライン3号を300m巻き、ショックリーダーはナイロン80ポンドを8mほど。左がスロージギング用タックル。ロッドは『キャタリナBJ66XXHB』、リールは『ソルティガ Z30L』。PEライン2号を300m巻き、ショックリーダーはフロロカーボン40ポンドを8mほど。いずれも、ダイワ

イガ サクリファイス スティック』（どちらもダイワ）、ショートは2014年から販売している岡クラフト『ボトムフラッパー』が該当する。このほか、スロージギング用ジグも携帯する。基本的にはセミロングタイプを使い分けている。上ノ国におけるブリフィールドの水深は50～110mと幅があがある。ジグは150～230gを用意し、水深と潮の速さに合わせてウェイトを選択する。

ロッドアクションはワンピッチジャークをはじめロングジャーク、ジャカジャカ巻きなどを試す。といっのが、半分あきらめ気味の午前10時過ぎ、いきなり船中でばたばたと釣れ始めるようなアクションでヒットするかはあると思う。

もう1つ、この海域ではジグのカラーがキーワードになると考えている。早朝から魚探に反応があるのにヒットしない状況

ベイト（カタクチイワシ、オオナゴ、スルメイカなど）で変わることが多い。これまでの経験から、細かい変化を取り入れたコンビネーションジャーク、ハイスピードジャカジャカ巻き、あるいはボトムをねちねちとスローアクションで誘わないとブリが口を使わないこともある。

また、魚探に反応があっても、簡単にヒットしないことも少なくない。ブリジギングではよくある状況だが、上ノ国では潮が関係していると思える現象もよくある（船長がいっているように、潮の変わり目は釣れるものの、下り潮はあまりよくない）。

ブリフィールドの水深は50～110mと幅がある。ジグは150～230gを用意し、水深と潮の速さに合わせてウェイトを選択する。

下、カラーをどんどん替えていき、ほかの色には興味を示さないのに、紫色に替えた途端ヒットが連発したことがある。これは印象に残る出来事だった。同じような場面で、船に乗り合わせたアングラーどうしのアタリカラー捜しが始まることもよくあ

る。その日その日でアタリカラーが変わるのは珍しくない。「この海域には、この色が効く」と言う人もいるが、潤沢なカラーバリエーションをもつことも、コンスタントにヒットさせるためのだいじな要素だろう。

シーズンは半年以上

上ノ国では、2010年あたりから海水温の上昇がみられている。2005年8月頃の表面水温は22～23℃だったのが、近年は25～26℃になっている。それに伴い、かつてブリシーズンは7～10月だったのが、近年は5～11月と半年以上も続く。5～6月は上りのブリで細いとはいえ型が大きい。7～10月にかけてはイナダからフクラギサイズの小～中型が多く、10月後半～11月に戻りの大型がねらえる。

ここ数年は7～10月前半にかけて、小～中型のブリが釣れる期間が長くなったと感じている。そうしたサイズは、以前より数がかなり多くなったようだ。この時期、大型に的を絞るのは難しい状況でも、上ノ国は魚種が豊富でホッケ、アブラコ、ソイ、ウスメバル、ミズクサガレイ、さらに大型のヒラメも釣れるので飽きない。ブリ以外の魚種も視野に入れ、スロージギング用のタックルを持ち込むアングラーもいる。上ノ国はブリのポイントが多いだけでなく、いつでもジギングが楽しめるオールラウンドなフィールドといえるだろう。

北斗丸は大小2艘の船があり、上ノ国漁港には大きな北斗丸、民宿に近い汐吹漁港には小さな北斗丸が係留されている。乗船者が4人までなら小さな船、5人以上なら大きな船で出港することが多い

笠谷船長。民宿の料理は海の幸がふんだんに盛られてボリューム満点。常連の多くは宿泊し、釣りと食事を満喫する

Area_03 日本海／上ノ国町　Off Shore Jigging

Basic of Jigging
ジギングのベーシック

ワンピッチジャークが基本

　1回シャクリ、1回リールを巻く。ロッドの振り幅は20〜50cm。ロッドとリールハンドルの上下運動は連動するが、テンポよくできるようになるにはある程度の慣れが必要だ。最初はゆっくり動かし、徐々にスピードを上げていくとよいだろう。ロッドのグリップ後端は右脇で固定し、右手は支える程度で軽く握る（右利きの場合）。

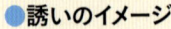

●誘いのイメージ

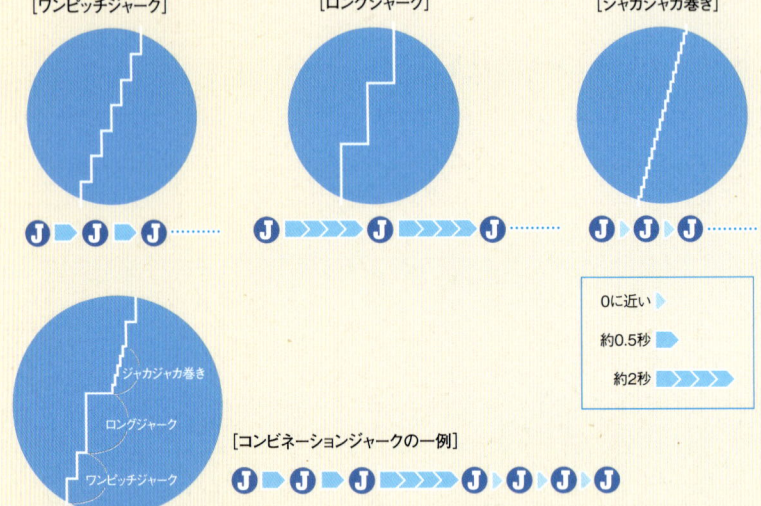

● 食わせるまでの流れ

　何よりもだいじなのは、確実にブリが回遊しているレンジを探ること。魚探や船長からの情報だけでなく、釣った人のレンジにも敏感になりたい。ジャーク時（シャクリ）は、魚にジグを"見せて→追わせて→食わせる"という流れを常に意識する。フォール中のジグにブリが追尾していて、着底後一発目のジャークでヒットすることもあり、うまくいくとフォール中にもバイトがある。フォール中は気を抜かず、着底した瞬間は「ジグの近くに魚がいる」と思って集中すべき。

● 主なジャーキングパターン

　別項で掲載している【ワンピッチジャーク】のほか、【2ピッチジャーク】（1回シャクリ、2回巻く）、【ジャカジャカ巻き】（シャクリと巻きを交互に繰り返す）、【ロングジャーク】（ロッドを大きくあおり、イトフケを巻き取る）などのジャーキングパターンが多用される。

　魚の活性が高ければワンピッチジャークを繰り返しても釣れるが、そうでなければ上記のジャーキングパターンを組み合わせ（＝【コンビネーションジャーク】という）、アクションに意図的に変化を入れ、魚の活性を上げて食わせるきっかけを与えるのが肝心だ。

　たとえば、ジグが着底したらワンピッチジャークやジャカジャカ巻きを行なった後、ジャークスピードをスローに変えて2ピッチか3ピッチのロングジャークに移行したり、たまにストップを織り交ぜるのも有効だ。

　なお、ボトムで反応があるなら底から15〜20m、中層なら30mくらいまで、ベタ底なら5〜10mのレンジを探った後、再びジグを着底させてから誘うのが基本だ。

● タイミングが重要

　運的な要素も大きいとはいえ、魚探に反応が出ているときにジグを投入していなかったり、釣れない人に限ってタイミングが悪いようだ。周囲が釣れているなか自分だけバイトがないと、どうしても焦りが生じチャンスを逃してしまいがち。そんなときは、状況を冷静に判断・分析し、とにかく落ち着きたい。また、よく釣っている人の真似をするのも手。ジグやカラーだけでなく、ジグを投入するタイミング、誘いを真似してみると意外にすんなりヒットしたりする。

【釣り座について】

　乗船したら釣り座を決める。早いもの勝ちといえるが、大ドモやミヨシに釣り座を構える人が多い。この位置は広範囲を探ることができ、かつオマツリする危険性が低いため。しかしながら、ジギングビギナーは場所取りに躍起にならず、胴の間に釣り座を確保するとよい。なぜなら、船の真ん中は比較的揺れが少なく、船酔いをする率が少ないため。さらに、操舵室のすぐ横なので、船長にアドバイスを受けやすい利点もある。

　ところで、船酔いを防止するには、あらかじめ酔い止め薬を飲んでおくのはもちろん、前日の飲酒をひかえて充分な睡眠をとることや、乗船1時間ほど前に消化のよいものを食べておきたい（逆に消化の悪いものは海苔や卵、牛乳、炭酸飲料など）。もし、どうしても耐えられないようなら思い切って吐いてしまうほうがベター。

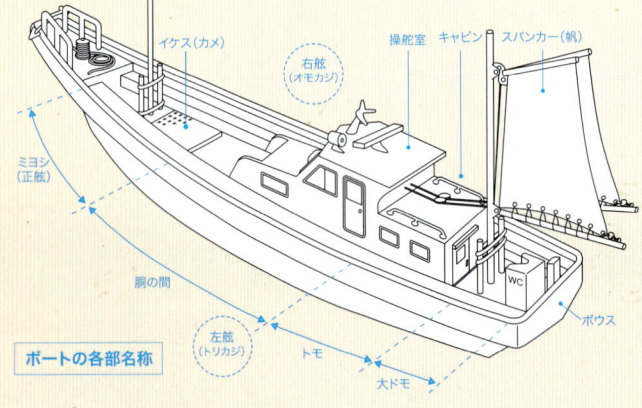

034

常連直伝、鴎島戦略
【Area_04 日本海／江差町】

On Shore

翼の島で両手を広げる大ものを！

ショアブリの開拓が進んでいる道南のなかでも、
アイヌ語で岬を意味する江差町は
青ものの回遊が多く、アングラーに人気が高い。
そこでシーズン中は毎日のようにロッドを振り、
ボウズはほとんどないという
地元アングラーのリポート。

文◎笠谷光仁（江差町在住）
Text by Mitsuhito Kasaya

写真◎中川貴宣
Photographs by Takanori Nakagawa

早朝の仕事前、ちょこっとロッドを振ることを「朝ちょこ」という笠谷さん。そんな釣行を繰り返し、高確率で青ものをキャッチしている。写真は10月に訪れた際の最大魚。フクラギクラスが多い時期に、このサイズが出るとうれしい。11月に入ると、もっとデカいのがアベレージになる

原点が青ものの楽園に

江差町の人気ショアブリ・フィールドである鴎島は、カモメが翼を広げたような形をした周囲約2・6kmの陸続きの島だ。市街地からのアクセスがよく、駐車場も広いため、昔から春のマガレイ釣り場として知られていて多くの釣り人が訪れる。また、磯自体がフラットな岩場で歩きやすく、ベテランからビギナーまで誰もが楽しめる。私の自宅から見えるこの島は、幼い頃からの遊び場でもあり、自分の釣りの原点といえるかもしれない。

ショアブリのシーズンは、その年の状況にもよるが、おおむね初夏の6月から晩秋の11月末まで。初夏はベイトのコウナゴの岸寄りに左右され、安定した釣果はなかなか望めないとはいえ、ブリはスレておらずヤル気満々。岸寄りさえすれば、ビッグチャンスの可能性がある。真夏は小型のフクラギサイズが多くなるもの数釣りが楽しめ、年によっては小さなシイラ、カンパチ、ヒラマサと出会える。本格的な秋を迎えるとサイズが大きくなり、晩秋には南下する戻りブリがねらえる。

自信のあるシステムで

この釣りで最も重要なのはラインシステムだと思っている。メインラインとスペーサーは電車結び、スペーサーとショックリーダーはFGノットで結束している。そして、スペーサーとショックリーダーを結束した予備システムを数本、空スプールに巻いて持ち歩いている。なぜなら、釣り場でFGノットを組むのが大変なのと、ボイルが頻繁に見られるラッシュ時にライントラブルに見舞われた場合、メインラインと電車結びするだけで素早く対応できるため。

035

鴎島は全域がポイントといえるが、状況判断を誤ると釣れない。高い位置から潮目の位置などを確認したい。なお、乙部や上ノ国の磯にも好ポイントが点在している

ショアジギングを始めた頃は、メインラインにナイロン60〜80ポンドのショックリーダーを直結していた。が、それだとラインとトラブルが起きやすく、結束部がガイドを通過するときの音が気になった。現在のスペーサーを入れるラインシステムにたどり着くまでには1シーズンかかったが、こうした試行錯誤も釣りの楽しみのひとつ。自分にマッチするシステムをみつけていただきたい。

タックルについては、ルアーのタイプと釣れる魚のサイズで変えるため、別項で紹介している計3タックルを持ち歩いている。

2大ポイント、釣れる条件

鴎島の沖側は磯場全体がポイントといってよいが、時期やその日の状況で魚の回遊ルートが変わってくる。磯場までは島内にある民家左側のコンクリート階段を上がり、島全体を見渡せる場所から左右どちらかに下りて行くか、民家右側の遊歩道から回り込んで千畳敷に行くルートがある（マップ参照）。

好ポイントのひとつは、白灯台下のガケから見える通称・三角島の左右。満潮から

ちょっといいサイズが掛かり、腰を落としてファイト。「おっ、走る〜。今日イチです！」と笑顔を浮かべながら引きを味わい、あわてず慎重に寄せてくる

036

この日は、140mm前後のミノーがアタリルアーだった。ロッドアクションで水面を逃げ惑うベイトを演出してヒット

魚の反応が少なくなってきたら、ルアーローテーションをマメに行なうのがだいじ。この一尾はミノーからジグミノーに替えて釣れた

● 逃げ場

西、北西の風が強い場合、クズレ鼻の内側（市街地側）が風をかわせる。また、そんな条件だとベイトも溜まりやすく、2013年にはカンパチを釣りあげている。2つめの好ポイントは、南側のクズレ鼻。ここは鴎島のなかで最も潮通しがよく、魚の回遊ルートになっていて大ものの期待も充分。満潮からの下げ潮で好釣果が望めることが多く、好シーズンは一日中ねばる価値がある。ただ、足場が高く、大ものをランディングする際は玉網が必要

の下げ潮のときは、右から左に潮が流れ、三角島の左に潮目ができてベイトが溜まりやすい。逆に、干潮からの上げ潮のときは、左から右に潮が流れ、三角島の右に潮目ができる。この条件を目安に立つ位置を決めるとよい。

潮流は鴎島の上から眺めると分かりやすい。磯に下りる前に見ておけば、朝マヅメの貴重な時間のロスタイムが少なくなるだろう。タイミングがよければ、ナブラやトリヤマも発見できる。

だ。また、このポイントまでは距離がある。飲み物や食べ物を持参するのをすすめたい。

裏は近年、アオリイカの付き場としても有名。アオリイカの盛期である9月は、エギングタックルもクルマに積んでおきたい。南、南西の風が強い場合、千畳敷から西防波堤までが風をかわせる。なお、西防波堤

Area_04 日本海／江差町 On Shore

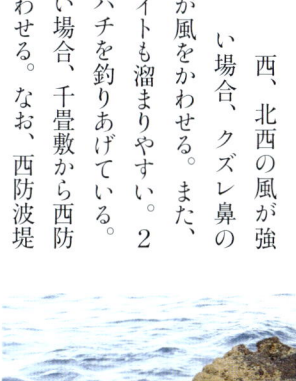
リリースは水際で。やさしく海中に投げ入れると、沖に向かって勢いよく泳いで行くはず

本誌アシスタントの伊藤まきが釣った小さなカンパチ。フクラギに似るが、頭の目の上から間にある帯が、八の字に見えるので分かりやすい

037

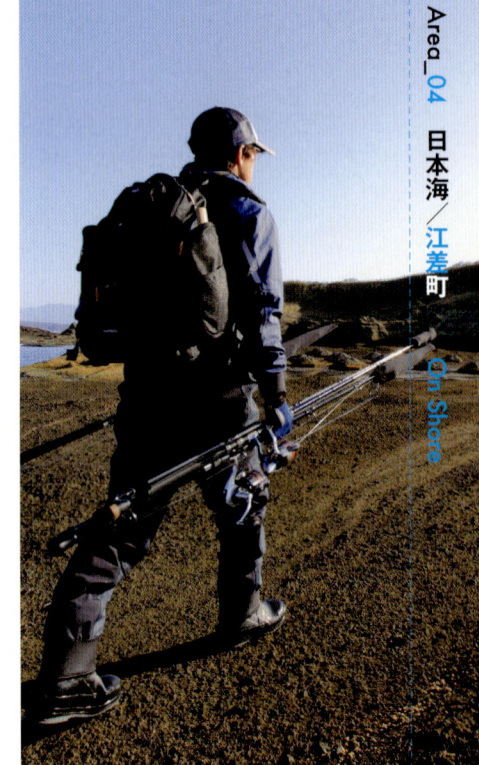

Area_04 日本海／江差町 On Shore

移動しやすいようにロッドはまとめ、ルアー類はリュックに入れる。クルマまでの距離を考え、魚のキープは最小限にしている

ベイトと時合

　青ものはベイトしだいといってもよいくらい、ベイトの接岸に釣果が左右される。シーズン中のベイトは、マイワシ、カタクチイワシ、コウナゴ、アジ、サヨリ、アオリイカなど種類が豊富。それを捕食するナブラやボイル音は圧巻の一言。何シーズン、何度と経験しても興奮で手が震え、平常心でキャストするのが大変なほどだ。ベイトの動向は釣り場で確認するのが一番だが、近くの漁港でサビキ釣りをする人に聞いてみたり、漁師から情報を得るのもひとつの手段。

　また、釣果を伸ばすにはルアーのサイズにも気を遣いたい。ベイトのサイズに合わせるのが基本とはいえ、ターゲットのサイズにルアーを合わせるのも手。フクラギのサイズでも数を釣りたいなら小さく、イナダやブリクラスに的を絞るなら大きなルアーを選択する。ただ、ブリがたまに何かを偏食していることがあり、その場合はベイトとサイズやカラーが一致しないと、反応しても口を使わない現象が起きる。

リュックの中はルアーでいっぱい！「どんな状況にも対応できるようにと思ったら、ついつい数が増えて……」と、かなりの重量。携帯しているルアーのタイプは、28〜90gのジグ、100mm前後のジグミノー（アシストとリヤにトレブルのフックシステム）、150mm前後のミノー（シンキングとフローティング。シャロータイプで実績多し）、オフショア用のペンシルベイトとポッパーなど

　時合については、どんな釣りでもそうだが、朝夕のマヅメ時がよい。ただ、意外に日中も釣れる。朝マヅメはフクラギサイズだけだったのに、日中に良型がヒットしたことが何回もある。あきらめずにキープキャストを続けるのもだいじだ。特に岬の先端でロッドを振っていると、潮にルアーが流されて釣りにならない場面があるが、ブリなどの青ものは速すぎる潮が嫌いなのか、自分はあまりよい思いをしたことがな

い。だが、その速い潮が緩む瞬間や止まる直前、あるいは止まった潮が動きだすタイミングは見逃せない。潮の動きをしっかりと感じながら波の音を聞き、キープキャストを心掛けたい。

まずはライトに始めよう

　ショアブリというと、何だかハードルが高いように感じられる。そこで、まずは海

アメ＆海サクラ用タックルから始めてみてはいかがだろうか？ ルアーは海アメ＆海サクラの定番であるジグ、ジグミノー、ミノーで実績がある。もちろん、ライトタックルで取れるのはフクラギサイズまで。それで青ものの強い引きを体験してみよう。そして釣行を重ね、もっと大きいサイズを釣りたくなったら、そのときにタックルもサイズアップすればよい。自分も始めはライトタックルで挑み、どうにもできない大ものが掛かってくやしい思いをしてからヘビータックルを買いそろえた。

　最後に、私の経験上、フクラギサイズが釣れ続くと、良型は期待できないパターンが多い。一方、サイズにむらがあるときは、ドカンと来るので要注意。海アメ＆海サクラと違い、6〜11月の比較的に暖かい季節で楽しめるショアブリに、皆さんにもぜひ挑戦していただきたい！

●使用タックル

●ハードタックル（ジグ80〜100g用）
ロッド：10フィート ジグMAX100g／プラグ30〜60g
リール：ダイワ4500番ハイギヤタイプ
ライン：PE2.25号
スペーサー：PE4号を1ヒロ
ショックリーダー：フロロとナイロンのハイブリッド50ポンドを5ヒロ

●ミディアムタックル（ジグ60g前後＆プラッギング用）
ロッド：10フィート2インチ ジグMAX80g／プラグ20〜50g
リール：ダイワ4000番ハイギヤタイプ
ライン：PE2.25号
スペーサー：PE4号を1ヒロ
ショックリーダー：フロロとナイロンのハイブリッド40ポンドを5ヒロ

●ライトタックル（ライトプラッギング用）
ロッド：10フィート2インチ ルアーウエイト12〜50g
リール：シマノ5000番パワーギヤ
ライン：PE2.25号
スペーサー：PE3号を1.5ヒロ
ショックリーダー：フロロとナイロンのハイブリッド30ポンドを3ヒロ

On Shore

Jig Type02
Jig Type03
Jig Minnow
Minnow
Pencil Bait
Popper

ここまで寄せて来ても油断はできない。磯では岸際の根がランディング率を大きく低下させる。しかし、それもショアブリの面白さ

いつ来ても、夢ふくらむ岬
【Area 05 日本海／寿都町】

弁慶もたじろぐ怪力を求めて

2000年前後のショアブリ草創期から積丹半島に匹敵する実績を誇るのが、ホッケや海サクラでも有名な弁慶岬周辺。何といっても魚影の多さに加え、安定して釣果が上がるのが魅力だ。弁慶岬をメインに釣行を重ねる千葉さんに釣れる条件やメソッドを解説していただいた。

文◎千葉栄治（札幌市在住）
Text by Eiji Chiba

無人の磯が今や……

　その昔、怪力無双の荒法師・武蔵坊弁慶が北上してくる船を待ったという伝説が残る弁慶岬は、昔から春と秋のホッケ釣りでよく知られるポイントだ。それが近年、以前はほぼ無人だった真夏でも釣り人の姿が絶えない。そう、ブリをねらうアングラーだ。

　寿都に位置する弁慶岬は、地図を見ると分かるように、日本海に突き出した半島の先端で潮通しがよい。そして、寿都市街寄りになる寿都湾の奥に朱太川が流れ込み、その湾内では牡蠣やホタテの養殖が盛ん。栄養豊富な比較的浅い海域だ。反対に島牧側に目を向けると、沖合に日本海を北上してくる対馬暖流がある。この南からの海流のおかげか、弁慶岬付近は水温の上昇が速く、かつ安定している。海岸のようすは、というと、寿都側は切り立った岩根の荒い岩礁帯、島牧側は飛び根が点在する遠浅の砂地。岬の東西で地形は異なり変化に富んでいる。

　私が弁慶岬で青ものを追い続けている理由は、とにかく魚影が多くショアからでも夢があるからだ。この背景にあるのは、前述した弁慶岬の位置と地形に加え、朱太川の存在などが大きいと考えられる。

釣れる時期と好条件

　弁慶岬でブリがねらえるシーズンは、年によって若干の前後はあるものの、おおよそ6〜11月。開幕当初の魚体は細いながらもグッドサイズが期待できる。しかも、栄養塩の少ない対馬暖流に乗ってやって来るせいか、ブリはルアーに好反応を示す。このファーストランは、規模の小さな群れであることが多い。それでも、水温の上昇とともに断続的に群れが北上してくるので、ベイトさえ岸近くにいればブリの反応を得られるはずだ。

　水温の上昇とともにサイズは小さくなってくるとはいえ、タイミングによって70〜80cm以上も混じるので気が抜けない。そしてサイズにバラつきはあっても、10月まで安定して釣果が上がる。10月中旬以降はしだいに海がシケる日が多くなり、足場の低い弁慶岬周辺は安全に釣りを楽しめる日が少なくなる。

　好釣果を得られる要素に風がある。ほぼ真北に向かって位置する弁慶岬は、背後にある高い海岸段丘のおかげで、強い西風で

も寿都側は釣りが可能だ。同様に強い東風でも島牧側は釣りができる。寿都湾で育まれた豊富なプランクトンが弁慶岬周辺に滞留しベイトが寄る条件になるには、湾内から外海への潮の流れと、表層の水を動かす風が重要らしい。それに加え、多少の波やウネリがあるとベター（ただ、波高1・5ｍ以上になると磯に立てない場所が出てくるので注意したい）。よい条件に当たると複数尾キャッチできることも珍しくない。とはいえ、そんな条件に当てはまらない、強い南風や無風状態でもヒットはする。ブリの群れが岸寄りする条件はほかにもあるのだろう。

時間帯に関しては、やはり朝マヅメが本命。朝マヅメはどんな釣りにも共通するチャンスタイム。ブリも明け方に磯際や根周りにいるベイトをねらって回遊してくるようだ。朝マヅメ以外では晴天時の昼過ぎ、そして夕マヅメが見逃せない。潮止まり間際や、潮が動き始めるタイミングもチャンスだ。

海サクラタックルの限界

釣り方については、季節ごとに異なるベイトによって変えていくのが賢明だ。私が用意しているルアーのウエイトは30～130ｇ。メインになるジグは、センターバランスや水平フォールするタイプの80～105ｇ。そのほか、海サクラで使用する30ｇ程度のジグミノー、青もの用のダイビングタイプのペンシルベイト、ポッパーなども携帯している。フックは細軸のトレブルフックを伸ばされたことが数度あるため、大型青ものに対応できる太軸をセットしたい。ジグミノーは動きを妨げない程度のサイズの自作アシストフックをフロントに装着し、テールフックは付けていない。

タックルはショアジギング専用で臨みたい。100ｇ前後のジグをキャストできるロッドに、リールは最低でもダイワなら3500番以上、シマノなら6000番以上をセットし、なす術なく200ｍ巻いたラインを下巻

きまで出されるほど走りまくられ、最終的にＰＥライン1・2号が沈み根に擦れて切れてしまった経験がある。そもそもトラウトを圧倒するパワーとスピードを秘めるブリを、磯際に寄せて釣るというのは非常に不合理。何よりブリは1ｍ／10ｋｇオーバーの可能性がある。磯からある程度のタックルが照準を定めるなら、それなりのタックルが必要になるのは当然だ。

ベイトで変わるメソッド

6～7月のシーズン前半は、イカナゴ（コウナゴ）や小さなイカがメインベイトになる。そのため、ジグで飛距離を稼ぎ、砂地の底をとってジャークを織り交ぜるリトリーブに反応がよい。キャストして着底させた後、タダ巻きでヒットすることも多い。ジャークについては、砂から飛び出すイカナゴやボトムに潜むイカをイメージし、横方向のジャークでアピールする。これはベ

ト。ＰＥラインは3号を基本に2～4号。ショックリーダーは50ポンドを中心ながら、大型がねらえる時期は80～100ポンドをチョイス。リーダーの種類と長さは好みもあるが、プラグにはナイロンを5ｍほど、ジグにはフロロカーボンを4ｍほど接続している。

ところで、海サクラ用のタックルやラインシステムで挑み、実際ランディングしているアングラーもたくさんいらっしゃる。が、それ以上にせっかくヒットさせた良型をラインブレイクで逃す光景をキャストできても、60～70ｃｍ／3～4ｋｇクラスになると、ＰＥライン3～4号に対応するタックルでなければランディングの確率はかなり下がる。なぜなら、弁慶岬のような手前に根が点在する浅い磯では、ボトムでヒットさせたブリを磯際でコントロールするのが容易ではないからだ。

私自身、ヒラメ用タックルに良型がヒット

最も釣果が上がる朝マヅメは、特に神経を集中してロッドを振りたい。貴重なバイトはいつ来るか分からない

突然、キャスティングの範囲内にナブラが立った。このときは大チャンス。速やかにルアーを投入したい

グッドサイズになると、胃が痛くなるほどのファイトが続く。それだけに、一尾をキャッチしたときの喜びは大きい

040

ある。また、ベイトがサヨリの場合、細長いジグで横方向のロングジャークがハマる。ベイトの種類が豊富な弁慶岬においては、アングラーの引き出しの多さがヒット率を上げるキモになる。

数年前のお盆に釣行したときのこと。積丹半島の数ポイントでフクラギサイズしかキャッチできず、午後から最後のポイントとして弁慶岬に足を運んだ。駐車場にクルマを停めて展望台から海の状況を眺めると、沖に大規模なナブラが見えた。アングラーは誰もいない。

すぐに磯に降り立つと、風の向きと潮の流れからナブラは岸際に近づいてくるという確信をもった。その予想どおり、キャスト範囲に近づいてきたナブラに向かって2人でキャスト。表層近くを速巻きする私のジグに無数の良型がチェイスしてくる。が、バイトにはいたらない。一方、同行者のペンシルベイトにはすぐバイト。そこで私もペンシルベイトにルアーをチェンジすると簡単にヒットにもち込めた。しかも、30分ほど釣れ続いたのである。写真撮影や魚の処理をしながら、30分ほどの間に2人で最大4・6kgを含む8尾をキャッチ。安全のため暗くなる前に釣りを終えたが、まだナブラは続いていた。

岸近くまで入ってくる群れが回遊してくる。浅い岸際は、ジグよりもナチュラルなアクションのジグミノーや、反対にアピールの強いペンシルベイトが有効だ。ブリは本来、学習能力が高いうえ、偏食傾向が強い。8月以降にベイトがイワシになると、ジグミノーのスローリトリーブにしか反応しないこともある。

ブリ以外も要注目

近年の海水温の上昇は、北海道の海にも大きな影響を与えているようだ。弁慶岬周辺でもブリだけでなく、小さいながらもヒラマサやシイラ、シーバスの釣果も出ている。そして、クロマグロと思われるボイルも、私だけではなく複数の人が目撃している。ジグに何かがヒットしてラインをすべて出された話も耳にする。ブリ以外のターゲットも大きな可能性を秘めているだろう。

最後に。北海道の磯から青ものをねらえるようになったのは、この不合理かつマニアックな釣りを模索してきた先駆者の努力があってこそ。情報が少ないなかポイントを開拓し、コツコツと取り組んでこられた方々に敬意を表するとともに、後進の我々はマナーを守って安全第一で臨むことを心掛けたい。弁慶岬には小さな漁港がある。漁業者に迷惑をかけないように気をつけたい。なお、過去には弁慶岬の駐車場付近でヒグマの目撃情報もある。ゴミや魚の放置は絶対にしないこと。安全面については、発泡材入りのライフジャケットとグローブ、帽子、スパイクシューズというショアジギングの基本スタイルは、気温&水温の低い北海道でこそ必要なアイテム。準備は万全に、釣れていたとしても海の状況しだいでは撤退する勇気をもちたい。

イトを意識した動きであると同時に、遠浅の磯でもレンジをキープさせる意図がある。その日のパターンを探るべく、リトリーブスピードは変化をつけるとよいだろう。根周りに付くベイトをブリが群れではなく、単独で捕食しているようなときは、ジグミノーで潮になじませるようなスローリトリーブを試したい。ジグの飛距離は大きな武器であるものの、弁慶岬は想像以上に

手中に収めた青い弾丸に胸が躍る。なお、私の使用しているルアーは次のとおり。ジグはオーナーばり『カルティバ 撃投ジグ』65～125g、『同ハイパー』150g、『同レベル』80～130g、『同エアロ』80～95g、『同ウルトラスロー』80～120g。ポッパーはタックルハウス『コンタクト・フィードポッパー』135mmと150mm、ジグミノーはコジマクラフト『サムライ100』など

Area_05 日本海／寿都町　On Shore

NaMaRaJig 北海道発

始動。

北海道のフィールドでテストを重ね、
たくさんの魚達から答えを聞き…
2013年に誕生したジグ…。
2年間200回以上の釣行実績とお客様評価
そして各遊漁船船長のお墨付きを頂き
ついに全国デビュー。

NaMaRaJig（ナマラジグ）
■重量／全長／価格
130g／155mm／1,500～1,700円／全15カラー
150g／175mm／1,550～1,750円／全15カラー
175g／190mm／1,650～1,850円／全15カラー
200g／200mm／1,850～2,050円／全15カラー

FishingTackleStudio
EzoHachi
フィッシングタックルスタジオ エゾハチ

〒003-0027札幌市白石区本通4丁目北1-17
Tel:080-4503-0888　Fax:011-846-4411
E-mail:a.hiranaka@ezohachi.com
URL:http://ezohachi.com

今では増えたブリフィールドのなかでも、積丹半島のロケーションのよさは群を抜いている

第一次ブームから、釣れるメソッドまで
【Area_06 日本海／積丹半島①】
ブリジギング戦記

Off Shore Jigging
Jig Type01

積丹半島は第一次ブームの頃からずっと道内のブリシーンをリードしてきた。
おそらくこれまで最も多く、釣り人が訪れているフィールドだろう。
そこでパイオニアの一人として知られるのが、『仁成丸』の船長、佐藤正仁さん。
今ではビギナーも釣れるブリだが、ここまで来るには紆余曲折があったようだ。
初めてブリねらいで沖に出たとき、乗船していた木越さんがインタビュー。

聞き手◉木越真周（札幌市在住）
Interview by Masanari Kigoshi

——ブリの遊漁を始めたきっかけを教えてください。

私は18〜29歳まで、アワビやウニを採る浅海漁師をしていて、冬の間は出稼ぎで愛知に行っていました。いつか大きな船を購入したいと思い、お金を貯めていたところ同じ漁協の人から「船を売る」と聞き、貯めたお金で譲り受けました。沖に行ける漁船を手に入れ、コウナゴ漁など沖の漁業もできるようになったわけです。その後、スルメイカや五目釣りの遊漁を始めました。そして15年前、余市町のプロショップかわぐちさんから「Hさんという方が積丹でマグロのキャスティングをさせてくれる船を捜していますが、佐藤さんどうですか？」という話をいただき、お受けしたんです。かわぐちさんでジグなどのルアーを購入していた私は適任だったのでしょう。じつは、もともと釣り好きのルアーアングラーですから。

——最初はマグロだったんですか？

はい。でも、そのHさんに「マグロは難しいがブリなら釣れるかもしれません。ただ、ポイントは分からないし、釣れるかどうか保証はできませんよ」と伝えました。というか、Hさんたちのメンバーに木越さん、貴方がいたじゃないですか（笑）。ただ、釣れる確信はありませんでしたよ。魚探に映るブリの反応がどういうものか分からなかったので。すべてが初めてでしたから。それでも「釣れなくてもいい！」と言うメンバーと、2日に渡って沖に出ました。釣り

好きで地元出身のSさんや、海アメで有名なSさんとか豪華メンバーでしたね。

——で、釣れてしまう。

確か1日目にHさんが4kgくらいのハマチサイズを2尾釣りました。ヒットした瞬間は「まさかよ」と。4kgクラスとはいえ「ブリが積丹、それもルアーで釣れるんだ！」と驚きました。2日目も同じようなサイズが出ました。でも、今だからいえますけど、もっと大型、そしてたくさんのブリがいたと思います。釣った場所は、今の有名ポイントではありません。ブリは根に付くというのを昔から知る漁師さんに聞き、島武意近くのオオ根という根魚がよく付く場所でやりました。当時はそこくらいしか分からなかった。

あのときは釣らせてあげたという気持ちはなく、皆さんが"釣ってくれた"という感覚が強かったですね。自分もその場所でソイやアブラコは釣っていましたが、ブリなんか掛かったことないですから。ただ、情報をくれた漁師さんによると、30年前にもブリの大群が来て、先代たちは延縄やテンテンで獲っていたようです。

——そうだったんですね。2日目も釣りました。

2日目はみんないっせいにブリが掛かり、写真を撮ったりで誰もジグを落としていないタイミングがありました。で、自分も釣りたいなと思いまして、それで、カレイ釣りタックルでオシアスティンガーバタフライ（シマノ）を落とし、見よう見ま

とてもブリ釣りをするとは思えない、細腕のカリスマ美容師、藤元明子さん。ファイトシーンは意外に力強かった（右）　明子さんの妹、紗織さん。お姉さんがこの世界に引きずり込んだわけではないだろうが、ブリの引きは病み付きになったようだ（左）

で釣りをしたら掛かりました。全然あがって来なくて、カレイザオが腰からひん曲がっていました。自分は小さい頃からサクラマスを釣っていますが、これまで経験したことのない引きで衝撃的でしたね。
その後、Hさんが釣り雑誌にブリ釣りの記事を寄稿し、問い合わせをいただくようになりました。
――それから3年後、自分も10.6kgを釣らせてもらいました。
そうでしたね。でも、今の釣りの技術をあのときにもっていったら、相当釣れたで

しょう。ただ、その後くらいから、ブリが昼に釣れなくなってきます。夜ブリが主流になりました。昼に釣れなくなったのは、結論からいうと技術がなかったということです。船頭もアングラーも。ポイントの選

ヒットが連発する状況になると、お客さんどうしが声を掛け合ってタモ入れをサポート。そうして、釣り人どうしの輪が広がる

Area_06　日本海／積丹半島①　Off Shore Jigging

043

ノースキャストの紅一点スタッフ、美穂さん。ノーメイクで偏光グラスを取るのはNGだったが、楽しさは伝えてくれた

ノースキャストのオーナー、平中彰彦さん。近年はスローピッチジギングを道内に広めるべく、本場の道外に積極的に遠征している

仁成丸の常連で、ブリ用のロッドやジグをリリースする義経工房の源司さん。もう、ブリなしの生活は考えられない?

定もよくなかった。夜に釣れたポイントを流しても、今考えたら釣れるわけがない。その時々でポイントが変わるというのを重点に置き、夜ブリと切り離して考えないとダメなのが後から分かりました。また、その頃から海の状況が変わってきました。まずは水温。次に潮の流れ。過去にも速い潮というのはありましたけど、表面だけが速いという地獄潮はありませんでした。

――4年目に入って状況はどうでしたか?

地獄を見ましたね。釣り方が悪いのか、ブリの反応を見誤っているのか、場所の選定が間違っているのか……本当に苦労しました。「夜叩くから昼に釣れないんだ」という、にわか話までもちあがりましたね。それから2年間、釣れなくて正直辞めようと思いました。釣れない夢まで見る。これならみたいにウニやアワビを採っていたほうがいいんじゃないかと。家族もいますし、一生懸命に追っかけていたのがブリ釣りにも活きました。反応があるかなら前釣ることができました。ところが、プレジャーボートの人たちらと原因のひとつ。食い気のある群れを捜すことにしました。

――厳しい時期があったんですね。

ええ。目の前にルアーを流してもダメ。食い気のない魚にルアーを見せても釣れないのなら、食い気のある魚を捜すしかない。そうして釣ることができました。その経験がブリ釣りにも活きました。反応があるかないか。これも管理釣り場での経験から得た原因のひとつ。食い気のある群れを捜すことにしました。

――釣れるようになった要因を教えてください。

ある風の強い日、ジグどうしが絡んでその処理をしているうち、風に対して船が横U字に落ちていく反応や、船底からごちゃっと盛り上がる反応もダメ。ブリがエサを追っ掛けてくるような反応を見つけないと釣れませんね。今では、魚探にブリの反

人は、当然横に流されていきます。そうしたらブリが掛かったんです。ジグは底を取る風任せに流れる状態のこと)ですね。今でいうドテラ流し(※船が真横から風を受けて、風任せに流れる状態のこと)ですね。ジグは底を取るごとに船から潮流に乗って離れていきます。ブリが船のエンジン音に警戒しているのかどうかはっきりとは分かりませんが、そのときからドテラ流しで釣ってもらいました。

しかし、ドテラ流しだと片舷に全員が集中してしまうし、誰か掛かったら絡み防止のために、ほかの人はジグを回収しないといけない。そうなると船に人を乗せられない。そこで、船を立てて両舷に釣り座を構えてもらい、今でいうベベルジャーク、ジグを飛ばして斜め引きしてもらうようにしました。これである程度釣れるようになりました。しかし、それでも徐々に釣れなくなっていきます。相手は日本海を往復しているブリ。しかも、各地でいじめられて北上して来たブリだから学習しているんでしょうね。

――そんな賢いブリはどうすればいいのでしょう。

釣れない反応は放っておくようにしたんです。これも管理釣り場での経験から得ました。その頃には自分の経験値も上がっていて、「釣れない反応」と「釣れる反応」が分かるようになってきました。操船中にU字に落ちていく反応や、船底からごちゃっと盛り上がる反応もダメ。ブリがエサを追っ掛けてくるような反応を見つけないと釣れませんね。今では、魚探にブリの反

アーアングラーじゃないか!そう思い、釣り堀だから釣れるべ~と行ってみたら、何にも釣れ

044

応が映らなくても、「ああ、この辺にブリが回ってくるな」というのが分かります。

そのヒントは、子どもの頃からやっているショアやオフショアのサクラマス釣りにありました。結局はロッドアクションとかではなくて、リールを巻くスピードなんです。釣り方もロングジャークからワンピッチジャークに変わりました。あとは海の色や潮の流れなどから判断し、どう魚に合わせていくか。食う間を与えるか、速巻きし

たほうがよいのか。そこを見極められたら釣果は上がってくるはずです。

——もう少し、具体的に……。

そうですね。ほかの地域に比べ、積丹の海はとても透明度が高く、ブリに見切られやすいと思うんです。「シャコタンブルー」と呼ばれる海域ですから、ジグを下ろしたら大事です。水面から飛び出して人に当たったら大事です。摩擦系のノットが主流になり、夢中になるとガイドにリーダーが通するのが見えるくらい。そこで魚探を見ていて、ジグが着底してすぐに巻き上げてく

るとが、中層から追いかけてきたブリがヒットします。勝負はジグを下ろした時点から始まっているのです。だから、お客さんには「着底したらすぐに巻いて！」とアドバイスしています。そうすると実際、ヒット率は高くなります。

——シャコタンブルーの攻略法がみえてきましたね。

いえいえ、まだ勉強中です。釣りに上限はないし、自分より上手い船頭さんもいます。これで天狗になっているようじゃ、まだまだですよ。魚も学習しますしね。何より、まず自分でやってみて、どんなパターンがいいか知っておかないと。パターンを伝えないと、釣らせることができません。でも、今ではお客さんのほうが勉強熱心で、教えることがなくなってきましたよ！（笑）。

——釣りを楽しむにあたり、お客さんに伝えたいことは何でしょう。

まず、危険行為に注意してほしいです。最悪の場合は釣りを中止し、病院に行くのに帰港しないといけません。よくあるのは釣りに夢中になり、ジグが水面に近づいてきているのに振り続けて飛び出してしまうこと。ジグは大きなハリに鉛の固まりじゃないですか。水面から飛び出して人に当たります。みんなで協力し合うことで、お客さんどうしのネットワークができるうえ、技術の向上にもつながるはずです。

——積丹も遊漁船が増えてきました。それについてはどうですか？

取材時、平中さんのタックル。ロッドはレスターファイン『シーズ コンダクター63ML』。同社のロッドには、積丹のジギングを意識した仕様もある

も、ジグを水面に出さないこと。ブリが暴れてフックが外れて飛んで来たら、それはまさに凶器です。

そして、根性を入れて取り組んでいただきたい。ジギングは正直、スポーツ。筋力と持久力を付け、沖上がりまでしっかりジグを振ってほしい。せっかくの貴重な休み、高い船賃を出すのですから。「頑張って釣りあげた一尾は、何物にも代えられない喜びだと思います。私もその喜びを知っていただきたく、釣れなくても最後まであきらめずに魚を捜しますよ！

それと、タモ入れについて。状況によってはお客さんにお願いすることがあります。うちの船はシーアンカーを入れず、常に自分が操船しながら釣りをしてもらっています。3～4人が一気にヒットしたら、タモ入れをお願いすることになります。そのためにも冗談のひとつでも飛ばしてもらうために（笑）。緊張してブリが掛かっても何もできませんから。うちの船を選んでくれた以上、楽しんで帰っていただきたいですね。

初めて、しかも一人で乗る方は、大体緊張しています。そんなときは、リラックスしてもらうために冗談のひとつでも飛ばしています。みんなで協力し合うことで、お客さ初めて乗る方には懇切丁寧にアドバイスします。

午前中に腕が痛くなるほど釣ったのに、午後便にも乗ったアングラー。それくらい気持ちのいい海

とてもいいことだと思います。人口が増え、ブリの数が増え、釣果が上がるようになりましたから。アングラーのウデも上がりましたよね。アングラーどうしの情報交換が活発になり、ますます積丹のブリ釣りは盛り上がるのではないでしょうか。

——最後に、ブリジギングのパイオニアとして一言お願いします。

確かに最初かもしれませんが、パイオニアだなんて思ったことないですよ。自分に対して満足しているわけでもありません。デカいブリの反応があるのに釣らせられなかったときは、まだまだだと感じます。ただ、初めて乗る方には懇切丁寧にアドバイスします。

——ありがとうございました。

Area_06 日本海／積丹半島① Off Shore Jigging

045

灯りに照らされた水面まであがってくると、ブリは興奮するのだろうか。420gのジグをものともせず水面を割った

シャコタンブルーは眠らない
【Area_06 日本海／積丹半島②】
夜の爆発力を体感せよ！

文◎早田伸太郎（小樽市在住）
Text by Shintaro Hayata

ナイトジギングを楽しめるのは道内広しといえど積丹半島だけ。
今もシーズンになると多くの遊漁船が漆黒に染まったシャコタンブルーに浮かぶ。
夜釣りの愛好者を魅了してやまないのは桁違いの爆発力を秘めているからだ。
ハマれば怒涛のラッシュが待っている！

昔はテンテン

積丹半島の先端部、神威岬から積丹岬周辺の海域は道内で唯一、夜にブリをねらえる、通称「夜ブリ」が楽しめるエリアだ。夜ブリがいつ頃から始まったのか、どうして積丹に定着したのかはさまざまな説があり、はっきりとは分からない。ただ、ひとついえるのは、昔は今と違ってブリの来遊数が少なく、釣れる年もあれば釣れない年もあり、博打のような釣りだったということ。この釣りは灯りでベイトを寄せてねらう。ブリは走光性（生物が光源に反応して移動すること）の魚らしく、だとすれば灯りを利用するのは理に適っている。

本格的に夜ブリが始まった2000年頃は、漁具であるテンテンが主流だった。ジグを使う人もいたとはいえ少数派。自分が夜ブリを始めた頃もテンテン派がほとんどだった。以前は自分もテンテンが絶対に優位という固定観念があり、テンテンで何尾か釣ってから自作のジグを使うスタイルで遊んでいた。そうして、ジグをぶら下げていると、テンテンを自作するマニアックなおじさんに「そんなの釣れないぞ！」とか

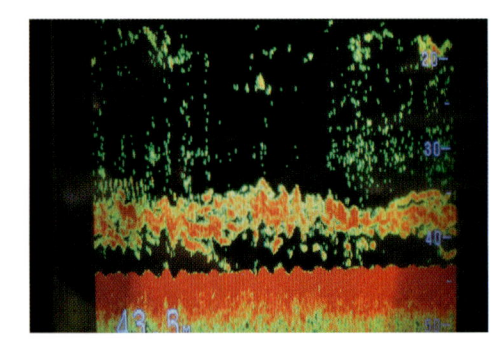

底から5m前後の赤色は、すべてブリの反応を示す。魚影の多さが分かるだろう

「こんなんで釣れるのか？」とよく言われたのを覚えている。ジグなんか見たこともない人たちのなかで、20代の若造が混じってジグを振っていたから馬鹿にされても仕方がない!?

その後、2008年前後になると、テンテンとジグの比率が逆転。今ではほとんどの人がジグを使用している。その理由としては考えられるのは、テンテンに比べてジグはバラシが少ないこと、引き抵抗がテンテンより軽いため体力的にラクなこと、手返しがよいことなどが挙げられる。数年前、昔に「テンテンじゃなきゃ釣れないよ」と言っていた人と同船したとき、ジグを使っているのを見て時代が変わったのを実感した。テンテンが主流の時代は船中40尾もあがれば大漁だったが、今では3ケタも珍しくない。

シーズンインは7月中旬

近年は5月から積丹の網にブリが掛かったという話が聞かれ、6月になればジギングでねらえるようになる。しかし、夜ブリの開幕は水温がある程度上昇する7月中旬から。例年11月までシーズンは続く。ひと昔前は10月中旬に終了していたが、温暖化の影響によるものか長く釣りができるようになった。

シーズン初期、上りのブリは良型が多く、水温の上昇とともに徐々にサイズが小さくなる。秋の戻りブリは一回りも二回りも丸くなり、小型から大型の順に南下していく。秋は海がシケるたびに水温が低下する。12℃くらいまでならチャンスはあるが、水温の低下とともにブリの動きは鈍くなり、群れがいてもジグだと厳しい場面が増えてくる。そうした状況ではイカを使ったエサ釣りに分がある。

硬めのタックルがベター

沖釣りタックルも使えないわけではないが、やはりパワー不足は否めず、ジギング専用タックルが望ましい。ロッドはルアーウエイトMAX250g前後、ベストドラッグ5kgくらいのものが適している。簡単にいえば、ディジギングのメインロッドよりもワンランク硬めがよい。リールはPEライン4号を300m巻ければ、スピニングでもベイトでもOK。パワーギヤかハイギヤかはお好みで。ドラッグの設定は4・5〜5kg。ラインはPE4〜5号、ショックリーダーは80〜100ポンドを3ヒロ前後。

自分の場合、メインはベイトタックル。魚が小さいときや、潮が緩くて300g前後のジグで充分釣りが成立するならスピニングタックルを使用している。ジグは400g前後が中心。最近はいろいろなタイプのジグが販売されていて、選ぶのに迷ってしまうかもしれない。そういうときは船長

9月下旬の午後6時、オレンジ色の空が神威岬を覆う頃に出船。真っ暗になるとファイトシーンの嵐が待っていた。玉網係の船長は大忙し。このサイズならブチ抜いた

Area_06 日本海／積丹半島② Off Shore Jigging

のアドバイスに耳を傾けるとよいだろう。

なお、激流のときは750gくらいまで必要になる。予備として重めのジグも持ち込みたい。

カラーは定番の赤金を含む赤やオレンジ、食いが渋い状況で威力を発揮する黒系などを用意したい。アシストフックは1本で、長さは4〜5㎝。フックを複数付けると、玉網の中で魚が暴れてフックが絡まやすく、入れ食いのチャンスタイムで効率が悪い。その点、フック1本だと余計なトラブルがなく、合わせたときに力が分散しないためバラシも少ないと感じる。フックはジグに抱き付かないゲイプ幅を選びたい。

ちなみに、自分が愛用しているジグは、アングラーズ『ジョーカー』420g。ベアリング入りのローリングスイベルにスプリットリング（デイジギングで一般的なサイズより1〜2ランク上をチョイス）を介し、ジグとフックに装着している。

領海侵犯しないコツ

最近、潮が速いときやアンカーを打てない場所で反応があるときは、船を立てたり流したりする場合もある。とはいえ、アンカーで船を固定し、船の下を通過するブリを釣るのが基本スタイルになる。

誘い方はデイジギングと異なる。ジグが着底した後は、底付近（魚が浮いていれば回遊しているタナ）で一定のタナをシャクるだけの"ヨーヨー釣り"。釣り方自体は簡単だが、釣果を上げるにはトラブルを避けなければならない。そのトラブルという

のは、自分のジグがほかの釣り人の領域に入る領海侵犯だ。

この領海侵犯には2種類ある。1つは潮によるもの、もう1つは魚によるもの。潮による領海侵犯は、潮の流れでジグが流れることで起きる。船はアンカーを打つ

この日は、3時間足らずの釣りで3桁を超えた

と風上に船首が向き、次のような状況が生じる。

① 風向きと潮の流れが同じ
② 風向きと潮の流れが逆で、かつ風力より潮が勝る
③ 右舷から左舷に潮が流れる
④ 左舷から右舷に潮が流れる

どの場合でもジグを真下に落とすとラインも真っすぐ下にあればよいが、全員が同じ400g前後のジグを使っていても、形状やロッドの振り幅の違いでジグの流れ方が違ってくる。ジグを落としている最中から潮で流されたり、ロッドを振るたびにラインに角度が付く場合は、重いジグに交換するか、角度が付くたびに回収し潮上にキャストして打ち直す必要がある。それを怠る

と風上に船首が向き、①と同じ状況が生じる。②の場合にはセンター寄りの重心や幅広のジグを使うと、フォールのたびに流されてしまうので注意したい。

③の場合には右舷側、④の場合には左舷側の人は、ラインが船底に擦れて傷が付く恐れがあり、こまめに打ち返さなければならないとトラブルのもとになる。

シャクるときに疲れないロッドの持ち方。『ジョーカー』使用時でロッドティップの振り幅は20～30㎝。リールは巻かず、一定のレンジでジグを動かす

魚による領海侵犯は、タックルのパワー不足で釣り人が主導権を握れないことで発生する。そこで、ヒット後はひたすらゴリ巻きをすすめたい。この釣りでは、魚が船の下を通過するたびに同時多発ヒットが多々ある。本来ならゆっくりとファイトを楽しみたいところだが、全員真下にジグがある状態で魚に走られると、ほかの釣り人の領海を犯すことになって

魚の活性が高い状況で有効な、オレンジ系カラーを食ってきたグッドサイズ。ヒットジグは『ジョーカー』。オオナゴに似たシルエット

らない。流れによってジグが横を向いている状態より、縦の動きのほうがヒット率は高い。面倒でもきちんと打ち返す人は、流しっぱなしの人よりも実際釣果がよい。潮

基本はベイトタックルだが、船の真下で反応がなければ、チョイ投げして釣る。その場合はスピニングに持ち替える

しまう。ブリをねらえる積丹半島は、ブリ釣りが好きな人にとって夢のような場所ではないだろうか。

余別漁港から出船する『第15龍祥丸』の飯田浩紀船長は、ウデもサービスもよいと評判

オマツリしやすい。なかには、オマツリに気づかず自分に魚が掛かったと思い、必死にリールを巻いている人もいる。そんな状況を避けるためにも、デイジギングに比べてパワーのあるタックルが求められる。ただ、魚が掛かった瞬間にデカイと感じたら、焦らず慎重にファイトしたい。

アタリはデイジギングと同様、シャクったときにドンと来る場合と、食い上げがほとんど。がっちりフッキングさせたら、あとはパワーファイト。どんな状況においても領海侵犯しないよう、常に周りに気を配るのが釣果アップの秘訣だ。夜釣りが可能で一日をとおしてブリをねらえる積丹半島は、ブリ釣りが好きな人にとって夢のような場所ではないだろうか。

Area_06 日本海／積丹半島② Off Shore Jigging

049

抜群の景観も気持ちを昂ぶらせる
【Area_06 日本海／積丹半島③】
刺激的すぎる
トップの夜明け

これまでジギングが主流だった積丹半島でも
キャスティングでねらうアングラーが増え、着実に釣果も上がっている。
しかも、透明度の高いシャコタンブルーの海は、チェイスが手に取るように分かり、
誰でもアドレナリンが出まくること必至⁉
そんなトップの釣りが大好きな船長がキャスティングゲームのメソッドを伝授。

ナブラが立つのを1羽の鳥が教えてくれた。船上では水面だけでなく、上空を飛ぶ鳥の動きにも注意を払いたい。なお、複数尾のブリがルアーを追ってきて、バイトせずにUターンしたら、同船者はその進行方向めがけてキャストするとヒット率が高くなる。なぜなら、追ってきたブリはヤル気まんまん。再びルアーに興味を示しやすいのだ。そんな同船者どうしの連携プレーも釣果を上げるコツ

解説◎安瀬修一
Comments by Shuichi Anze

リポート◎中川貴宣
Photographs & Text
by Takanori Nakagawa

中層を泳いでいれば……

道央のブリシーンを牽引する積丹半島でも、キャスティングによるトップウォータープラッギングが盛り上がりをみせている。ブリが水面を割って出る豪快なバイトシーンは、一度でも目撃すると虜になってしまうくらい刺激的だ。しかも、遊漁船ならショアよりも間近でその光景を見られ、いやがうえにもアングラーの興奮度は高まる。これからブリ釣りを楽しみたいと考えている人は、こんなに面白いトップウォータープラッギングをやらないのはもったいない！

積丹半島でブリのキャスティングゲームにいち早く取り組んでいる『琉駕（りゅうが）』の安瀬修一船長によると、船がキャスティングしやすいデッキタイプの24フィートということもあり、トップウォータープラッギングを含むキャスティングゲームをメインにしたいアングラーのリピート率は高いそうだ。

トップウオータープラッギングは、ジギングに比べると非常にギャンブル性が高

050

Area_06
日本海／積丹半島③

く、ブリが深い層を回遊しているときはノーヒットも覚悟しなければならない。とはいえ、中〜底層を回遊しているブリでも、イワシやサバなどのベイトフィッシュを積極的に追っているなら、表層まで上がってくることは珍しくないという。ナブラが立つなど表層のベイトが追われていればビッグチャンスで、連続ヒットの爆釣も期待できる。

また、近年はブリに混じり、トップウォータープラッギングのターゲットとして全国的に人気の高いシイラも釣れている。ブリ&シイラの二本立てなら、面白さは倍増する。そんな魅力たっぷりの積丹沖を舞台に、安瀬さんのキャスティングゲームのスタイルに迫りたい。

専用か短めのシーバス用を

船上からのキャスティングを考えると、どうしても長いロッドは扱いにくい。安瀬さんのタックルは次のとおり。ロッドは7フィート6インチ、ルアーMAX80gのキャスティング用。リールはダイワの4000番。ラインシステムはPE2号300m＋ナイロン40ポンドを1ヒロ。ルアーを交換する際には不便でも、外れるリスクを減らすためスナップは使わず、スイベルとスプリットリングを介して接続している。

ルアーは140〜160㎜のトップウォータープラグで、ポッパーとペンシルベイトがメイン。なかでも、地面をほうきで掃くようなロッド操作で水中に飛び込む、ダイビングタイプのペンシルベイトがお気に入りで実績も高い。このタイプはダイブ時の音と泡で広範囲にアピールでき、ブリの反応をみるには最適らしい。「トップの釣りでは〝音＋泡〟がキーポイント」。なぜなら、水中から見上げると水面はキラキラと乱反射し、意外に見えにくいという理由から。

ベイトフィッシュに銀色が多いのは、水面のキラキラに同化させるためともいわれている。だとすれば、下から襲う魚は、ベ

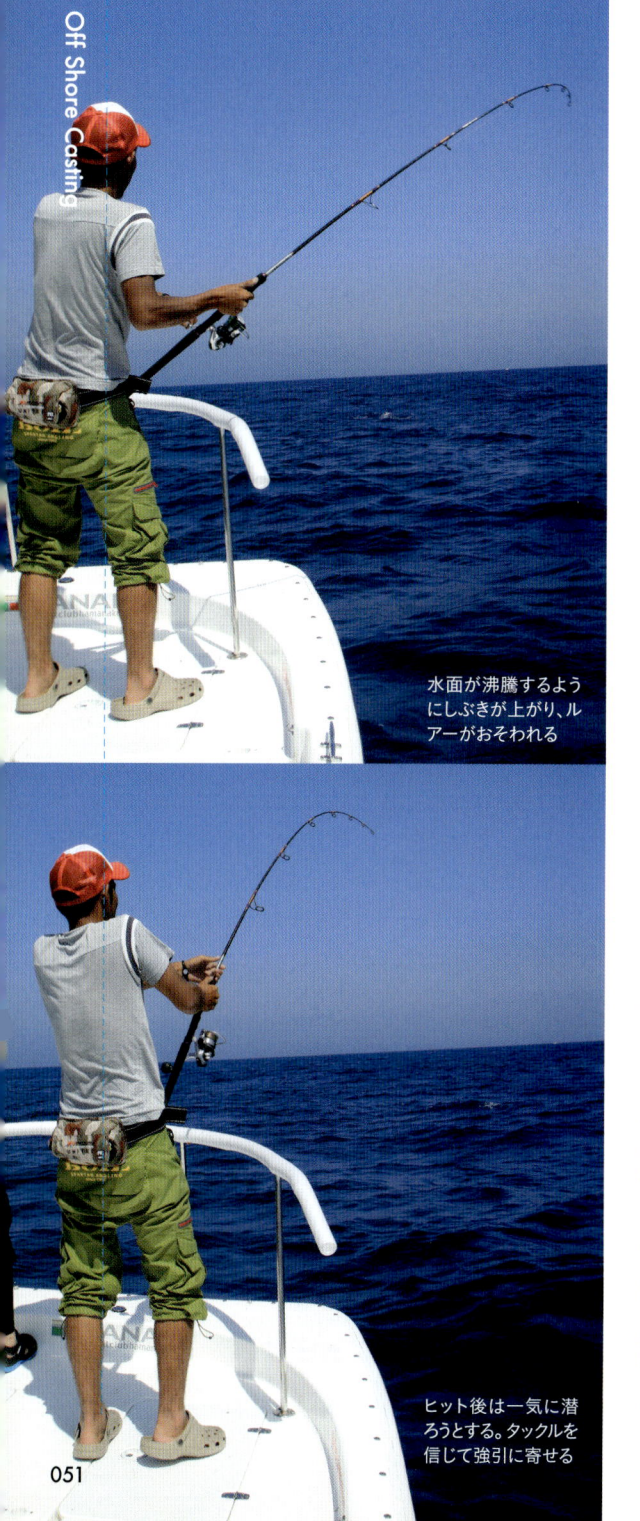

水面が沸騰するようにしぶきが上がり、ルアーがおそわれる

ヒット後は一気に潜ろうとする。タックルを信じて強引に寄せる

イトそのものを見つけるというより、音と波動を頼りに捜しているのではないか。特に透明度の高い積丹半島では、中層を回遊しているブリにアピールする"泡"が捕食スイッチを入れる重要なファクターといえるようだ。

基本的なタックルは右記のとおりだが、専用タックルを持っていないからとあきらめるのは早い。ショアの海サクラやヒラメ釣りで使っているタックルでもよいそうだ。乗合だとほかのアングラーに迷惑が掛かるので慎みたいが、仲間内で船をチャーターするときや、琉駕のように少人数で船をそろえるのもよいだろう。

る場合、ヒット後に多少走られても大丈夫。ただし、10フィートを超えるロングロッドは扱いにくいのでNG。

それよりも、だいじなのはラインとノット。メインラインは最低でもPE1・5号以上、できればPE2号＋40ポンドのリーダーが安心。前述したようにPE2号＋40ポンドのラインシステムが安心。もっと細くても時間を掛ければキャッチできるものの、強引に寄せなければならないこともある。いくらショックリーダーを強くしても、細いPEラインだと結び目の強度が落ちやすい。

ところで、シーバスロッドなら、軽くて小さいルアーを使える利点がある。ベイトフィッシュがカタクチイワシなどの場合、シルエットの小さいルアーがハマることはしばしば。2014年は実際、100㎜のポッパーで入れ掛かりもあったという。シーバスロッドなら100～140㎜サイズの操作性が高い。まずはロッドに合ったルアーで挑み、その後の経験をもとにタックルをそろえるのもよいだろう。

どう食わせるか

ポイントに着いたら、ナブラやトリヤマを捜すことから始める。鳥が上空で旋回していたり、水面スレスレを飛んでいる場所は、表層にベイトがいる可能性が高くナブラが起きやすい。移動スピードの速いブリの場合、噴火湾のサケの跳ね撃ちのように、ブリを見つけても船を近づけるのではなく、ブリの移動方向や回遊範囲を見極めて先回りする。捕食スイッチの入っているブリは反応がよく、キャストしたルアーに飛

びついてくることもある。とはいえ、2度3度とバイトしてきても、ヒットにいたらないことは少なくない。

「ブリって、何となくルアーじゃなく、泡にバイトしている感じなんです。ポッパーはバコって泡を纏いながらアクションしますが、ダイビングペンシルはルアーの後方に泡を出しながら進む感じ。泡が長く尾を引くためアピール力は高いのですが、チの長いロングジャークだと、最初の泡とルアーの距離が遠くなります。泡ができた瞬間（ルアーが潜った瞬間）にブリは反応し、その泡をめがけてアタックするようで、キャストしたルアーに飛

トップウォータープラッギングでは、寄せてくるのにそれほど時間はかからない。だが、魚があまり弱っていない分、近くにきてから油断ができない

この日のファーストヒットは3kgクラス。ピンク色のペンシルベイトにきた

てくる気がします。だから、ダラダラと惰性で進むルアーより、ショートピッチでキビキビ動かすアクションがベター」。

ただ、水面を割るような激しいバイトはなくても、ルアーに反応している場合もある。ナブラにはエンジンを止め、船を風に乗せて近づける。すぐ近くまでルアーを追ってくることもあり、最後まで気は抜けない。また、チェイスがあってもバイトしなければ、アピールを弱めてみるのも手だ。派手な音や泡を出さずにペンシルベイトでのドッグウォーキングや、タダ巻きが有効な場面もある。

フックを変えてみる

ナブラが起きていると興奮して速巻きになりがちだが、水面からルアーが飛び出すようではフッキングしにくい。深呼吸して焦らずゆっくり誘いたい。また、トップウォータープラッギングといっても、ヒットゾーンの大半は水中であるのを忘れてはならない。ベイトもブリも水面から飛び出さず、

水面がざわつくような状況では、水面下30〜50cmがヒットゾーンになることもある。安瀬さんはそんなとき、ペンシルベイトのバランスをあえて崩し、潜る（沈む）ようにチューンして結果を出している。チューンといっても大げさなことはなく、フックのサイズを変えるだけ。市販されているオフショア用のトップウォータープラグは、フックが付属されていないものが少なくない。パッケージに推奨フックサイズが明記されているが、そのサイズより大きめ（重め）を付けると沈みやすくなる。

さらに、前後の大きさを変えてもアクシ

キャプション：
- バウデッキに2人立つときは、安全面も考慮してキャスト時に声を掛け合い、交互に投げたい
- 安瀬さんのタックル。ロッドは義経工房『波舞乱〜Nabura7680』7フィート6インチ、リールはダイワ『キャタリナ4000H』、ラインシステムはPE2号＋ナイロン40ポンド
- ポッパーでサイズアップ。音とスプラッシュの効果で捕食スイッチが入ったのかもしれない
- ダイビングタイプのペンシルベイトのスプラッシュ（泡）は、ルアーの後方にできる。S字を描くようにダイブしているのが分かるだろう 

Area_06 日本海／積丹半島③ Off Shore Casting

ショックリーダーとボールベアリングスイベルの接続はトリプルニットノット。スプリットリングを介してルアーを付ける

状況がよければ、このクラスが入れ掛かりになる。毎日のように釣っている安瀬さんでも、トップの釣りは面白くてしょうがない

ョンに違いが出る。フロントを重くすると潜り込むような泳ぎになり、逆の場合は水面を滑走するような動きになりやすい。また、抵抗の大きいフックだと、ロッドアクションをストップすると同時にルアーも止まってくる。

多少のフックサイズの変更でバランスが崩れにくいとはいえ、どちらかをシングルフックにしたり、大きいフックのほうにレッドワイヤを巻いて重くすると泳ぎが変わってくる。

一般的なペンシルベイトの場合、安瀬さんはさらに立ち気味のセッティングにすべく、フロントフックを小さめに変えるチューンを好む。ただ、強めのロッドアクションだと水面から飛び出しやすく、操作が難しくなるのがネック。ところで、最初から立ち気味にセッティングされているダイビングペンシルや、沈みすぎるとポップ音や泡のアピールが半減するポッパーはチュー

シングルフックや抵抗の小さなフックだと惰性でスーッと進む。大型のペンシルベイトだと浮力が高く、

シイラの釣果も続々！

本州では"シイラ船"と呼ばれる専門の遊漁船があるくらいメジャーなターゲットとして知られるが、かつての道内では稀に水揚げされる程度。とてもねらって釣れるターゲットではなかった。それが2000年を境に水揚げが徐々に増え始め、イカ釣り船の灯りにシイラが寄ってくると話題になり、ルアーロッドを持ってイカ釣り船に乗り込む人が現われてきた。そうして、しだいにルアーのターゲットとして注目を集める。

シイラは20℃以上の温かい海域を好む。水温の上がる夏場は、北海道の沿岸にいても不思議ではない。特に近年は夏場の海水温が高く、2014年の積丹半島ではプチフィーバーが何度か起きている。ブリのキャスティングゲームが流行したのもヒット率が上がっている要因だろう。

シイラは流木などの漂流物に付く習性があり、比較的表層を回遊する。性格は好奇心旺盛で、音には特に好反応を示すようだ。そのため、トップウォータープラグはポッパーがマッチ。ベイトの豊富な潮目がポイントになり、漂流物があればその周りを探る。ミスバイトが多く、ルアーのアクションは鋭く短く、そして長めのポーズが有効らしい。ポッパー以外のルアーでは、ペンシルベイトやミノーで実績がある。タックルはブリのキャスティング用を流用できる。

水温にもよるが、シイラは最大で2ｍ/40㎏ほどまで成長する。水中だと魚影は青白く見えるが、船上では緑や黄金色、そして時間の経過とともに色が抜けて白くなる。オスは前頭部（オデコ）が隆起するので、雌雄の区別はひと目で分かる。シイラの旬は夏から秋。釣りたての刺身はクセがなく、上品な脂で美味しい。ただ、傷むのが早く、鮮度が落ちると水っぽくなって味が落ちるので注意したい。照り焼きやムニエル、フライなども定番料理。なお、ハワイで人気の「マヒマヒのフライ」とはシイラのことだ。

んしないのが無難。とはいえ、タックルや誘い方に決まりはない。「まずはアングラーの思ったとおりのやり方でいいと思います。積丹にマッチしたタクティクスは模索中の段階ですし、皆さんにいろいろ試していただきたいです。まずは気軽にキャスティングゲームを体験してみてください！」。

「大きくなって戻っておいで」。今回ヒットしたブリは、すべてリリースした

タマヅメのワンチャンスも熱い。ナブラを発見すると、つい長居してしまう

幌武意漁港から出船する『琉駕』。トイレ完備で女性でも安心。料金は人数によって変わる。電話で確認を

Area_06 日本海／積丹半島③

Off Shore Casting

On Shore

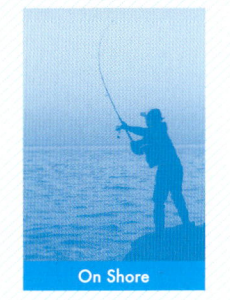

シーバス用だと歯が立たない

ショアブリの聖地から発信
【Area_06 日本海／積丹半島④】
10kgを視野に入れたタックル＆メソッド

道央圏でショアからブリがねらえるフィールドとして、古くから人気が高いのが積丹の磯。ここ数年はブリの来遊量が増えているのもあり、以前より多くのアングラーが訪れるようになっている。そうして、ポイント開拓はさらに進み、当地のブリにマッチするタクティクスが分かってきた。単純にブリを釣りたければ、遊漁船に乗るのが一番の近道。そんななか、ショアからの一尾にこだわる理由は何だろう？ ショアブリ愛好者によると、アプローチからキャッチまでのプロセスが魅力なのだという。険しい崖を越え、長い磯歩きの末にたどり着く岬の先端。そこから力の限りフルキャストし、ブリの剛力を全身で受け止める。根がひしめく磯は、ヒットさせてもラインブレイクの危険性がとても高い。何とか岸際まで寄せてきても、ランディング寸前に根ズレで切られることが少なくない。ショアからキャッチする一尾の価値は計りしれないのだ。もし、ヒットさせたのが、愛好者が目標に掲げる10kgクラスだったら……。

ここで同行させていただいた小松さんは、5年前にヒラメねらいの外道でブリを釣ってから、そのパワーと迫力に心を奪わ

道央〜道南では10年ほど前から
ショアブリが盛り上がっているが、
そのなかでも実績が高いのが積丹半島。
当地で熱心に釣行を重ねる小松健哉さんに
大ものを意識したタックル選びと
誘いの操作を教えていただいた。

解説◎小松健哉（小樽市在住）
Comments by Takeya Komatsu

リポート◎中川貴宣
Photographs & Text
by Takanori Nakagawa

小松さんは懸垂300回をこなす筋力をもつだけに、重いジグでも力強くキャストして飛距離を伸ばす

年々、ショアブリ熱は高まるばかり。人気ポイントには、あちこちにアングラーが立っている。この日は10人ほどがロッドを振っていた

まずはペンシルベイトから

基本的なメソッドは次のとおり。ショアブリといえば、ヘビージグのイメージが強いが、マヅメ時は回遊レンジが浅く、ナブラが見られることもある。そこで朝イチは、120〜140㎜40〜60gのペンシルベイトで表層を探りたい。プラグをおそうブリのバイトは超エキサイティング。水面で激しい水しぶきが上がったらプラッギングの虜になること必至だ。

プラグで反応がなければ、80gほどのジグでサーチ。潮噛みや水深から判断し、ジグのウエイトを替えながら底から中層までねらう。ジグのキャスト後は必ず着底させてからロングジャークをベースにショートジャーク、ジャカジャカ巻きなどを織り交ぜて誘う。

水深のあるポイントでは、レンジによって潮の流れが違うことも珍しくない。潮のきいているレンジを通すほうがルアーの動きはよくなる。とはいえ、そう簡単に釣れないのがショアからのブリ。キャスト範囲にブリがいないと話にならない。取材日は、1時間近く歩いて到着した1級ポイントでもブリが頻繁に立つのは射程圏外。残念ながら釣果には恵まれなかった。こればかりはポイントに着かないと分からない。アタリの日もあれば、外れの日もある。ただ、到着時に外れでも、潮が変わって急に釣れだすことがある。釣り

れたという。当初は硬めのシーバスロッドを使っていたが、5kgクラスまでなら魚をコントロールしてランディングできても、10kgを想定するとパワー不足だと痛感。すぐにショアジギングタックルを入手した。

小松さんによると、釣果情報がよく聞かれるのは水深があり、潮通しのよい岬の先端付近。大きなワンドのなかにある小さな岬ではなく、外海に突き出すような岬が有望だ。そんな場所は、ブリが岸近くを回遊する可能性が高く、ショアからでもヒットチャンスが増す。

------【スタイル】

01：移動距離が長く、岩を登ることが多ければ、荷物はリュックにまとめるとよい。磯では大型の玉網が必携。なお、ライフジャケットは、転倒時にショックをある程度吸収してくれる浮力材入りがベター
02：グローブは滑り止めと、手の保護のために欠かせない。グリップ力が増すと少ない力でロッドを握れ、握力の低下も軽減できる。ショックリーダーが太いのでキャスト時も気にならないはず　03：磯はスパイクシューズで臨みたい。ソールが厚く、足首をしっかりサポートしてくれるタイプが歩行を楽にしてくれる　04：適度に水分補給しないと熱中症になってしまう。ペットボトルは専用ケースに収納しているほか、リュックにもう1本入れている

056

専用タックルで行こう

小松さんは10フィート、ルアーウエイト60～120gのショアジギング&プラッギングロッドでジグとプラグを使っている。

リールは最大ドラグ力が15kgの4500番。リールには3号のPEラインを300m巻いている。ショックリーダーはナイロン60ポンドを5ヒロ。「根ズレに強いのはフロロカーボンでも、ナイロンラインはしなやかで伸びる特性から、スプールへのなじみがよくキャスト時のトラブルも少ない。フッキング時のショックも吸収してくれるので、大ものパワフルな引きや、急な反転にもねばり強く対応できるのがいい」。

ショアブリ愛好者のロッドを拝見すると、小松さんが使用しているスペックが大半だが、ルアーウエイト80～150gのハイパワーモデルを愛用している人もいる。話を聞くと、水深があって潮の流れが強いポイントでは、100～150gのジグも出番になるからだという。また、岩が手前に張り出していたり、シャローエリアのあるポイントでは、強引なやり取りが求められハイパワーロッドが頼りになるそう。一方で、ルアーウエイト30～80gのライトなロッドを手にしている人もいる。これはプラッギング用で、ジグ用と2タックル持参している。

自分の体力と使用ルアーを考慮してタックルを選ぶが、大ものが掛かったことを想定すると、シーバス用や海アメ&海サクラ

場では視野を広くし、沖の潮目やカモメの動きを見ながらブリの回遊コースを予測したい。

【タックル】

01：ロッドは10フィートでルアーウエイト60～120g、ラインはPE3号、ショックリーダーはナイロン60ポンドを5ヒロ　02：リールは最低でも8kg以上のドラグ力と、PE3号200m以上のラインキャパシティーがほしい。写真のダイワ『ソルティガ4500』はドラグ力15kg、ラインキャパシティーはPE3号400m　03：主な使用ルアー。左上のシンキングタイプのペンシルベイトは140㎜55g、左下のダイビングタイプのペンシルベイトは145㎜48g。右上はオーナーばり『カルティバ 撃投ジグ』65g、右中は同『レベル』80g、右下は60g。ジグはオーナーばり『カルティバ 巻き巻きジグケース』に入れて持ち歩いている　04：ジグのフックサイズは#5/0～7/0。スイベルやスプリットリングは小型のケースに収納している

【コレもほしい】

上：磯では日中でも虫除け対策が必須。出る煙の量が多い『パワー森林香』がおすすめ
下：ナブラを捜しながら小休止。サオ立てがあれば、だいじなロッドを傷付ける心配がない

【フックシステム】

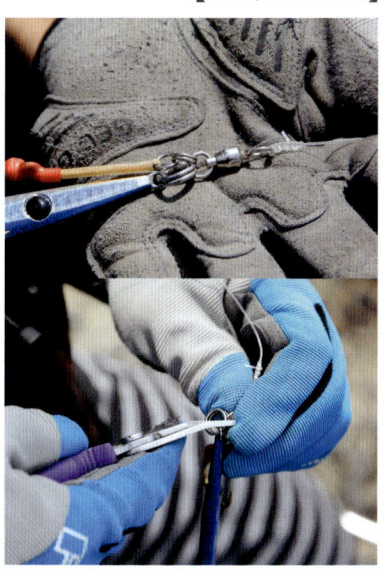

上：ジグはスナップを使わず、スイベル&スプリットリング2個でルアーとフックを接続。フックを外さなくてもルアーが交換できるようにしている
下：大型のリングはゴツイ。スプリットリングオープナーの付いたプライヤーは必携だ

Area_06　日本海／積丹半島④　On Shore

【誘いのリズム】

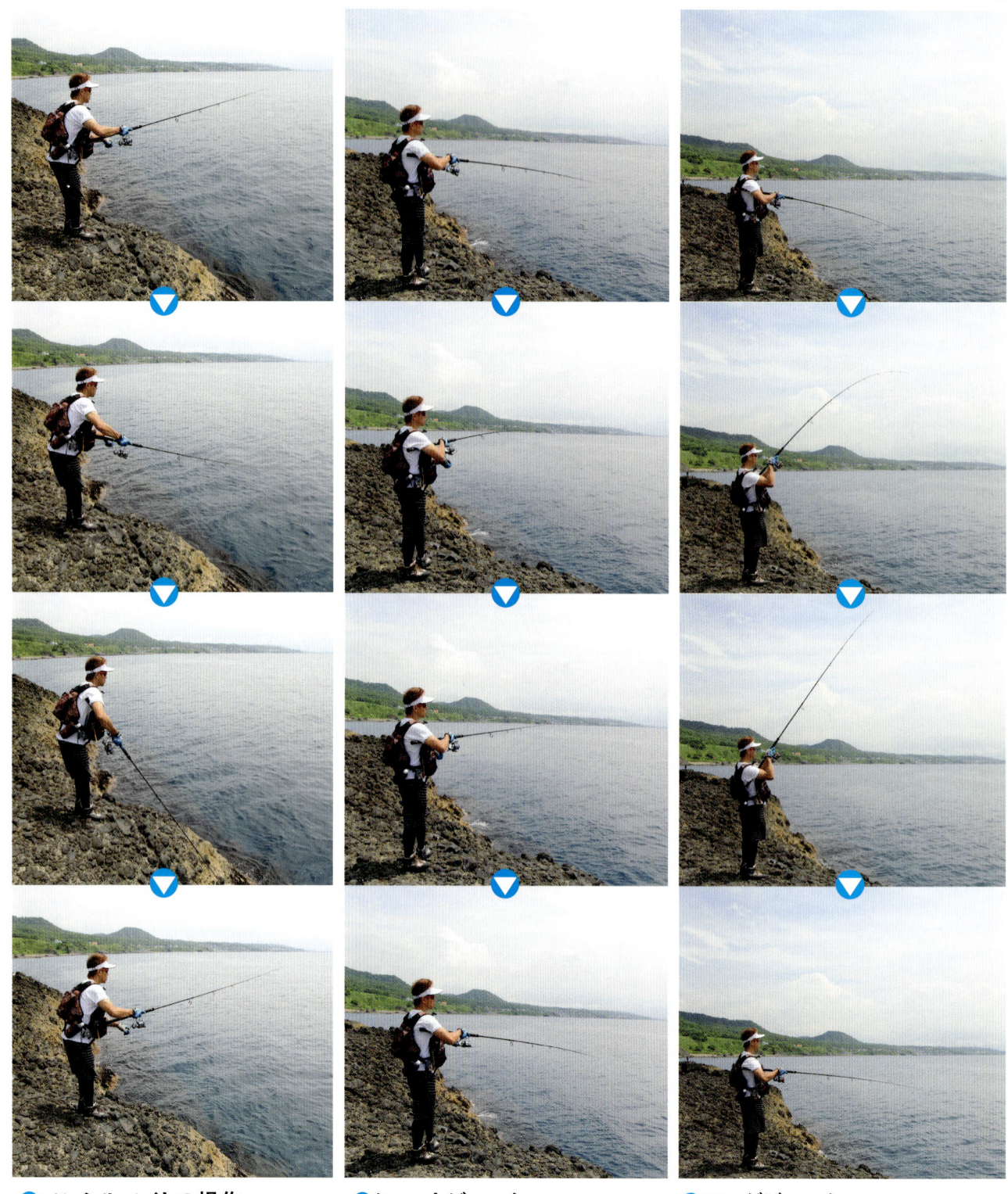

●ペンシルベイトの操作

足場の高いポイントからダイビングタイプのペンシルベイトを使用する場合、ロッドティップは下または横方向に操作する。ジャークのスピードは潮噛みを確認しながら、ルアーが暴れすぎない程度に行ないたい。ジャークの開始前にラインスラックをつくり、ルアーの姿勢を戻すのが肝心。振り幅を狭くし、ロッドを少し鋭く振るとショートジャークになる

●ショートジャーク

振り始めから終わりまで約1秒。この間、ハンドルを1回転させる。この動作を繰り返すが、3〜4回に1度は食わせの間を入れたい

●ロングジャーク

振り幅は4〜1時くらい。リフトとリールハンドルの回転数で、ジグの移動距離とスピードに変化をつける。振り下ろす際はラインスラックをつくり、ジグをスライドさせる

058

三大メソッド詳解

【ロングジャーク】

誘いの基本となるロングジャークは、ブリの回遊レンジが分からないときに有効で、底と表層で潮流の速さが違うときにも対応しやすくオールマイティーなテクニック。キャスト後にジグが着底したら、素早くラインスラックを回収。縦方向に大きくリフトしてジグを跳ね上げる。その後、すぐにロッドを戻し、できたラインスラックを回収。この一連の動作を繰り返しながら、底から中～表層まで幅広いレンジを探る。

ロングジャーク時に意識したいのはジグのスライド。ラインテンションを保ったままでに直線的な動きになるジグも、ジャーク後にラインスラックをつくることでスライドしながらフォールする。ラインスラックを素早く回収するのは、最初の着底時の根掛かりを回避するときだけ。それ以外は一瞬、間を置いてからのほうがスライド幅は大きくなり、魚へのアピールが増す。

ロングジャークの場合はロッドの振り幅のほか、リールの回転数でもジグの移動距離やスピードが違ってくる。1回のリフトにハンドルを押し、素早くハンドルを2～3回転させながらロングジャーク。その際、ロッドは縦方向ではなく、下もしくは横に振ったほうがルアーの潜りがよくなる。うまくダイビングしているときはアクション中、ロッドにブルブルと波動が伝わる。

ただし、ナブラ撃ちについては、ハンドル半～1回転のショートジャークを試したい。素早く潜らせて浮き上がらせるアクションで、水面直下を意識している魚にアピールできる。

いずれにしても、ペンシルベイトでジャークを繰り返すときは、ラインテンションの掛けすぎに注意。特に足場が高い場合は、浮き上がったルアーに対し、上方向にラインテンションが掛かるので水面から飛び出しやすい。そうならないよう、ジャーク前にロッドティップを送り込んだりしてラインテンションを抜き、本来の姿勢に戻してからジャークするのが好ましい。ロングとショートのどちらにしても、食わせの間になる浮き上がりがキモになる。ポーズの取り方に変化をつけるのもよいだろう。

【ショートジャーク】

振り幅の少ないロッドアクションで1ジャーク1秒ほど。そのアクション中にハンドルを1回転させるのと、2回転させるのとではスピードが変わる。そのため、潮噛みや魚の活性により、リールの回転数を調整している。

このほか、1秒間にハンドルを2回転ほどさせ、誘うジャカジャカ巻きも有効だ。

【プラッギング】

朝イチやナブラを撃つときなど、浅いレンジに魚がいればペンシルベイトの出番。ダイビングタイプのペンシルベイトを中心に、シンキングタイプも織り交ぜてローテーションする。

トップウォータープラグに分類されるダイビングペンシルの基本アクションは、ジャーク時に潜りストップを入れると浮上する。ナブラなどの目標物がなければ、ロッドアクションは縦でも横方向でも構わないが、小松さんはリールのハンドルを回しやすいという理由で横に振ることが多い。キャスト後はラインスラックを巻き取りにハンドルを押し、素早くハンドルを2～3回転させながらロングジャーク。

用だと太刀打ちできない。時間をかけて寄せてきても、残り数mの距離から厳しくなる根掛かりを回避するためる。キャッチ率を上げるには、パワーのある専用ロッドが不可欠だ。

ショックリーダーの先端には、スイベルをトリプルニットノットで結束。スイベルにスプリットリングを介してフックとルアーを接続する。スナップを使わないのは、ファイト中に外れた経験があるため。フックについては、根が荒い積丹半島ではフロント1本が無難だ。

クを素早く回収するのは、最初の着底時のくジャークを1回転させるテクニック。テンポよくジャークを繰り返すことで、ジグは左右にダートしながらレンジを上げてくる。ロッドアクションは縦でも横方向でも構わない。

イナダサイズでもロッドを曲げてくれたらうれしいが、本当はもっとデカいのを釣りたい！

Area_06　日本海／積丹半島④　On Shore

2014年は大フィーバー
【Area_07 道北日本海・オホーツク海／増毛町〜浜頓別町】
確立なるか"サーフ・ショアブリ"

写真・文◎伊原幸男（羽幌町在住）
Photographs & Text by Yukio Ihara

変化に乏しいサーフが続くこの海域で岸からブリが釣れるとは、誰が想像しただろう。しかも、最盛期のアベレージは7kgクラス。「ショアブリは磯の先端でなければ釣れない」。そんな、かつての常識が覆された。シーズン中はびっちりフィールドに通い、10kgまであと一歩に迫ったアングラーが白昼夢のようなシーズンを振り返る。

足場がよく、根が少ないサーフは、磯に比べるとキャッチ率が高い。ビギナーでもブリのファイトを満喫できる

ナブラに感動

2014年6月中旬、道北日本海に面した遠別方面の遠浅サーフでブリが沸くという大フィーバーがあった。ショアブリに興味がある人なら、まだ記憶に新しい出来事だろう。遠別が絶好調だった同時期、小平や初山別、天塩にもブリが岸寄りしていたようだ。

道北日本海のフィーバーがひと段落してからは稚内を始め、オホーツク海でナブラが発生したり釣果があったと耳にした。道北で20年近く海のルアーフィッシングを楽しんでいるが、こんな"異常事態"は初めてのこと。海が沸き立つようなナブラを幾度となく見て感動を覚えた。同時に、今後も道北のサーフでブリが釣れる可能性がいつまで続くのかを予測し、このブリ騒動がオホーツク海のサーフで自分なりに調査することを決めた。今回のリポートは、その"釣査"報告である。

進行方向と移動速度を読む

皆さんが最も気になるのは釣れるエリアだろう。私は仕事で日中、羽幌〜増毛を行き来しているが、沖めでトリヤマやナブラをいたるところで目撃している。自分が知る限り、実際に釣れたエリアを市町村で列記すると、増毛、小平、羽幌、遠別、天塩、稚内、猿払、浜頓別、初山別。つまり、どこでも釣れる可能性がある。とはいえ、ポイントはベイトが溜まりやすく、ナブラが見られることが多い。日本海もオホーツク海も、ワンドの突端は比較的ナブラが立つが、ワンドの突端は比較的ナブラが立つのはなかなか難しい。となると、ベイトちやすく、キープスタイルでナブラが起きるのを待つのもよいだろう。

ただ、もしタイミングよく射程圏内でナブラを発見できても、ブリの移動速度は速く、あっという間に去ってしまうこともしばしば。群れの進行方向と移動速度を考慮してキャストしないと、ヒットにもち込むのはなかなか難しい。となると、ベイトでは、どんなポイントがよいか？ それは海アメ＆海サクラのポイントとさほど変わらない。マヅメ時は幾分深みがあるスポット、小河川の流れ込み、ワンドが続いて地形に変化のある場所が有望だ。そうした地形に変化のある場所が有望だ。そうした岸寄りしやすい場所に照準を絞ったほうが効率的だ。

Area_07 道北日本海・オホーツク海／増毛町〜浜頓別町　On Shore

が豊富でブリが離れにくく、集まりやすい場所を捜すのが賢明。朝マヅメにナブラが立つ場所は、夕マヅメも期待できる傾向がある。朝がダメでも夕方もあきらめず、夕方も信じてロッドを振りたい。

鮭鱒がおびえる⁉

ブリが捕食しているベイトはさまざまだが、コウナゴ、ニシン、イサダ（アミ）、マメイカ、ウグイが主と思われる。知人によると、プラスチックの破片が胃袋に入っていた個体もいたようだ。

道北日本海では例年5月のゴールデンウイーク頃から、徐々に岸際でイサダが沸き始める。ところが、2014年は6月頃からイサダが沸き始め、コウナゴ、マメイカ、ニシンの幼魚がイサダに付いた。すると、それらのベイトが現われるまで不調だった海サクラがコンスタントに釣れだしたが、本来は沖めを回遊するはずのブリまで岸寄りした。ちなみに、マメイカのハイシーズンにブリが遊したせいなのか、この年はマメイカが全く釣れなかった。

そうして、海サクラの終盤時期と重なる6月中旬から、突如ブリの群れが来遊すると、海サクラが散るという珍事が発生。ブリフィーバー以降、道北日本海のフィールドにほぼ連日通ったが、結果的に7月上旬まで釣果を得られた。それ以降は釣果なしし、その原因として考えられるのは、あくまでも推測だが、海水温が適温でないのと

海アメ＆海サクラねらいで通うサーフに、まさかブリが回遊してくるとは……

沖に走ると、もうどうにも止まらない。
ブリが沖に顔を向けないようにテンションを掛けてファイトするのがコツ

ベイトの減少だと思う。海水温やベイトの動きに呼応し、ブリが北上したのだろう。7月中旬にはブリが見られなくなった。道北日本海でブリが戻ってくる時期は、シロザケの釣期と重なる9月上旬〜10月上旬と推測される。やはり8月下旬から沖でナブラが見えだし、9月に入りサケ釣りの沖めで起こる巨大なナブラが目に入った。急

海況はナギ、空は薄曇りの朝マヅメ。車中から海を観察しながら走行していると、目視でき、そのまま巻き続けるとヒット。このパターンでワラササイズを3尾キャッチできた。あと2回のチャンスは、同じ要領で誘わせてから、横引きのミドルジャークを入れると見切られてしまったようで不発に終わった。

同日、まだ太陽が煌々と照る夕方も同じポイントに入った。朝マヅメに釣れたポイントよりも約200ｍ左岸だが、ナブラが沖めから出たり入ったりする縦の動きが2回。焦る気持ちを押さえつつ、ナブラが射程圏内まで来るのを待ち、『カブキメタル』35ｇアルミ貼りのグリーンバックをキャスト。ハイスピードのタダ巻きでナブラの中をとおすと、朝と同様に追い食いしてきた。余談だが、この魚を釣って間もなく、沖めで推定100ｍ規模で群れが現われ海が真っ黒になった。ほんの数秒の出来事だったが、その光景を見た瞬間、背筋がザワっとしたのを今でも鮮明に覚えている。

これとは対照的な出来事もあった。曇り空、正面からの風、やや波がある状況下の夕マヅメ。自分が立つ左右50ｍ内で、動きの速い少数の群れであろうナブラがいくつかあり、右に左に行ったり来たり。ときには、

この日の使用ルアーは、コジマクラフト『カブキメタル』35ｇアルミ貼りのピンクバック。ナブラが右に進路を変更した辺りで、その先頭の沖めにキャストし、タイミングよくハイスピードのタダ巻きでナブラの中をとおす。と、ブリが追って来るのを

日本海の釣果例

サーフにおけるブリの釣り方は、海アメ＆海サクラとさほど変わりはない。前述しポイントにブリが岸寄りし、シロザケが一瞬いなくなることもあった。

いで準備をしてナブラの正面に立ち、岸寄りするのを待つ。すると、群れの一部であろう、範囲約10ｍのナブラが自分のほうに真っすぐ向かってきて、手前60ｍ付近で右側に進行した。このL字の動きをするナブラが5回あり、当然チャンスも5回あった。

Area_07 道北日本海・オホーツク海／増毛町〜浜頓別町　On Shore

『サムライ120』でキャッチした90㎝。タダ巻きのメソッドが効くなら、ジグミノーの持ち味が活きる

メーターにあと2cmまで迫った9kgクラスのグッドコンディション。岸から100㎝/10kgアップも夢じゃない！

波打ち際でもナブラが立つ。正面からの風ゆえ、飛距離を稼ぎたく『カブキメタル』40gのグリーンピンクをチョイス。ブリの進行方向と移動速度に合わせてキャストを繰り返し、ハイスピードのタダ巻き、横引きのミドルジャーク、スキッピングでヒットパターンを模索する。

偶然タイミングが合ったのか、横引きのミドルジャークで運よくヒット。その後、少数の群れが小河川の流れ込みで合流し、その場で1分近く沸き立つようなナブラが起きた。何ともありがたい状況になり、ナブラが沖めに離れる前に素早くキャスト。まずはハイスピードのタダ巻きで反応を見る。追いが目視できず、すぐにルアーを回収して再びキャスト。次は横引きのミドルジャークを入れながらナブラの中をとおすと「ガボォ、ガボォ」と追ってきてヒット！この日はやや波があったせいか、横引きのミドルジャークに反応がよかった。

オホーツク海の釣果例

その日は晴天で弱い出し風、ナギという状況。朝マヅメに地元のベテランアングラー2人と、ロープが陸から沖に向かって入っているポイントへ。釣り開始早々、ニシンの幼魚を波打ち際まで追い込んだブリの群れが、自分の足もとでベイトを荒食いしている光景は、まさに自然がつくりだすリアル水族館。ミノーをキャストするも、フックにベイトが引っ掛かり、うまくコントロールできない。それほどベイトの数が多いのだ。依然ブリの群れは岸から離れず、沖めからロープ沿いにベイトを追い込み、沖めから波打ち際まで荒食いしている。その場にルアーを何回もとおすが、捕食中のブリはあきらめ、ベイトを追っているもしくは捜しているブリに照準を定め、ジグミノーの『サムライ120EX』グリーンバックを結び、沖めにキャストしてみた。

その1投目、着水後に5カウントしてからリトリーブすると、全長90㎝ジャストのブリがヒット。その魚はキャッチした後、8〜10㎝のベイトを吐き出した。そこで、今度は『サムライ100』にチェンジ。浅瀬から深みに変わるところで探りを入れていると、50mほど沖でナブラが立つ。が、その中を通過させてもヒットしない。ブレイクラインを見ると、ブリが右往左往している。ブレイクラインのやや手前で身体が反射的に反応し、ミドルジャークを入れると強烈な手応え。ミディアムタックルで挑んでいたので100m近くラインが出されたが、無事にシーズン最大魚となる98㎝／約9kgのブリを釣ることができた。

近年、海水温の上昇に伴い、道北地方の生態系はこれまでと変わってきている。今後どうなるかは分からないが、道北日本海とオホーツク海を舞台に、これまで想像もつかなかった"サーフからのショアブリ"が確立するかもしれない。

昔は夢物語

近年、オホーツク海のブリジギングが全道から注目されている。数年前からブリは定置網に入っていたが、2011年を境にうなぎ上りに増えていて、2014年には過去最高の漁獲量を記録した。

オホーツク海でブリジギングの造詣が深いアングラーのひとりが、美幌の釣具店『ブルーマリン』オーナーの西川竜哉さん。沖釣り好きが高じて、ブリジギングを始めたのは10数年ほど前の積丹。が、当時はなかなか釣れず、頭を悩ませたという。ジギングはジグを沈めてシャクるだけのシンプルな釣りとはいえ、試行錯誤することがけっこうあり、シーズンになると美幌から足しげく積丹に通うほどのめり込んでいった。

そうして、オホーツク海でブリの試し釣りを始めたのは4年ほど前。当時、安定して釣れるようになるには数年かかるだろうと感じていたが、早々にジギングで釣果が上がり、2013年から大きな盛り上がりをみせ

ここ数年、網走周辺の漁獲量の多さには目を見張るものがある。それに呼応するように爆発的な釣果が上がり、オホーツクは空前のブリブームに沸いている。道央のブリ事情にも明るい西川さんに当地のジギングメソッドをうかがった。

9月上旬の午後1時、3人が良型のブリと格闘中。こんなときはライントラブルを避けるため、なるべく間隔を空けてファイトしたい

ているのは周知のとおり。積丹に通っていた頃「オホーツクでも釣れたらいいな」と思ってはいたが、まさかそれが現実になるとは誰も想像していなかったに違いない。

そして、ブリブームはオホーツクに住むアングラーに大きな変化を与えた。数年前は海アメや海サクラ、淡水のトラウトをメインにねらっていた30〜40代のルアーアングラーやフライフィッシャーがジギングにハマっているようだ。お店では最近、8割

くらいの人がジギングコーナーに立ち寄るという。

プレッシャーが低いから？

網走と積丹では、遊漁船のスタイルが違う。今のところ積丹のように午前便&午後便というのはなく、網走は朝出船して午後2時頃で終了というパターンが主流だ。夜釣りも行なわれておらず、そもそもジギング専門の遊漁船が少ない。こう書くとネガ

トラウト派も続々と参入中
【Area_08 オホーツク海／網走市周辺①】

ブリブームに乗り遅れるな！

解説◎西川竜哉（美幌町在住）
Comments by Tatsuya Nishikawa
リポート◎佐藤博之
Text by Hiroyuki Sato

斜里岳から知床連山に続く山稜から日が上る。ポイントまでの移動中、期待感は高まるばかり

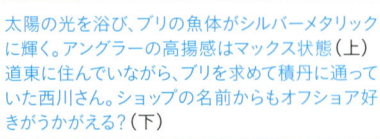

Area_08 オホーツク海／網走市周辺①

Off Shore Jigging

太陽の光を浴び、ブリの魚体がシルバーメタリックに輝く。アングラーの高揚感はマックス状態（上）
道東に住んでいながら、ブリを求めて積丹に通っていた西川さん。ショップの名前からもオフショア好きがうかがえる？（下）

この日、ファーストヒットはシマゾイ。アブラコ、ホッケ、ガヤ、ヤナギノマイ、シロザケも掛かることがある（上）　ライントラブルなどでチャンスを逃さないよう、同スペックの予備タックルに加え、キャスティング用のタックルも準備。複数のタックルを船上に持ち込む場合、ロッドホルダー付きのバッカンは便利だ（下）

当日の最大魚、95cm／9.5kg。重量感たっぷりの筋肉質なボディーから、強烈なパワーが生み出される

ベイトを食べながら広範囲を回遊してきたせいか、ハラスはしっかり脂が乗っていて美味しい。そして、9月中旬から戻りブリといわれる10kgクラスがねらえ、過去には13kgもあがっている。2014年は10月20日頃まで好調だったが、その後はパッタリ釣れなくなった。てっきり宗谷海峡を回って日本海に戻ったのかと思いきや、11月に羅臼の定置網に10kgオーバーがたくさん入ったと聞く。ブリの行動パターンには謎が多い。

オホーツク海は透明度が高く、7～8月だと積丹よりも比較的に穏やか。湖のようなベタナギ状態になることもしばしばだ。9月頃になると北西の風が吹き、ウネリが出るようになる。これからジギングを始めたい人は、早い時期にチャレンジするとよいだろう。

片舷流しが基本スタイル。西川さんがよく利用している『第八勝栄丸』は、8人ほど並んでもイトが絡むトラブルが少なく、割りとゆったりジギングを楽しめる。船長の深谷勝さんがブリジギング愛好者なのも心強い。網走港川筋地区から出港し、ポイントまでは30分ほどで着く。

シーズン開幕は海水温に左右されるが、積丹が釣れだしてから1ヵ月後くらいが目安。6月下旬～7月はサイズが大きく、8月から1～2kgクラスの小型が混じり始める。フックを2本装着していると、小型がダブルでヒットするくらい魚影が多い。そんな小型は嫌われる傾向にあるが、豊富なティブな要素ばかりに感じるかもしれないが、ひるがえって考えるとブリに対するプレッシャーが少ないともいえる。それが奏功しているかどうかは分からないが、2014年は出船すれば釣れるという状況で、西川さんはほぼボウズなしだったという。いい日に当たれば、船中40尾以上あがり、10kgクラスがバンバン出ることもある。

また、両舷に乗船しての釣りではなく、

180gがメイン

潮の流れは意外に速い。タックルは積丹と同じジグMAX200g前後のロッドでも対応できるとはいえ、潮の流れが速いとリを使用するのも面白いだろう。オホーツれない場面などでは、よりライトなタックができるので、魚探に反応があるのに釣だ、前述したように割りとゆったりジギンて少しキャストすることがあるからだ。たビギナーには前者がおすすめ。潮流によっる。スピニングでもベイトでも構わないが、きは少しパワーのあるタイプが頼りにな

操舵室から深谷船長が「今、ブリらしき魚が急上昇した反応が出た」と言った後、西川さんのロッドが大きく絞り込まれた。そのファイトに誘発されて活性が高くなったのか、すぐに美幌町の田野島学さんと大空町の渡辺直樹さんもヒット

帯すべき。

ポイントは主に能取岬沖で50mと70mラインに根があり、そこにベイトが集まりブリも根に付く。砂地の場所は釣れてもサイズが小さく、群れが浮いていることも少なくない。ジグはメインで使うのが180g、潮が速いときは230gの出番。あらゆる状況を想定し、150〜230gを用意すれば万全だ。カラーはグリーンピンクと赤金のヒットが目立つものの、潮の色やベイトでアタリカラーは変わるので各色携

ベイトは主にカタクチイワシやオオナゴと思われるが、胃の内容物を見るとホッケ、ソイ、カジカ、スルメイカ、アミも見られる。おそらくブリは手当りしだいに捕食しているのだろう。ボトムで反応があればオオナゴに付いていることが多く、セミロングタイプがハマる。表層に浮いていればイワシがメインベイトと推測され、ショートタイプを投入するのがベター。釣り方はワンピッチジャークを基本に、いろいろなジャークを組み合わせたコンビネーションジャークも有効だ。ヒットレンジは底から10〜15mが多く、ノーマルギヤのダイワ『ソルティガ4500』だと25〜30回巻く。やはり大きいサイズのブリはボトムに付いているようで、底にジグが落ちるか落ちないかというタイミングがチャンスだ。

これまでに分かっていることを書いたが、オホーツク海のブリジギングは始まったばかり。今後さらにポイント開拓が進めば、もっと釣果は上がるはず。ちなみに、『ブルーマリン』はジギングに力を入れていて、ジギングダービーも開催している。興味がある人は参加してみては？

BLUE HEAVEN
ブルーヘブン
全身全霊 JIGGING DESIGN!!

BLUE HEAVEN L120Hi/R(右ハンドル) / L(左ハンドル)	¥145,000 (税別)
BLUE HEAVEN L120Pw/R(右ハンドル) / L(左ハンドル)	¥145,000 (税別)
BLUE HEAVEN L50Hi/R(右ハンドル) / L(左ハンドル)	¥100,000 (税別)
BLUE HEAVEN L50Pw/R(右ハンドル) / L(左ハンドル)	¥100,000 (税別)
OGM BLUE HEAVEN L50Hi/R-S2T(右ハンドル) / L-S2T(左ハンドル)	¥125,000 (税別)
OGM BLUE HEAVEN L50Pw/R-S2T(右ハンドル) / L-S2T(左ハンドル)	¥125,000 (税別)

※表示価格は、メーカー希望本体価格です。消費税は含まれておりません。

最強ラインナップ！ BLUE HEAVEN L120 ▶ BLUE HEAVEN L50 ▶ ALL MADE IN JAPAN

STUDIO OceanMark

ランディングタックルからカスタムパーツやオリジナルリールまでソルトを熱くするメタルワークス!! スタジオオーシャンマーク
STUDIO OceanMark 商品の詳細は、Web サイトをご覧ください。
http://www.studio-oceanmark.com

まだまだ開拓の余地あり
【Area_08 オホーツク海／網走市周辺②】
ブリトップの新舞台

写真・文◎佐々木 大（釧路市在住）
Photographs & Text by Takashi Sasaki

ブリのキャスティングゲームが楽しめるのは、ほんの少し前まで、函館の戸井くらいだった。
それが2013年、オホーツク海でまさかのトップブームが起き、道央や道南のアングラーからも注目を浴びている。
しかも、掛かればグッドサイズが多いようだ。あの巨体が水面を割れば、誰もが興奮してしまうこと間違いナシ！

黒っぽく見えるのは、すべてカタクチイワシ。ブリに追われ、海面がざわついている。空からは海鳥がカタクチイワシをねらっている

トップでも爆釣！

オホーツク海で大量のブリが定置網に入った。数年前からそんな話は聞いていた。けれど、当初は日によって漁獲量がまちまちで全く網に入らない日もあり、定期的に回遊してくる感じではなさそうだった。それでも、ブリの来遊数は年々増えているようで、函館や積丹のようにジギングでねらえるのも時間の問題だと期待をふくらませていた。すると、「アキアジの仕掛けに掛かった」、「ジギングで釣れたらしい」などの情報がちらほら……。しかも、そのサイズは8〜10kg超えというから魅力的だ。

そんな話が広まり、2013年はかなり本格的にブリをねらうアングラーが増え、キャスティングによるトップウォータープラグによる釣果も続々。シーズン後半は毎日のようにナブラが見られ、船長からジギングロッドだけでなくキャスティングロッドも用意したほうがよいといわれるくらいだった。函館と積丹に続き、キャスティングゲームでもオホーツク海という新たなフィールドが開拓されつつある。

カギを握るのはカタクチ

オホーツク海のブリ釣りはまだ歴史が浅く、明確な好シーズンはよく分かっていない。「ブリの適水温といわれる14℃を超えると回遊してくるのでは？」と言われているが、2014年はこれまでで最も早い6月に釣れていて、そのときの水温は10℃くらいしかない。水温はあまり関係ないのかもしれない。積丹で釣れる時期が早くなっている分、オホーツク海に回遊してくる時期も早くなっているのだろう。このままいくと6〜10月下旬まで釣れるようになるかもしれない。とはいえ、10月は近年、台風や温帯低気圧の通過時期と重なり、海が荒れるたび一気に水温が低下する。シーズンオフはいきなりやってくる可能性もある。

この日のメインベイトは10cm前後のカタクチイワシ。このサイズにマッチするルアーがよいと感じたが……

ブリやシイラなどの大型魚が表層をクルージングするのだ。

また、海鳥の行動も我々にヒントを与えてくれる。皆さんも同じエリアをぐるぐると旋回して飛んでいる海鳥を見たことがあるだろう。その下にはベイトがいる可能性が高く、ルアーをキャストしてみる価値がある。それと、海鳥の群れが海面にプカプカ浮いているときもチャンス。ただ休んでいるだけの場合もあるが、何らかの理由で留まっていることもある。その周辺を魚探で見ると、ベイトだらけという場合も……。水面直下にベイトの群れが浮上して

来たら、捕食できるように待っているのかもしれない。こうした海鳥の行動からヒントを得られるのは北海道だけに限らない。本州にキャスティングでヒラマサをねらいに行ったときも同様だった。ポイントは3、60度。視野を広げるとブリとの遭遇率は高くなるだろう。

2大ルアーの使い分け

ルアーは120〜180㎜のペンシルベイトとポッパー、重さは最高でも80g前後のタイプを使う人が多い。飛距離を優先す

特にカタクチイワシが多い年は、ナブラを見られる確率が高くなる。実際、2014年は前年に比べてカタクチイワシが少なく、ナブラの遭遇率は半分以下に感じた。もちろん、タイミングもあるので一概にはいえないが、カタクチイワシはほかのベイトよりも回遊性が高く、表層を泳ぐことが多い。となれば、トップでねらうには好都合のベイトであるのは間違いない。

海鳥の動きを観察

川と違って変化に乏しい海では、ちょっとした変化も見逃せない。ナブラやトリヤマを捜すのはもちろん、潮目も必ずチェックしたい。ナブラがなくても潮目周辺を探るとトップウオータープラグにアタックしてくることは珍しくない。潮目はゴミやプランクトンなどが集まりやすく、それを食べに小魚が集まる。そして、小魚をねらって

ブリのベイトは、シーズン前半がイカナゴ（積丹のようなオオナゴサイズより小さい個体が胃袋に入っているケースが多かった）、最盛期がカタクチイワシ、後半がスルメイカと考えられるが、ホッケ、カレイ、カジカなども胃袋から出てくる。動くものは手当たりしだいに捕食しているようだ。

8.6kgのグッドサイズ。納得の一尾に思わず頬が緩む

ダイワ『ソルティガ ドラドペンシル18F』でキャッチ。ジギングとはひと味違う、エキサイティングなファイトを堪能した

移動中も海面の変化や鳥の動きに注意を払いたい。船長とアングラーが一丸になってナブラを捜すことでチャンスは広がる

ナブラがないときは魚群探知機で魚の反応を捜しながらジギングを試した。が、この日は水中よりも水面の釣りに軍配が上がった

ると、それくらいのサイズが必要になるからだろう。ただ、ベイトサイズが小さい場合や、水面に出きらない状況も想定し、飛距離の出る30〜50gのミノーやジグ、ジグミノーもボックスに忍ばせておいて損はない。

カラーはベイトに合わせるのが無難な選択かもしれないが、波が高い日や霧などで視界が悪いときは自分のルアーを見失うこともある。視認性の高いピンクやチャートバックもあると便利だ。せっかく水面を割ってアタックしてくるのに、自分のルアーを見失っていたら面白さが半減してしまう。

アクションは状況に応じて行ないたい。魚にヤル気があれば、ルアーが着水してすぐ食っている場合もある。アクションというよりも、いかに自分のルアーを見つけてもらうかが大切な気がする。とはいえ、今のところ速巻きより、細かいピッチでルアーに水を絡ませ、あまり移動距離を長くしていない状態で売られているプラグが目立つ。行く場所や魚種に応じてフックサイ

ないほうがアタック後のフッキング率が高いと感じている。

ルアーの使い分けは次のとおり。ナブラやトリヤマが見られる場合や、飛距離を優先したい場合はペンシルベイト。一方、アピール度の高いポッパーを使う場面は波が高い日、またはナブラやトリヤマが見られない、海底が急激にかけ上がり水深が浅くなっているエリアなど。どちらのルアーもシンプルなデザインながら、メーカーによってアクションはさまざま。いろいろなタイプを持っていたい。

バーブレスがおすすめ

フックが付属されているものに関しては、そのまま使っても問題ないだろう。ただ、スプリットリングのみ、または何も付いていない状態で売られているプラグが目

ズが変わるため、あえてフックなどを付属しないで販売しているメーカーも多いようだ。これからトップの釣りを始めたいのに、どんなフックを付ければよいか分からないのは問題だが、大体のメーカーは推奨フックサイズをパッケージなどに記載している。最初はそれに従って選ぶのが無難だと思う。私もそんな経験を何度もして以来、フックはバーブレスにしている。最近はさらに手返しをよくすべく、シングルフックも試している。ボックス内でルアーどうしが絡むのを軽減するためだ。今のところフッキングに問題はないが、ルアーによってはバランスが崩れ、本来のアク

ろう。万が一記載されていなければ、トレブルフックの#1/0〜3/0を用意すると間違いないと思う。心配な人は、釣具店のスタッフに聞くと相応のフックサイズを教えてくれるはず。

ところで、何度か釣ったことのある方は、ブリの口からトレブルフックを外す際、意外に外れなくて困った経験がないだろうか？ 1尾目を釣りあげたがナブラが続いている。フックを外して早く釣りに戻りたい。でも、外れない……。そうこうしているうちにナブラは消えてチャンスを逃してしまう（涙）。

シーズン後半の10月下旬になると、ブリに代わってスルメイカがよく釣れた。うれしい外道にイカ仕掛けを垂らしたくなった（上） オホーツク海のホッケは大きく、その引きの強さにフクラギと勘違いするほど。開きにして干すと家庭用グリルに入らないことも多い（下）

ブリが捕食しているベイトサイズは小さいはずなのに、なぜか大きめのトップウオータープラグに好反応を示した

Area_08 オホーツク海／網走市周辺②

Off Shore Casting

8フィート以下が無難

　オホーツク海で釣れるブリは、比較的サイズがよいようだ。時期によってはフクラギサイズばかりだったり、実際に行ってみないと分からないこともあるとはいえ、15kgを超えるブリがあがったという話もある。大ものを視野に入れたタックルを用意するのが望ましい。ロッドは最高で80〜100gのルアーがキャストできると安心。軽いルアーも使うのであればルアーウエイト80g前後、特大ルアーをフルキャストするのであれば100gがベター。なお、遊漁船の大半はイカ釣り用の電球や支柱、電線などがある。オーバーヘッドキャストできない場合も考慮し、サイドやアンダーからキャストしやすい8フィート以下の長さが扱いやすい。リールのサイズはPEライン3号が300m以上巻ければ、キャスティングだけでなくジギングにも対応する。ラインは3号程度が主流だが、遠投性を重視して2〜

ションをしないものが少なからずある。よりよいシステムを組めるように試行錯誤中だ。本州ではシングルフックを自作し、自分好みにチューニングしているアングラーもいるようだ。ウエイトを変化させて好みのアクションに近づけるのも面白い。

一度でもトップでブリを釣ってしまうと、誰もがハマること間違いなし!?

船影を見たブリの猛ダッシュは強烈。近くまで寄せてきても油断は禁物だ

Area_08 オホーツク海／網走市周辺② Off Shore Casting

2.5号に落としている人もいる。ショックリーダーはナイロン60ポンド前後を2mほど、FGまたはPRノットで接続するシステムが一般的だ。ナイロンラインを使う理由は、根ズレの心配がほとんどないことに加え、ライントラブルが少ないため。ルアーとの接続はスナップスイベル、溶接リングとボールベアリングをセットにしたものなど好みで選ぶとよいだろう。ただ、60～100ポンドの強度がほしい。

遊漁船『泰洋丸』の予約は船長の湯川泰洋さんまで。イカ釣り電気などがなく、とてもキャスティングしやすい

最後に。私がオホーツク海側でメインに釣行しているのは網走～斜里町ウトロにかけてだが、羅臼はもちろん最近は根室周辺でもナブラが見られ、サーフから釣れた話も聞く。根室では12月にも定置網にブリが入ったという情報もある。今後は釣れるエリアが広くなると予想され、ブリねらいで出船してくれる遊漁船も増えてくれるはず。ますます夢は広がる。

シングルフックも一考

手返しを重視すると、シングルフックにするのもありだ。ビギナーにとっては、魚からフックを外す際に危険が軽減されるのもよい。ダイワ『ソルティガ ライトアシストSS』は使える。フッ素加工が施され、刺さりのよさは抜群だ。ただ、ルアーによってはバランスが崩れるものもあり、現在試行錯誤中

01：140mmのハイフローティングタイプのペンシルベイトで釣った7.8kg。船縁に来てからのダッシュが強く、苦労させられた一尾　02：太軸のフックを装着したルアーは、ときに凶器と化す。同船者に怪我をさせないためにも、一投ごとの後方確認をお忘れなく　03：ロッドはアブ・ガルシア『ソルティーステージ KR-X オフショアキャスティング SOCS-74MH-KR』。リールはダイワ『ソルティガ4500』。ラインシステムはPE3号＋ナイロン60ポンドを2m弱FGノットで接続　04：ルアーとの接続は、クロスロックスナップ＆ボールベアリングスイベルの60～100ポンドを使用。ショックリーダーはパロマーノットで結んでいる　05：心に余裕があるならバーブレスフックをすすめたい。何といっても外しやすいので手返しがよくなり、意外とバレにくい。フックサイズは#1/0～3/0が適しているが、メーカーによって重さはさまざま。いろいろ試しながら自分の好きなアクションに近づけたい

斜里町のウトロ漁港から出船。周辺はドン深で岸近くまでブリが回遊し、ショアからも釣果が上がっている

ここ数年、道東のみならず
全道的に注目度が高いのは知床半島。
その背景にあるのは、
ニュースでも報道されている
水揚げ量の多さに加え、
超がつく大ものをねらえる可能性の高さ。
豊穣の海でベイトを飽食したブリは
驚くほどの体型になるらしい。

10月は超大ものの期待大!
【Area_09 オホーツク海／知床半島①】
世界遺産のブリジギング

文◎佐々木 帝（中標津町在住）
Text by Akira Sasaki

回遊エリアは岸近く

知床半島は、世界自然遺産としても名高い北海道の半島。晩夏のカラフトマス、初秋のシロザケシーンにおいて数多くの人気ポイントを有することでもよく知られている。その知床半島の沿岸で、ブリの回遊が見られるようになったのはここ数年のこと。これまでブリといえば、道東に住むアングラーにとっては随分と縁遠い魚。人によっては、遠く南の島の魚という印象があったかもしれない。また、一度は釣ってみたいという憧れをもっていた人もいるだろう。しかし、その憧れは現実のものになった。

オホーツク海に面した斜里町ウトロ沖を中心に、私がブリを追いかけ始めてから2015年で4シーズン目になる。回遊状況は一年として同じ条件の年はないものの、それでも傾向はつかめてきた感がある。まずは、知床近海の特徴をおさえておきたい。

南風が吹きやすい6～9月は比較的に晴天が多く、風も波も穏やかな日が続く。そのためか、海の透明度はやや高めだ。地形は知床連山を頂として断崖絶壁が連なり、海面以下にはカケアガリが目立つ。海底は岩場、砂場、イソギンチャクの根など変化に富んでいる。潮は1～2.5ノットで流れるが、潮止まりの影響を受けやすい。

そうした条件のもと、ブリは6月下旬～10月上旬に来遊し、陸からそう離れていない水深40～70mのボトム付近を回遊している。2014年は7月にナブラが頻繁に目撃され、トップウォータープラッギングの可能性もおおいに感じている。さらに同時期、ウトロ港の三角岩ではショアからの釣果情報も多々。すでに知床はショアとオフショア、どちらも無視できないブリのフィールドになりつつある。

7月下旬、この日の最大魚である8.6kgをキャッチした渡辺有人さん。ヒットジグはネイチャーボーイズ『スイムライダーショート』175gナクイグローカラー

待ちに待った瞬間。ブリの引きを知床で味わえるとは、ほんの数年前まで考えられないことだった

数よりも型

気になるサイズは、6月下旬〜7月は6〜10kgクラスがメイン。8月頃から2〜4kgのフクラギ、イナダクラスが見られ始める。9月下旬〜10月に再びサイズアップし、シーズンの終わりが近づいていることを告げる。シーズン終盤の10月になると、我々アングラーの行く手を阻むかのように、オホーツク海は北風の影響を受け始める。しかし、多少の荒波は覚悟のうえで挑んでいただきたい。その先には、越冬のためにに蓄えた体力を惜しみなくぶつけてくれるターゲットがいるのだから。過去のデータを見ると、6〜10kgが10月のアベレージサイズ。2014年には、ウトロ沖のジギングレコードである17.8kgも出ている。

ベイトとしては、オオナゴやイワシ、スルメイカなどが知られているが、それ以外に知床特有の根魚（ソイ・ホッケ・ガヤなど）の幼魚も捕食していることを付け加えておきたい。

前述のように知床のブリはアベレージサイズが大きい反面、ひとつの群れのボリュームは大きくない。魚探を赤く染めるような群れに出会えることは極めて少ない。しかし、無反応の魚探をあざ笑うかのように、突然海面にロッドが絞り込まれる瞬間が訪れる。そして、手中のロッドから伝わる躍動は、はっきりデカブリだと認識できるパワーを秘めている。数よりも型、それが知床の特徴といえるだろう。

数釣りの期待値が低いということは、ワンチャンスをものにできるかどうかというシビアな問題が存在する。その日のコンディションに合わせ、自分のもてる知識とタックルを総動員し、ヒットパターンを探っていく作業が必要だ。海中の状況を五感で感じ取り、仮説と実行を繰り返す。そのなかで正解を導き出せれば必ず魚が応えてくれる。その至福の瞬間が、さらなるジギングの深みに我々を誘うのかもしれない。

スローの実績も急上昇

知床のブリジギングで実績が上がっているタックルは積丹や江差方面などと同様。ロッドはルアーMAX150〜230gのスピニングとベイト。リールはスピニングなら、ダイワは4500〜5000番、シマノは8000〜10000番。ラインはPE3〜4号、ショックリーダーは40〜60ポンド。ジグは135〜200gで、鉛製のほか鉄製など比重の異なるもの、スライド性能やシルエットが違うジグを用意しておきたい。当日の潮や透明度、ベイトサイズなどのさまざまな条件に対応するためだ。そうしてタックルをバランスよくセッティングし、ワンピッチジャークを中心に攻略していく。もちろん、タダ巻きやコンビネーションジャークがマッチするシーン

もある。臨機応変にいろいろとトライしてみていただきたい。

さらに、スローピッチジャークによる実績も急上昇している。こちらはルアーMAX3〜4オンスの専用ロッドが扱いやすいだろう。リールはベイトタイプでPE2号前後、ショックリーダーは30〜40ポンドがジグの動きを演出しやすく釣果も上がっている。スロージギング用のジグは200〜300g。その特性から根魚にもかなり有効で汎用性が高い。通常のハイピッチジャークに反応がないときなどに、ぜひアプローチのひとつとして加えたい。

そして、重要なのはラインシステム。いかなるときも万全にしておきたいものだ。なぜなら、知床は10kgクラスの大ものがつきてもおかしくない、無限の可能性を秘めたフィールドだから。おすすめはPRノットやMIDノット、FGノットなどの摩擦系ノット。これらは、ガイドとの抵抗が少なく、強度も安定していて信頼性が高い。波風のある船上でも組めるようにしっかり練習しておきたい。

また、ラインのチェックも頻繁に行ないたい。ジギングは根掛かりやオマツリなどのトラブルが少なくても、アシストフックの影響などでショックリーダーに傷が入ることはよくある。手間ではあるが、少しでも傷があった場合、ノットを組み直すべき。極端に細いラインシステム以外でのラインブレイクは、基本的にアングラー側のミスであることが大半。ブリはヒラマサやカンパチと違い、根に向かって泳ぐ習性はほとんどないといってよいくらい。事前にドラッグ調整を行ない、傷のないショックリーダーであれば、切られることなく夢の大ものを手にすることができるはず。どうしても上手く組めないという人は、釣具店のスタッフに教えてもらうとよいだろう。

今なお、原始の自然を宿す世界自然遺産のブリジギングは開拓途中。攻略の新しい糸口を捜す航海は始まったばかりだ。

Area_09 オホーツク海／知床半島① Off Shore Jigging

本州から参戦したオフショアジギギングに精通する柳賢太郎さんも、この表情。知床のブリはじつに強い

中標津町の『ささき銃砲釣具店』スタッフである筆者の佐々木さん。お店に立ち寄った際、ジグのヒットカラーなどを聞いてみるとよいだろう

メガクラスのホッケも知床の看板ターゲット。好奇心が旺盛でジグによく反応を示す、うれしい外道だ（上）　道東ならではのアオゾイも釣れる。魚影の多い根魚も視野に入れるなら、スロージギングのスタイルがおすすめ（下）

長谷川誠さんが、ネイチャーボーイズ『スイムバード』170gブルーピンクカラーでヒットさせたグッドサイズ

073

ついに知床半島へ

知床の磯でブリをねらう。数年前まで、誰も想像しなかったであろうその光景が、2014年夏、現実のものになった。情報はすぐに流れ、一気にブレイク。その年に、10kg超のブリ、さらにはメーターオーバーのシイラまでキャッチされている。

ウトロエリアでのショアブリ情報は、オホーツク海におけるオフショアの盛り上がりととときを同じくし、わずかながら語られてはいた。しかしやはり、ねらって釣れるものではないと考える人が大半だった。

その流れが変わったのが2014年6月。網走市の東部、北浜で海サクラをねらっていたルアーアングラーが80cmオーバーのブリをキャッチ。その情報が開拓精神あふれるルアーアングラーたちの間に広がった。するとほどなく、トリヤマやナブラ、ボイルに注目し、それを求めて探索する釣り人が現われた。そうしてたどり着いた先のひとつが、ウトロエリアの磯だった。結果はすぐに出て、6月下旬には釣果情報が語られ始めた。7月上旬には広く知られるようになり、その後、瞬く間に釣り人の姿が増えていく。

ウトロといえば、カラフトマスねらいのフィールドとして有名。7月下旬以降、大勢の釣り人が訪れる。ところが同年、カラフトマスの釣果はふるわなかった。そんなか、カラフトマスねらいで訪れながら、情報を聞いてブリをねらう人が少なくなかった。

ランディングが難しい

写真は2014年7月上旬。初期に情報を得ていた釧路市の『ランカーズクシロ』スタッフの村山憲明さんと"ダメモト"で出掛けた際のもの。

釣り始めてすぐ「釣れればラッキー」というノリは、「もしかしたら釣れるかも」に変わった。朝イチ、先行して訪れていた釣り人のロッドが大きく曲がり、その仲間が大型に違いなかった。

村山さんはすかさず、ボイルめがけてキャスト。楽勝で届いていた。しばらく反応はなく、ダメか……とあきらめかけたとき、ショアからは体験したことのない重厚な手応えがロッドを絞った。

ブリだったのは間違いないだろう。しかし、点在する根、あるいはカケアガリの岩に擦れてラインブレイク。よいところまで寄せていたのに、残念無念。ウトロエリアの磯は岸近くから水深が深く、手前側の荒根やカケアガリでラインを切られることが多い。そこが課題と考えられている。

ボイルやナブラが見られた6月下旬〜7月上旬のシーズン初期は、表〜中層でも釣れていた。しかしその後は、捕食対象のメインがオオナゴに変わったらしく、ボトムでのヒットが多いとの声がよく聞かれた。

が大型の玉網ですくったのは紛れもなくブリ。そしてほどなく、岸から10m程度、とには岸際で激しいボイルが起こった。そのボイルは、岸際を群れ泳いでいたサケ稚魚をねらっていると思われた。道内では、海アメや海サクラによる、そうした光景がよく見られる。しかし、このときのボイルの主は、明らかにそれらとは異なり、より大型に違いなかった。

7月上旬、おそらくブリのヒットシーン。ひとしきりファイトした後、根ズレでラインブレイクしてしまった

「まさか」が現実になったウトロの磯
【Area_09 オホーツク海／知床半島②】
大地の突端シリエトクのショアブリ

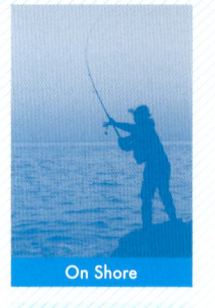

オフショアの後を追うように盛り上がるショア。
その前線がとうとう、アイヌ語で大地の突端を意味する
シリエトク、知床まで達した。
大ブレイクした2014年は10kg超のブリだけでなく、
メーターオーバーのシイラもキャッチされている。

リポート◎西井堅二
Photographs & Text by Kenji Nishii

On Shore

Jig Type02
Jig Type03
Jig Minnow
Minnow
Pencil Bait
Popper

シーズンは意外に長い？

7月下旬になるとサイズが落ち、フクラギクラスが増えてきた。そんな頃、にわかに別の魚が注目を集めてきた。オフショアでは以前からその存在が知られていたシイラだ。さすがに陸っぱりだと厳しい気がするが、2014年夏にはシイラもショアのターゲットになった。

津別町の萬征行さんは、ブリねらいの釣行でシイラを目撃。その日に4尾掛け、80cm台1尾をキャッチ。8月中旬には、陸っぱりでは快挙といえる、尾叉長1m15cmの良型を手にした。

ブリ、シイラとも、確たる情報が流れ始めたのは2014年夏から。今後も毎年釣れるかどうかは未知数だ。しかし、ブリの資源量が増加傾向にあるとされるだけに、その期待は大きい。その年のブリフィーバーは、おおむね9月頃で終了。ただ、その後もポツポツと釣れ続き、ブリの目撃情報は11月まであった。チャンスは意外に長いのかもしれない。

また、現在のところ、釣果情報はウトロ側に多いが、羅臼側でもポツポツと聞かれる。もしかしたら今後、知床半島全域でポイントが見いだされる可能性もある。ブリ釣りはまだ始まったばかりとはいえ、要注目のエリアであることは間違いない。

ウトロエリアの海岸線。岬状の岩場が各所に張り出している。それらがポイントになっている

足もと付近から深い、ウトロエリアの磯。そんな地形のためか、ブリの群れが岸近くを回遊する

津別町の萬さんがウトロの磯でキャッチした、尾叉長1m15cmのシイラ！ 陸っぱりでは快挙といえるサイズ

ウトロエリアにあるシロザケの定置網に入ったブリ。知床にもかなりの回遊があることは確かだ

スロージギング専用ロッドは、通常のジギングロッドに比べるとしなやか。ファイトは見るからに楽しそうだ

非力な人でもノープロブレム
【Area_All 北海道全域】

スローなジギングはいかが？

文◎佐々木 大（釧路市在住）
Text by Takashi Sasaki

道内でブリ熱が高まるとともに入門者が増えているスロージギング。通常のブリジギングと異なり身体への負担はかなり小さくビギナーや女性でも親しみやすい。ブリ以外の魚もよく釣れるのが魅力だが、いったいどういう釣り方なのか？

9月中旬の積丹沖で実釣。表層水温は25℃ほど。正午に出船し、午後までは全く無反応だったが、タマヅメにチャンスが訪れた

従来の根魚ジギングに近い

魚種を選ばず万能なタクティクスとして全国的に知れ渡ってきたスロージギング。関西から発信された釣り方のようで、地方により呼び方が二分されていてスローピッチジャークともいわれている。近年、この手の釣りを意識して開発されたタックルが数多く出回っているが、呼び方が2つあるだけにどちらが正式なのかと疑問に思っている人は少なくないようだ。メーカーや釣具店の考え方によりスロージギングとスローピッチジャークでは性格が多少異なる部分があったり、基本的に同じ釣り方とうたっているところもある。なかには、スロー系ジギング、スロージャークというメーカーもある。どれが正しいのかはさておき、いずれにも共通するのは、激しく忙しない誘い方で

上：スロージギング専用ジグはボディーが短く、センターバランス寄りに設計されたものが多い

左：一般的なフックシステム。ジグはアングラーズリパブリック『ゼッツ スローブラットS』130ｇ。ライトジギング用のアシストフック#2/0を装着

この日、活躍してくれたタックル。ロッドはアングラーズリパブリック『パームスエルア メタルウィッチ スロー＆フォール』。リールにはPEライン1.5号と2号を巻いている。ショックリーダーはフロロカーボン40〜50ポンドを2ヒロ

Area_All 北海道全域　Off Shore Jigging

ないことだ。ジギングという男臭い壁を払拭した、老若男女が気軽に楽しめるメソッドといえるだろう。これまで道内では、ブリなどの回遊魚よりも魚影の多い根魚がジギングのターゲットになってきた。根魚ねらいのジギングは、あまり巻かずに海底付近をネチネチ探るのが基本。そんな根魚ジギングの進化バージョンだと考え、難しくとらえないほうがエントリーしやすいかもしれない。

普通のジギングと何が違う？

スロージギングを行なうにあたっては、スロージギング専用のロッドとリールにスロージギング専用のジグを合わせたベイトタックルを使うのが前提になる。

ロージギング専用ロッドは、従来のジギングロッドと違って華奢に見えるが、ロッドの根もと付近から奇麗に曲がり、サオ全体を使ってジグを動かせられるように仕上がっている。

基本的な動作は、瞬間的にリールを巻いたとき、ジグの重さで曲がったロッドの反発力を利用してアクションさせる。ロッドを腕でシャクるというよりは、リールの巻きの強弱でリズムを取るようにハンドルを1回転、半回転、1/3回転、1/4回転などさせてジグにアクションを加えていく。こうしてテンポよくリトリーブすると、ジグが右へ左へとスライドし、通常のジギングよりも少ないレンジ移動でアクションさせることができる。

また、リールを巻かず、ロッドの先端を空に突き上げてから素早く水面までロッドの先端を戻してラインに弛みをつくるか、テンションを掛けてゆっくりとジグを落とし込む方法もある。これらはタラなどの根魚ジギングでよく行なわれる誘い方だ。

そのほか、前述したスロージギングの基本動作に加え、通常のジギングのようにワンピッチ、ツーピッチ、ジャカジャカ巻きなどを組み合わせ、ジグにさらなる変化を与えて魚に興味をもたせるのもよいだろう。一般的なメソッドにとらわれず、独自の誘い方でヒットパターンをみつけるのも面白い。

食い渋りを克服

底付近をスローに誘え、かつレンジ移動を小さくできる。そんな特性から、スロージギングは根魚に特化していると思っている人も多いようだが、回遊魚の青ものにも威力を発揮する。特に、オオナゴなど海底に潜る性質をもつベイトが捕食されているときや潮が濁っているとき、水温が低く（もしくは高く）魚の活性があまりよくないときは、通常のジギングよりもゆっくり

と誘える分、ヤル気のない魚にスイッチを入れる効果が期待できる。

たとえば、積丹では夜ブリが始まり、朝から晩までねらわれ続けることになると、魚探に反応があるのに食わない状況に直面したりする。また、オホーツク海でシーズン初期、水温が上がる前に回遊してきたブリは、速いピッチのジャークだとなかなか食わない。しかも、着底後3巻き以内でのヒットが多い。そんな渋い状況で、ぜひ試してみたい。海域によってはブリねらいのうれしい外道であるヒラメが釣れる可能性も高い。ブリ、タラ、根魚、ヒラメと、アタリの回数が増えるのもこの釣りの魅力だろう。

ファイト中の注意点

01：アタリがなければ、ジグのカラーやパターンを替えながら、その日のヒットパターンを探っていく
02：ロッドが大きく絞り込まれ、力強い手応えが伝わってきた！
03：午後5時前後がプライムタイム。釣りにタモ入れにと大忙し
04：破顔一笑の私。毎年、釧路から積丹、遠くは函館の戸井まで、ブリを求めて遠征している　05：ご一緒させていただいた、アングラーズリパブリック社の沼田純一さんが沈黙を破った

感じる。だが、ひとつだけ気をつけたいことがある。それは、魚が掛かってからのロッド操作。スロージギング用のロッドを曲げてみたことがある人はご存じだろうが、とにかく軟らかく感じ、想像以上に軽いものが多い。通常のジギングではファイト中にサイズが大きいと判断した場合や、アングラーが疲れてくると腹部やファイティングパッドにグリップエンドを当て、ポンピングでやり取りすることがある。が、スロージギング用のロッドでは、そうしたファイトはおすすめできない。できるならグリップを脇に挟めたまま、やり取りを行ないたい。

魚が大きいと判断した場合は、根掛かったまま、魚と綱引きをするようにリールでファイトすることを心掛けたい。そのほうがファイト時間も短くなり、何よりロッドへの負担が軽減される。たまに「スロージギングロッドは折れやすい」と聞くが、確かに華奢なロッドだけに間違った使い方は破損の原因になりかねないだろう。たとえば、管理釣り場用のトラウトロッドやフライロッドで大型魚を抜きあげるとどうなるか？　誰でもその結末は容易に想像がつくはずだ。

しかし、だからといってスロージギング用のロッドが弱いわけではない。その性質を理解すれば、10kgオーバーのブリを釣りあげるパワーを秘めている。むしろロッドが柔軟な分、人的ミスによるバラシやラインブレイクは少なく感じる。

ジグ・フック・接続法について

最近、スロージギング用ジグの種類は、通常のジグに迫る勢いで増え続けている。形状は比較的短くて薄っぺらく、センターバランスまたはセンター寄りのジグが多い。短めのデザインは少ない力でもすぐに水中で横を向きやすく、水平姿勢のままユラユラとゆっくりフォールさせるためと考えられる。その瞬間のアタリが最も多く、フォールアクションに特化しているジグといって

ところで、雑誌でスロージギングの記事を見ていると、短いジグにフロントに2本、リヤに2本、計4本もフックが装着されているのをよく目にする。「コンパクトなジグに、そんなにたくさんのフックが必要？」と感じる人もいるようだ。本州のベテランの方々に話を伺うと、より多くのフックで確実に魚を掛けようとしているのではなく、フックを前後に付けたり、そのサイズや長さを変えることで水の抵抗を利用し、アクションやフォールスピードを変えるためという人が多い。なかには、フックを前後に付けることを前提でバランスを取っているジグもあるようだ。

とはいえ、フックシステムは好みでよいと私は思っている。スロージギングに挑戦してみたものの「リヤフックがショックリーダーに絡み、せっかく80m近く落としたのに回収しなくちゃならなくなった」と言う人もいるからだ。慣れてくればそうしたトラブルはなくなるが、起こらないとはいきれない。ちなみに私は、フロントフックに2本で挑んでいる。理由は天邪鬼気質もあるが、今のところ前後にフックを付けて

いる人と釣果に差を感じないため。自分の納得できるサイズ、本数を試していただきたい。

フックは通常のブリジギングで使用されるものより細いタイプを使いたい。通常のフックでもダメではないが、さすがにしなやかなスロージギング用のロッドだと、ブリの硬い口に貫通させるには太すぎる。「スロージギング」、「ライトジギング」用と書いているフックや、それに匹敵する太さを選びたい。自分でフックを作らない場合

は、溶接リングにフックがダブルで付いているタイプを使うのが一般的。前後で絡まない長さであれば問題ない。フックサイズは魚のサイズに合わせるべく、いろいろ用意しておきたい。

ジグとショックリーダーの接続については、溶接リングにスプリットリングを付けるシンプルなシステムが主流のようだ。フックシステムの考え方と同様、ジグのどちらかに重心が傾き、思うようなフォール姿勢にならないのが理由らしい。ちなみに私

私と同じく釧路から来た白山哲さん（上）、穂積佳浩さん（下）もゲット。これで悔いなく帰れる

Area_All 北海道全域　Off Shore Jigging

【スロージギングのメソッド】

▲ロッドアクション
沼田さんが実践しているスロージギングを連続カットで紹介。リールの巻き方でジグの動きに変化を与えるが、その間にロッドティップを軽く弾いてアクションも加えている

◀リフト＆フォール
ロックフィッシングのように大きくロッドを持ち上げてから下げる、リフト＆フォールでねらうのもあり。動作はかなりゆっくり。初めて見る人は驚くかもしれない

リールの巻き方▶
ハンドルを1回転、半回転、1/3回転、1/4回転させてジグにアクションを加えるのが基本。実際にやってみると1回転、半回転までは身体がついてきても、1/3回転からわけが分からなくなる人が少なくないかもしれない。私もそう。そこで、次のようにイメージして巻くとよいだろう。ハンドルを時計の針だとすると、半回転から3時→9時または12時→6時で。1/3回転は12時→4時→8時。1/4回転は12時→3時→6時→9時の位置で止めて巻くようにする

1本目は中間以上のパワーを

ロッドはスロー系、スロージギング用、スローピッチジャーク用であればOK。自分の行く場所と水深、ブリの平均サイズを考慮し、ロッドパワーを選ぶとよいだろう。ただ、最初の1本は、気に入ったメーカーのなかで中間以上のパワーがあるロッドタイプを選びたい。1台目はハイギヤの瞬発力で変わってくるのはリールの巻き上げる瞬発力で変わってくるジグに命を吹き込むのはリールの巻き上げる瞬発力である。もっとも、強いといっても通常のジギングロッドより、はるかにしなやかだが。

ドをすすめたい。いきなり軟らかいロッドから始めると「これでブリが掛かって大丈夫?」と不安になるため。道内は10kgオーバーが夢じゃない。少々強くても備えあれば憂いなしである。

は、ボールベアリング入りのスイベルにスプリットリングを付けて接続している。このシステムだとジグに余計な回転が掛かり、本来の動きにならないという意見もあるが、今のところ問題はないと感じている。

回転でも1m前後巻けるものが多く、リールの巻きでロッドを曲げるのが容易なためといえるのは、スロージギングだ。ラインシステムは通常のブリジギングと3～4号のPEに60～80ポンドのショックリーダーが一般的だが、スロージギングなら太くても3号程度。私は現在、PE2号に40ポンドのフロロカーボンを結んでいる。ただ、同船者とオマツリしないように、PEラインの極端な太さ違いはNG。船長や同船者とコミュニケーションを取りたい。

最後に。まだまだ私も勉強不足だが、スロージギングの釣りは冒頭でふれたように呼び方がいろいろあり、釣り方にも統一性がない。これから始めたい人にとっては「どれが正しいの?」と混乱しがち。もちろんマニュアルがあるならそれに従って釣るのもよいが、釣りは遊びなのだから失敗しても大丈夫。周りがやっていないことを積極的に取り入れるのも面白いだろう。そうして試行錯誤しているうち、北海道なまりのスロージギングが確立される日もそう遠くはない気がする。ひとつだけ自信をもっていえるのは、スロージギングは身体にやさしく楽しいということだ。

上:2日目はスロージギングだからこそ可能な(!?)外道ラッシュ。赤色の魚体が奇麗なカナガシラ
下:最初はカジカだと思ったら、何とアンコウ。ジグが着底した瞬間にバイトがあったようだ

Inshore Revo. SF-spec Baitcasting Models

スロージギング	Lgth(ft.inc.)	Power	Lure(g)	Line(PE)	Piece	Rod Wt(g)	Price
MTGC-631SF	6' 3"	1	60-110	0.8-1.5#	1	123	本体価格 ¥24,000
MTGC-632SF	6' 3"	2	100-150	1.0-2.0#	1	130	本体価格 ¥24,300
MTGC-633SF	6' 3"	3	130-180	1.2-2.5#	1	133	本体価格 ¥24,500
MTGC-634SF	6' 3"	4	150-200	1.5-3.0#	1	144	本体価格 ¥24,800
MTGC-685SF	6' 8"	5	180-230 (Fall Max 400)	1.5-3.5#	1	155	本体価格 ¥25,500
MTGC-686SF	6' 8"	6	200-250 (Fall Max 500)	2.0-4.0#	1	165	本体価格 ¥25,800
MTGC-782SF	7' 8"	2	100-150 (Fall Max 230)	1.0-2.0#	Offset Handle	157	本体価格 ¥25,500
MTGC-783SF	7' 8"	3	130-180 (Fall Max 300)	1.2-2.5#	Offset Handle	167	本体価格 ¥25,800

ブリ釣りABC

最初に購入する
タックルは何がイイ？

このルアーはどんな動きでアピールする？

ビギナーさん、いらっしゃい！

ここからP121までは、オフショアにもショアにも対応するブリ釣りビギナー応援企画。基本的なタックル選びからスタートし、使用頻度の高いルアーの特徴を紹介。さらに、確実に覚えておきたいおすすめのノットに加え、アシストフックの製作工程とジグのセッティングなどを佐々木大さんに解説していただいた。

そして、本誌おすすめアイテムを集めた誌上ショップにご来店いただき（購入は不可）、ラストはさばき方と旨い料理で〆ます！

ラインとリーダーの接続は
摩擦系ノットが定番

フックとジグは
こうして接続すればOK

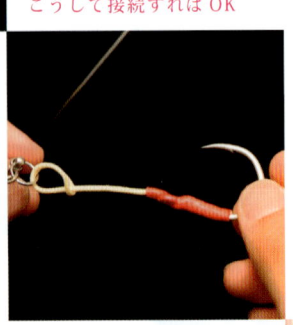

タックルを
長持ちさせるには……

いただきまーす♪

ジャンル別に大集合。
欲しいものが
いっぱい！

スタイル別タックル考
最初のワンセットを選ぶ

ブリ釣りが楽しい遊びになるかどうかは、最初に購入するタックルにかかっているといっても過言ではないだろう。スタイル別の基本タックルを考えてみたい。

オフショアジギング
- ロッド:5.4～6フィート/ジグMAX200g前後
- リール:スピニングもベイトも、PEライン3号が300m巻けるもの
- ライン:PE3号-300m

オフショアキャスティング
- ロッド:7～8フィート/ルアーMAX80g前後
- スピニングリール:PEライン2～3号が300m巻けるもの
- ライン:PE2～2.5号-300m

ショア
- ロッド:10フィート前後/ジグMAX60～90g
- スピニングリール:PEライン2～2.5号が200～300m巻けるもの
- ライン:PE2～2.5号-200～300m

オフショアジギング用/積丹カスタム（レスターファイン）

オフショアキャスティング用/ブルースナイパー ボートキャスティング（ヤマガブランクス）

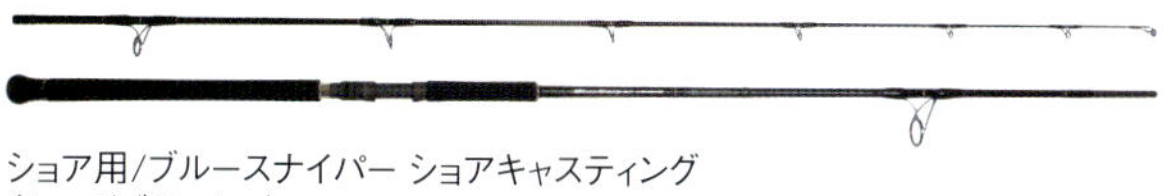

ショア用/ブルースナイパー ショアキャスティング（ヤマガブランクス）

●ロッド

ハイピッチの釣りに対応する一般的なオフショア用ジギングロッドは、6フィート以下でジグMAX200g前後がおすすめだ。短いほうが狭い船上で取り回しがよく、長いほうがシャクリ幅は長くロングジャークに対応する利点がある。「スピニングとベイト、どっちがいいの?」と思う人がいるだろうが、少しキャストしてねらうことをふまえると1本目はスピニングが適している。

オフショアのキャスティング用はスピニングタックルがメインになる。キャストするだけにジギング用に比べると長くなるが、長すぎるロッドは船上で扱いにくい。7～8フィートがベター。

ショア用は10フィート前後、ルアーMAX60～90gの範囲内で、自分の体力を考慮して選ぶとよいだろう。当然、ライトなほうが腕力に自信がない限り、身体への負担が軽減される。最初はややライトなモデルが適している。

●リール

オフショアジギング用はスピニングとベイトとも、PEライン3号が300m巻けるものがよいだろう。キャスティング用はオフショアとショア、どちらも通常のジギングよりやや細いラインを使うため、ワンランク下のサイズでもOK。どのスタイルにも共通するのはパワーギヤのほうがラクだ。

ハイギヤタイプは、イトフケを早く取れてルアーの回収も早いが、ヒット後に魚を寄せるのはパワーギヤのほうがラクだ。ところで、リールのドラグ設定については、弱ければフッキングが決まらず（フックが貫通しない）、強いと皮一枚でヒットしたときに身切れでバレてしまう恐れがある。ロッドにドラグMAXが表示されているものはそれに従い、表示していなければ3kg前後を目安に設定するとよいだろう。

スピニングリール/ソルティガ（ダイワ）

ベイトリール/ブルーヘブンL50（スタジオオーシャンマーク）

●ライン

オフショアジギングは、ジギング用ラインのPE3号前後がどんなエリアでも一般的だ。最近は性能のよいラインがどんどん発売されていて、強度的には1～2号でもドラグ設定をしっかり行えば、ファイト時に無理をしなければ大ものをキャッチできる。とはいえ、乗合船ではラインの号数を同船者と合わせるのが基本。そうしないとオマツリしたり、トラブルが多くなるからだ。

キャスティング用はオフショアとショア、どちらもそれなりに飛距離を稼ぐ必要があ

り、3号よりもやや細く2～2.5号が適している。

●ショックリーダー

オフショアジギングは、ナイロン50～80ポンド。結び目をリールに巻き込むとトラブルが多くなるので、最初は2～3mと短めがベター。

キャスティングはオフショアもショアも40～80ポンド。根ズレに強いフロロカーボンでもよいが、前記したくらいの太さになると、しなやかなナイロンのほうがラインシステムを組みやすい。ただ、細めならもちろんフロロカーボンというチョイスもありだ。

●フック

魚との接触点ゆえ、重要なアイテム。ジグ用のフックを選択するうえで基本になる考えは①ジグに合ったフックを使用するか?②ドラグ設定に合ったギリギリのフックを使用するか?この2点あるが、最初は①を重視したい。②はライトタックルでねらう場合、もしくはフッキング重視の考え。

それよりも注意すべきは、シャクっていてそうないフックを使用するか、ジグの最も広い幅より大きいフックを使用する。これを回避するには、ジグの最も広い幅よりも幅が狭いフックを使用するか、ジグの最も狭い幅よりも幅が大きく、捕食する際の吸い込む力が強い。ブリは口が大きく、幅が狭いフックでもそれほど問題はない。

ファメル 耐摩耗 ショックリーダー（山豊テグス）

ファメル PEジギング8（山豊テグス）

形状と素材、カラーについて
ジグの特徴を知る

ブリ釣りでメインになるルアーは、オフショアもショアもジグ。
ここではハイピッチの釣りに対応するオフショア用を中心に
ジグの基本的な形状や素材を解説。

なぜ、釣果に差がつくか？

釣れない状況に直面したらシャクリ方を変えるのがひとつの方法だが、それでも限界を感じるときがあるだろう。では、どうすればよいか？「ジグなんてどれも一緒、魚がいたら何でも釣れる」と言う人もいるが、同船しているアングラーの間で釣果に相当な差が出ているのはよくあること。「釣り座の差でしょ？」という意見もあるだろうが、釣り座を変えてもひとりだけ爆釣ということもある。もちろん、使っているロッドやアングラーの体力が違えば、使っているジグが同じでも、

水中で同じ泳ぎをしているとは限らない。自分の体力やシャクリのリズムに合ったジグをみつけるのが釣果を上げる方法のひとつだ。それをみつけるためにも、ジグの形状や素材による違いを知っておきたい。

ショップに行くと多種多様なジグが並んでいるが、次の4点がアクションや沈下スピードなどを決定する要素になる。①長さ、②ウエイト配分（バランス）、③左右対称か非対称か、④素材。①長さは、同じウエイトであることを前提にすると、ショート・セミロング・ロング

の大きく3種類に分けられる。②はフロントバランス・センターバランス・リヤバランスの3つに分けられ、フォールスピードやアクションに差が出てくる。③もジグのアクションに影響が出る要素。

④は鉛が一般的だが、錫（すず）、鉄、タングステン、そして複数の素材を融合させたハイブリッドなどがある。なお比重の低い順に錫、鉄、鉛、タングステン（ただし、錫を含んだ合金などにしてしまえば、比重の低いジグは前後する場合もある）。比重の違いでアクション、沈下スピードに差が出る。それぞれの項目について、詳しくは別項をご覧いただきたい。

カラーは何を選ぶ？

釣りをしていると、なぜかハマる「アタリカラー」がある。ただ、それは状況によって変わり、今回のアタリカラーが次回も通用するとは限らない。釣行時は「備えあれば憂いなし」、各色携帯したい。

そこで、最低限抑えておきたいカラーは次の6パターン。小魚をイメージできるブルー系とグリーン系、そしてシルバー系。海サクラの定番でアピール系の代表格といえるピンク系。生きているイカに近い色といわれ、イカが食われているときに有効なアカキン（レッドゴールド）。水深のあるポイントや潮が濁っているとき、朝夕のマヅメ時に実績のあるグロウなど。

なお、道内では海域を問わず「ブルピン」と呼ばれる、ブルーピンクが高い支持を得ている。また、近年はゼブラカラーも全国的に人気が高い。これは、あえてシルエットをはっきりとさせず、物体がいっぱいいるように見せる効果があるようで、アミなどがベイトの際に試してみたい。

ブルーピンク
グリーン
シルバー
ピンク
アカキン
グロウゼブラ

スイムライダーショート（ネイチャーボーイズ）

長さ

セミロング
現在、最もバリエーションが豊富。ロングとショートの利点を兼ね備え、両者の中間的な特性を有している。ビギナーは迷ったらこのタイプがおすすめだ。北海道のどんな海域でもパイロット的に使える。

ナマラジグ175g（フィッシングタックルスタジオ エゾハチ）

ショート
ウエイトが軽いものが多く、引き抵抗が軽いため、ハイピッチで小刻みに動かせられる。コンパクトなシルエットゆえ、意外に底もとりやすい。カタクチイワシなど、小型のベイトが食われているときに有効なタイプ。

ボトムフラッパー（岡クラフト）

ロング
一般的に引き重りするものが多く、ハイピッチのジギングだと身体への負担が大きい。主にロングジャークのメソッドで使う。その長さからサンマやオオナゴ、あるいは大型のスルメイカが食われているときにハマるタイプ。

セカンドジグ マグマ（セカンドステージ）

素材

鉛
まずは鉛ベースのジグからスタートしてみたい。釣りをするのが初めての海域なら、サイズはベイトになっているであろう捕食物に合わせる。その際、天候や時間帯、水深に合わせて自信をもてるカラーを選択する。もし、何度か訪れている海域であれば、そこで釣ったことのあるジグでようすをうかがう。それでダメなら形状やバランス、カラーを変えていくとよいだろう。

シーストリップ（M.S.T.ハンドメイドルアーズ）

鉄
潮が止まっていたり、風がなく鉛のジグで船の真下にしか落ちていかないときなどに試してみたい。鉛よりも着底するまで時間が掛かる分、若干斜めに落とすことができる。そのため、潮が止まっていたり、風がないときでも鉛より広範囲を探れるはず。また、シャクった後の滑走、またはフォールまで漂っている時間が長く、魚に食う間を与えやすい。食い渋りの状況で有効だ。

スイムバード（ネイチャーボーイズ）

錫＋鉛
錫のみで作られたジグは皆無に等しく、錫＋鉛のジグを使うことになる。この素材も鉄と同様の場面で持ち味が活きる。フォール中のゆっくりした漂い方は、比重の低い錫ならでは。鉄にはないアクションという人もいる。フォール中にバイトが集中する場面で試してみたい。

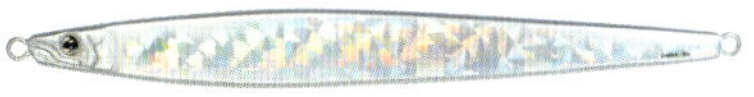

SGサクリファイス スラックスター（ダイワ）

タングステン
比重が高く、同ウエイトで最もコンパクトにできる。その特性が活きるシチュエーションは、潮の流れが速いときや二枚潮のとき。また、ほかのアングラーよりいち早く着底させたいときに最適だ。ベイトサイズが極端に小さいときにも◎。潮がとても速いとジグが底に着いても船が流され、ラインが揉まれて着底が不明確になることがある。ラインが出ていくからまだ着底していないように感じ、いい加減着底しただろうとリールを巻き始めると根掛かりで「プッツン」。そんな事態もタングステンの感度のよさで避けられるかもしれない。

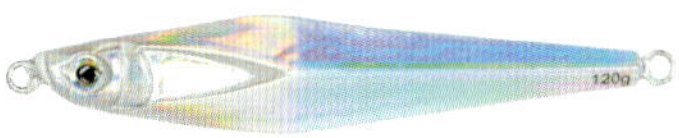

SGサクリファイス TGヴォルテッカー（ダイワ）

ウエイト配分

フロントバランス
動きはよいが、沈下速度が遅い。

リヤバランス
動きはおとなしめで引き重りするものの、沈下速度が最も速い。

※現在、オフショア用ジグについては、極端なフロントバランスやリヤバランスは少なく、センターバランスのフロント寄り、またはリヤ寄りというタイプが多い。

センターバランス
フロントとリヤバランスの中間的タイプで、現在のジギングシーンで主流になっている。シャクリ後のフォールで横を向きやすく、フォール時間が長く取れるのでアピール度が高い。シャクリが軽く、非力な人でも扱いやすい。

左右非対称
シャクリ後のフォール時間がやや長く、食わせの間を与えやすい。ちょっとした潮流の変化でも動きやすく、シャクリを加えるとイレギュラーな動きを出しやすい。

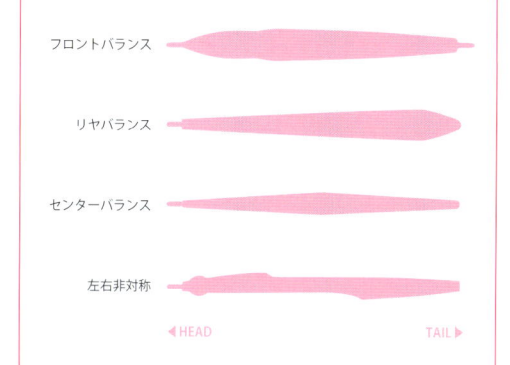

- フロントバランス
- リヤバランス
- センターバランス
- 左右非対称

◀HEAD　　　　TAIL▶

ジグの特徴を知る

ブリ用ジグ＆プラグ豊富にあります！

全道5店舗 つり具天狗屋

取扱 エンドウクラフト・黒羽・サミーズ・ルアーズケミスト その他・メジャーブランド多数

- ■七重浜店（北斗市）TEL 0138-49-9900
- ■金堀店（函館市）TEL 0138-32-9900
- ■石川新道店（函館市）TEL 0138-47-9900
- ■東苗穂店（札幌市）TEL 011-781-9900
- ■新琴似店（札幌市）TEL 011-764-9900

ショア用ルアーの特性と使い方

4種類を選抜

ひと昔前のショアブリといえば、ジグの使用率がほぼ100％だったが、近年は各タイプを使い分けることでより釣果が上がることが知られてきた。最低限用意したいルアーの素性を紹介。

携帯したいタイプ

ルアーの選択はターゲットまでの距離や、ターゲットとベイトの大きさで変わってくる。そのため、選択肢が多いに越したことはないが、①ジグ、②ミノー、③ジグミノー、④トップウオータープラグの4タイプはできれば携帯したい。次に、それぞれの特徴を解説する。

●ジグ

ショアジギング専用モデルのほか、道内では海アメ＆海サクラ用として市販されている20〜60gのジグも使える。遠投ができて沈下スピードの速いジグは、ポイントが遠いときや強風時、水深の深い場所、あるいはターゲットが表層に浮いていないときに適している。誘いのベーシックは、オフショアと同じくワンピッチジャークやロングジャーク、ジャカジャカ巻き、これらを組み合わせたコンビネーションジャークなど。

また、沈下スピードの速いヘビーシンキングミノーもあると重宝するだろう。その多くはコンパクトなシルエットで飛距離を稼げるのが魅力。魚の反応があるのが沖めで、かつベイトが小さいときに投入したいタイプだ。

●ミノー

海アメ＆海サクラで実績の高い150㎜前後のロングミノーも頼りになる。何といってもアピール度の高さがミノーの利点。ブリが岸近くの表層を回遊している場面でハマる。タダ巻きのほか、ジャークやトゥイッチでアクションを演出するのも面白い。サラシができている場所なら、そのサラシに向かって逃げ込むベイトを演出するのも面白い。ただ、ミノーを使い続けると魚がスレやすく、ほかのタイプとローテーションすることが欠かせない。

ヘビーシンキングミノー／コンタクト・フリッツ（タックルハウス）

ロングミノー／コンタクト・ノード（タックルハウス）

ブルーグラス（ジャズ）

●ジグミノー

海サクラシーンで一世を風靡した30g前後のジグミノーは意外に釣果情報が多い。ミノーで届かないポイントを探るときに重宝する。ジグよりもフォールスピードが遅く、リトリーブすると浮き上がりやすいので、浅いレンジを探りたいときに威力を発揮する。海サクラでは一般的なメソッドであるタダ巻きでもよいが、ナブラが見られれば速巻きして水面をバシャバシャとスキッピングさせるのも効果的だ。

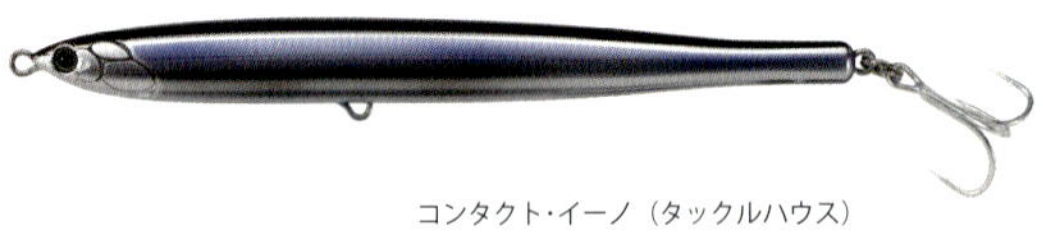

コンタクト・イーノ（タックルハウス）

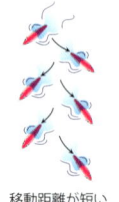

●トップウオータープラグ

オフショアキャスティングでも用いるポッパーやペンシルベイトなどのトップウオータープラグは、ショアでも朝イチに威力を発揮する。また、魚の活性が下がったと感じたときにも使いどきだ。そんなタイミングでキャストすると、活性が上がってナブラが起き始めることもある。

ポッパーはヘッド部がカップ状に窪んでいるのが特徴で、リトリーブすると「パシャ！」とか「ポコッ！」というポップ音を出してアピールする。ポップ音を活かす釣り方を心掛け、素早くロッドをはじいて操作するのが定番メソッド。

ペンシルベイトは水平気味に浮くタイプと、垂直に近い姿勢で浮くタイプの主に2タイプある。前者は上から見ると移動距離が長く、広範囲をサーチしたいときにピッタリ。後者は逆に短く、あまり移動させずにピンスポットをねらいたいときに適している。

垂直に近い姿勢で浮くタイプのペンシルベイト

頭を上下しながら左右に振る、ドッグウオーキングと呼ばれるアクションでアピールする

移動距離が短い

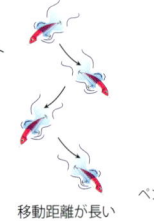

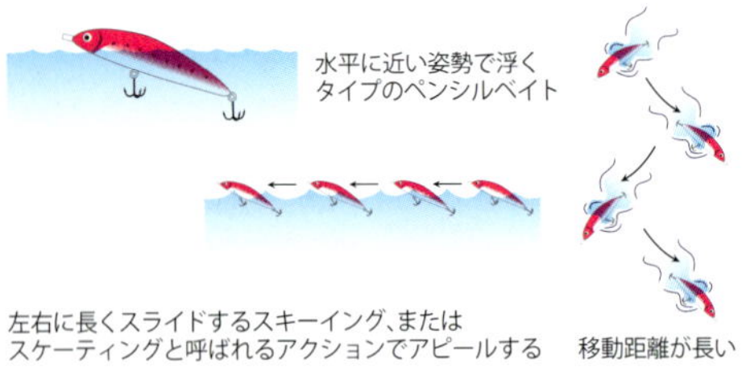

水平に近い姿勢で浮くタイプのペンシルベイト

左右に長くスライドするスキーイング、またはスケーティングと呼ばれるアクションでアピールする

移動距離が長い

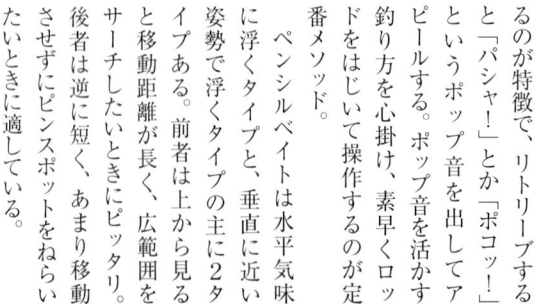

ペンシルベイト／GT ハリアーベイビー／タイニー（ヤンバルアートクラフト）

ポッパー／コンタクト・フィード・ポッパー（タックルハウス）

安全&快適に行こう オフショアスタイル

必要なタックルが分かったら、次はウエアやアイテム類。オフショアにエントリーするためのスタイルをチェック。

●用意したいモノ

必ず着用したいライフジャケットは、主にベストとウエストタイプがあるが、これは自分好みのものを選べばOK。そのほか、日差しの強い船上では、帽子と偏光グラスが欠かせない。帽子はつばの長いキャップや、サンシェードが一体化したタイプがおすすめ。偏光グラスは暗めのレンズカラーやミラータイプが適している。それでも気になる人は日焼け防止クリームもあるとよいだろう。また、ジギングやキャスティング用に開発されたグローブも必要だ。

装備の面で最低限用意したいのは、まず釣った魚を入れるための80～100ℓの大型クーラーボックス。そして、ルアーや食べ物、飲み物を入れて船上に持ち込むバッカン、PEラインに対応するハサミ、スプリットリングオープナーの付いたフックを外すための大型プライヤー、魚を締めるナイフ。摩擦系ノットに対応する結束器も外せない。それに、沖釣り用に作られた専用のボートシューズを履けばバッチリだ。

ライフジャケット

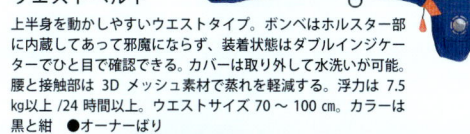

自動膨張式ウエストベルト
上半身を動かしやすいウエストタイプ。ボンベはホルスター部に内蔵してあって邪魔にならず、装着状態はダブルインジケーターでひと目で確認できる。カバーは取り外して水洗いが可能。腰と接触部は3Dメッシュ素材で蒸れを軽減する。浮力は7.5kg以上／24時間以上。ウエストサイズ70～100cm。カラーは黒と紺　●オーナーばり

自動膨張ライフジャケット サスペンダータイプ
落水時に水を感知して膨張するタイプだが、手動作動策を引けば、いつでも確実にふくらませられる。カバーは水洗い可能。浮力は7.5kg以上（初期浮力約9.7kg）。国土交通省型式承認2013年基準改定適合品。ウエストサイズ70～100cm。カラーはブラックとカモフラージュ　●ヤマガブランクス

自動膨張ライフジャケット ウエストポーチタイプ
重量420gと軽く、コンパクトな小型船舶用救命胴衣。サスペンダータイプと同じ充気装置を採用。使用可能がグリーン、使用済みか正しく装着されていないときにはレッドに変色し状態を確認できる。ウエストサイズ60～100cm。カラーはブラック　●ヤマガブランクス

結束器
オーシャンノッター OK120H
FGノットを速く、確実に結ぶことをコンセプトに開発。付属のベルトを船の手すりなどに取り付ければ、フィールドで難しかったPEラインの均等締めが簡単にできる。同社によると4分でFGノットが完結するそう。高剛性アルミマシンカットボディーを採用し、強く締め込んでも反りや曲がりが発生しない高強度設計。自重48g、全長120mm、PE3～8号に適合。カラーは8色　●スタジオオーシャンマーク

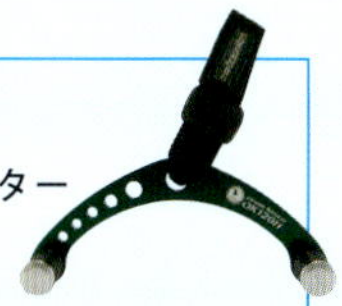

偏光グラス
トリアセテート偏光グラス DN-8214
薄くて軽く、多様な形状加工が可能で偏光機能にすぐれたレンズを採用している。傷に強い両面ハードコート搭載。金属フレームモデルにはバネ丁番ヒンジ。オリジナルソフトケース付き。レンズカラーはグレー　●ダイワ

帽子
パームス サープレックスキャップ
通気性があって、綿よりも速乾性にすぐれ、色あせしにくい素材を使ったロングバイザー仕様のキャップ。オフショアで映えるデザインもグッド。落下防止コード付き。フリーサイズ。カラーはカーキ、ネイビー、オリーブ　●アングラーズリパブリック

グローブ
ケブラーグローブ
デュポン社のケブラーを、生地と縫製糸にまで使用したフィッシンググローブ。切創、摩擦、熱に強く、実釣時のさまざまな危険から両手を保護してくれる。サイズは手の小さい人に適したSをはじめ、M、L、XL。カラーはブラック　●ネイチャーボーイズ

ナイフ
フィッシュナイフ II型
ベテランアングラーならおなじみの折りたたみナイフのベストセラー。錆びに強く、切れ味が長持ちするステンレス鋼、刃渡りは84mm。コンパクトで安全な両開き収納方式を採用している。カラーはネイビーとホワイト　●ダイワ

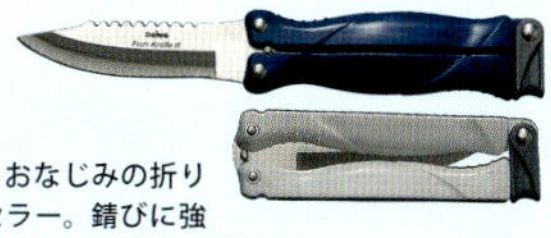

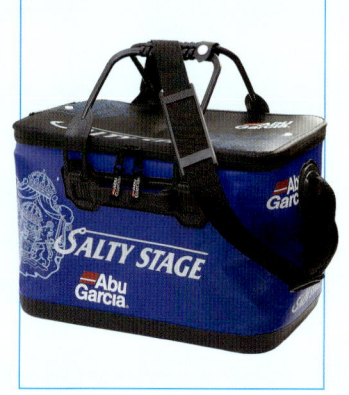

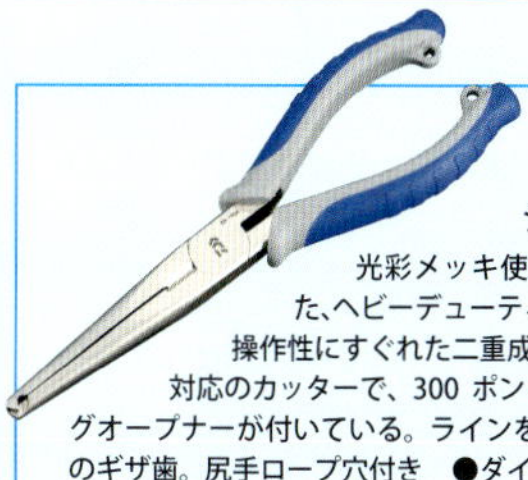

プライヤー
シープライヤー 190H
光彩メッキ使用で耐食性が格段にアップした、ヘビーデューティーなプライヤー。滑りにくく、操作性にすぐれた二重成型グリップを採用。PEライン対応のカッターで、300ポンドまで対応するスプリットリングオープナーが付いている。ラインを傷付けにくい極小アール付きのギザ歯。尻手ロープ穴付き　●ダイワ

ハサミ
PEちょっきん
刃のギザギザにより、滑りやすいPEラインがじつに切りやすい。切れ味が長持ちする超高硬度ステンレス鋼を使用している。指にやさしい厚肉樹脂ハンドル。携帯に便利なコンパクトサイズがうれしい。カラーはブラック　●ダイワ

クーラーボックス ビッグトランクII
約80cmの魚が曲がらずに入る。持ち運びに便利な大型車輪付き。ふんばるマン4個付きで船内での横滑りを最小限に抑える。上蓋にメジャー（800mm）付き。容量80ℓ。内寸32.5×79.5×27cm、外寸44×93×40cm。ホワイトは真空パネル5面+スチロール仕様で保冷力が高い。カラーはホワイトと写真のブルー　●ダイワ

シューズ
ダイワ フィッシングシューズ DS-2300HV
高次元のグリップ性能を発揮するハイパーVソール搭載。通気性のあるハイパーメッシュで快適な履き心地。スニーカー感覚で動けるローカット仕様で、新型3D立体成型カップソールはフィット感にすぐれ衝撃も抑える。サイズは24、25、25.5、26、26.5、27、28cm。カラーはグレー、ネイビー、オレンジ　●ダイワ

バッカン
アブ・ガルシア ソルティーステージ バッカン26 マルチタイプ
ショルダーベルトとハンドルが付いたマルチなバッカン。止水ファスナー仕様の縦開き。蓋は上部のドットボタンを留めると、半開きでも使えて便利。内側は洗いやすいR形状の底面。高剛性のステンレススチールフレームを内蔵。底面に滑り止めが付いている。サイズは26×40×26cm。素材はEVA　●ピュア・フィッシング・ジャパン

087

PRノット

ラインとショックリーダーを結ぶ①

オフショアの世界で現在主流になっているノット。しっかりと組めれば最も強い。

PRノットは専用の器具が必要。今回使用したのは、ネイチャーボーイズ『スピニングノッターリバース』

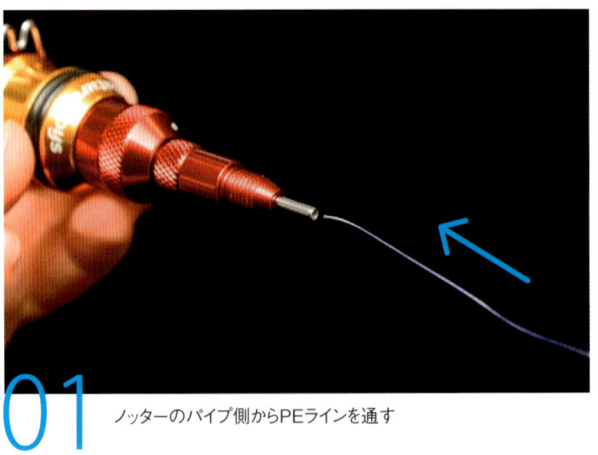

PR Knot ラインとショックリーダーを結ぶ①

01 ノッターのパイプ側からPEラインを通す

02 通していくと、お尻側からPEラインが出てくるので20cm以上引き出していく

03 出てきたPEラインを、ノッター本体にあるOリングの間に挟み込んで固定する

04 固定したらPEラインを人差し指にかける

05 そのままボビン部分に10〜15回巻き付けていく

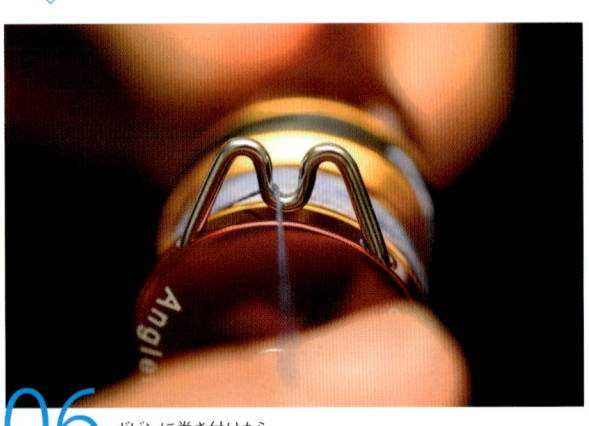

06 ボビンに巻き付けたら、本体下部にあるM字型のガイドにPEラインをかける

088

PR Knot ラインとショックリーダーを結ぶ①

07 PEラインとショックリーダーを25～30cm二重にする

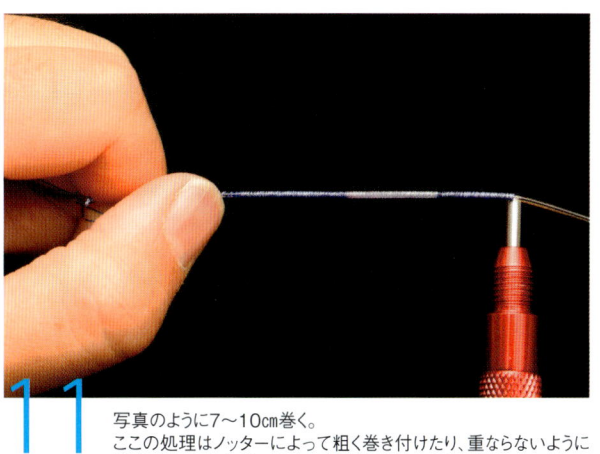

08 二重の部分を指に巻き付け、ずれないように保持する

09 ショックリーダーとノッターのパイプ部が接するように持ち、ノッター本体を回してPEラインをショックリーダーに巻き付けていく

10 リズミカルにノッター本体を回し、PEラインが重ならないように巻いていく

11 写真のように7～10cm巻く。ここの処理はノッターによって粗く巻き付けたり、重ならないように巻くなどできるが、私はなるべく奇麗に見えるように巻いている

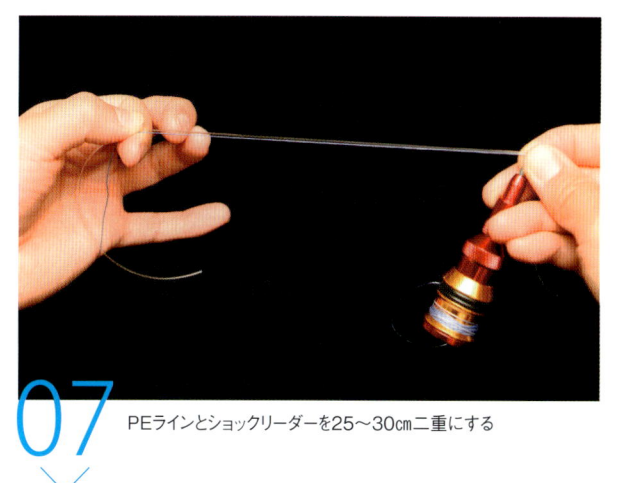

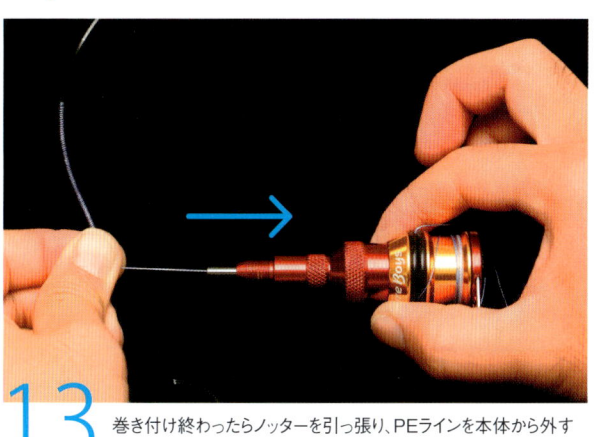

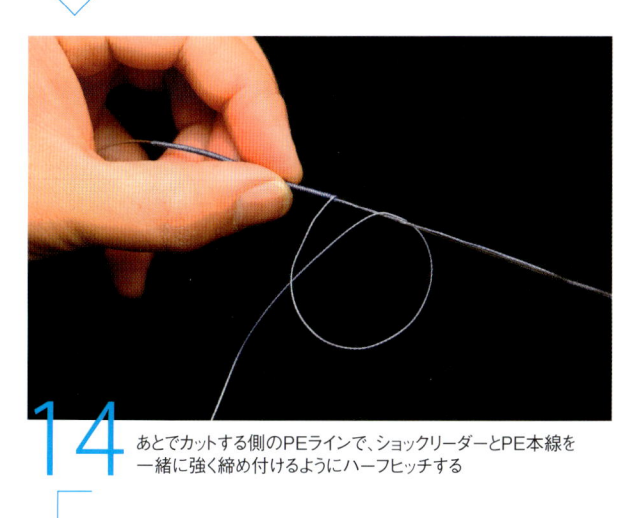

12 今度は巻き付けてきた側に戻る形で巻き付けていく

13 巻き付け終わったらノッターを引っ張り、PEラインを本体から外す

14 あとでカットする側のPEラインで、ショックリーダーとPE本線を一緒に強く締め付けるようにハーフヒッチする

089

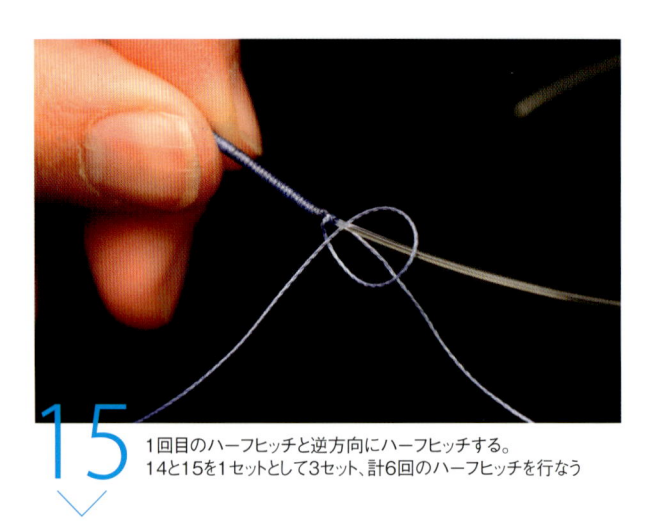

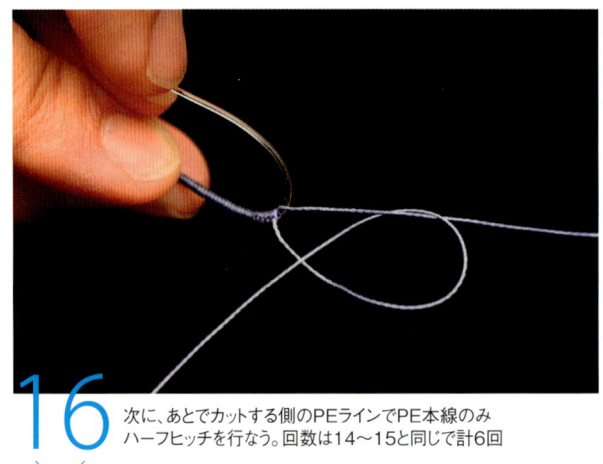

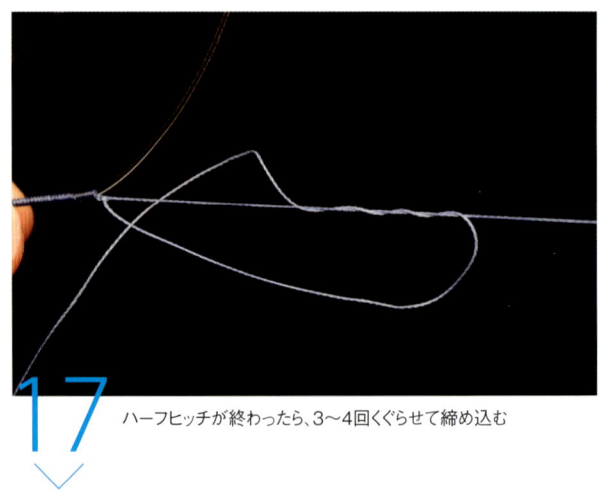

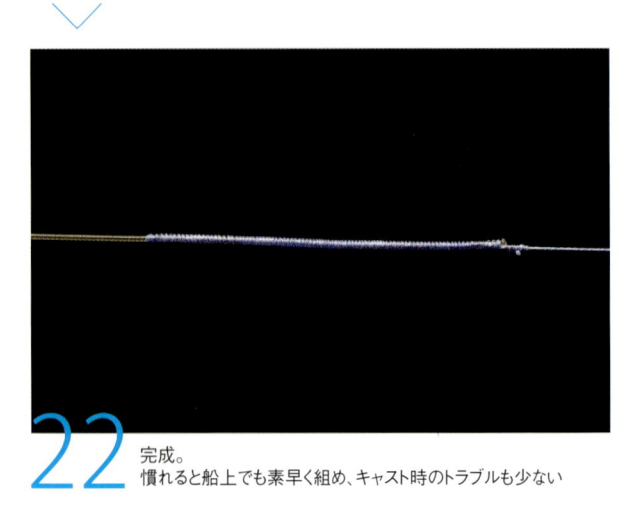

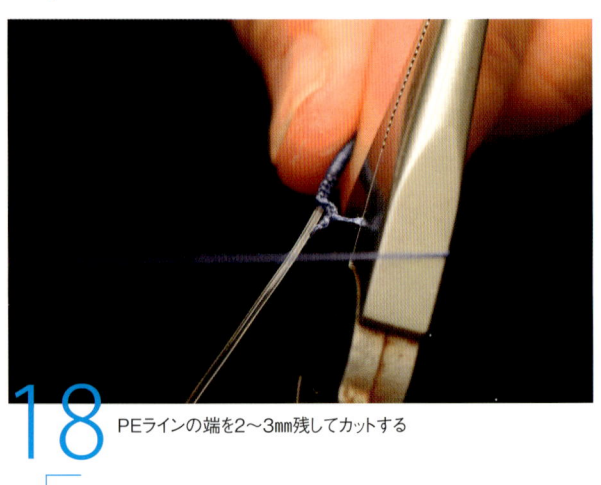

19 カットしたPEラインの先端をライターなどで炙る。このとき、PE本線やショックリーダーを焼かないように注意したい

20 次に、ショックリーダーの端を2〜3mm残してカットする

21 PEラインと同様、ショックリーダーの端を炙る

22 完成。慣れると船上でも素早く組め、キャスト時のトラブルも少ない

15 1回目のハーフヒッチと逆方向にハーフヒッチする。14と15を1セットとして3セット、計6回のハーフヒッチを行なう

16 次に、あとでカットする側のPEラインでPE本線のみハーフヒッチを行なう。回数は14〜15と同じで計6回

17 ハーフヒッチが終わったら、3〜4回くぐらせて締め込む

18 PEラインの端を2〜3mm残してカットする

PR Knot　ラインとショックリーダーを結ぶ①

FGノット

ラインと
ショックリーダーを結ぶ②

サケ・マス釣りなどでも多用される。
器具を使わないノットのなかでは強度が高い。

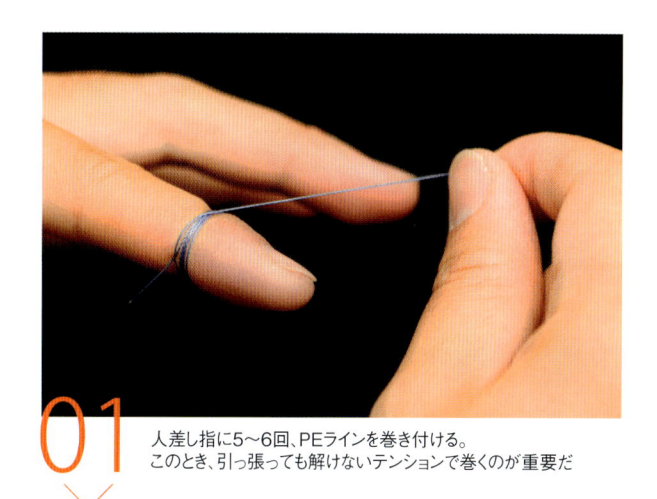

FG Knot ラインとショックリーダーを結ぶ②

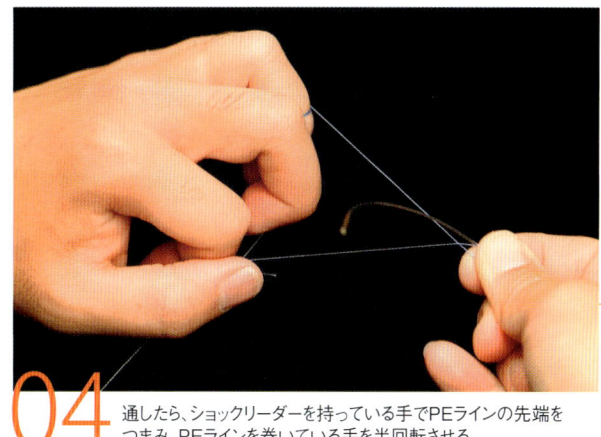

04
通したら、ショックリーダーを持っている手でPEラインの先端をつまみ、PEラインを巻いている手を半回転させる

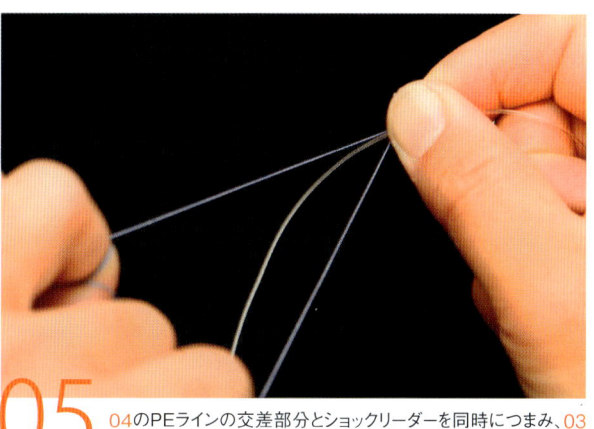

05
04のPEラインの交差部分とショックリーダーを同時につまみ、03でショックリーダーを通した方向と逆方向にショックリーダーを戻す

06
ショックリーダーを戻したら、PEラインを巻いている手を半回転させ、同時にショックリーダーも戻す

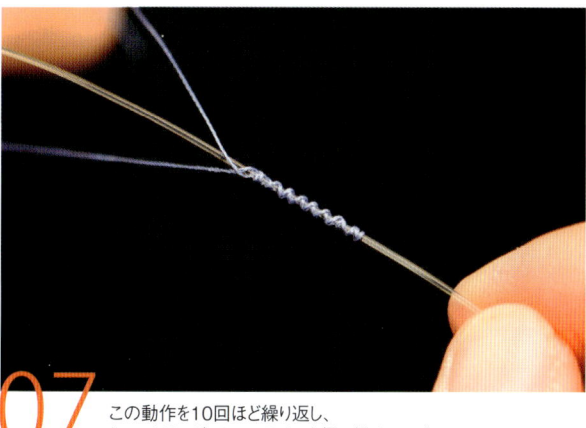

07
この動作を10回ほど繰り返し、ショックリーダーにPEラインを編み込んでいく

01
人差し指に5〜6回、PEラインを巻き付ける。
このとき、引っ張っても解けないテンションで巻くのが重要だ

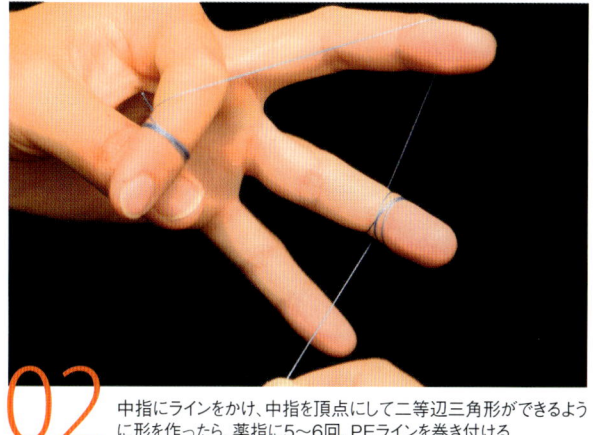

02
中指にラインをかけ、中指を頂点にして二等辺三角形ができるように形を作ったら、薬指に5〜6回、PEラインを巻き付ける

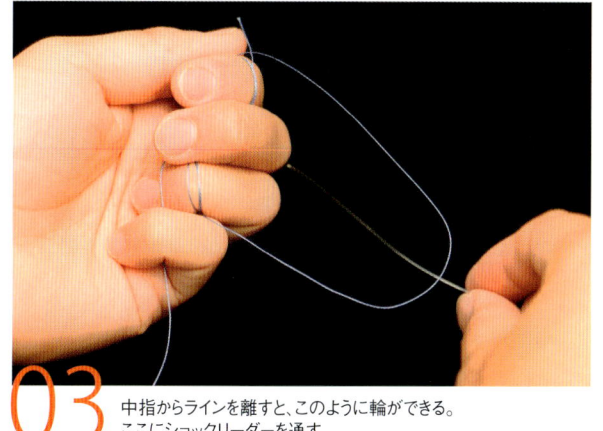

03
中指からラインを離すと、このように輪ができる。
ここにショックリーダーを通す

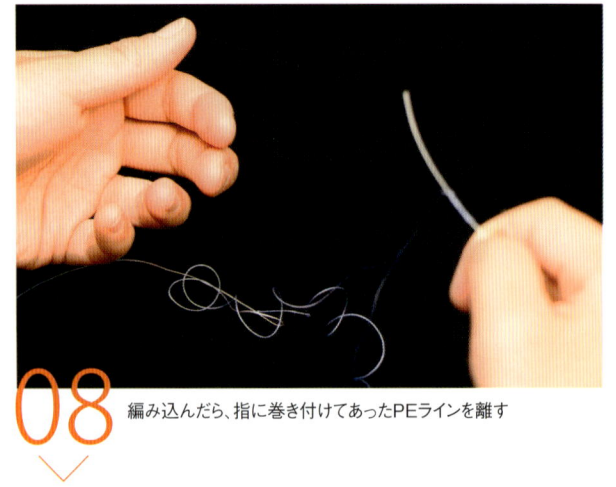

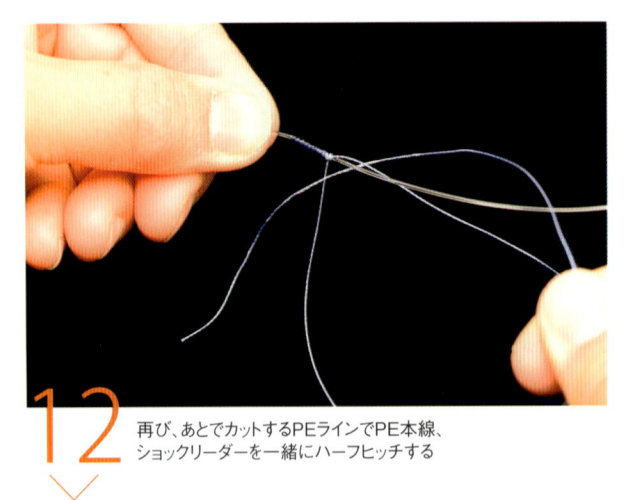

12 再び、あとでカットするPEラインでPE本線、ショックリーダーを一緒にハーフヒッチする

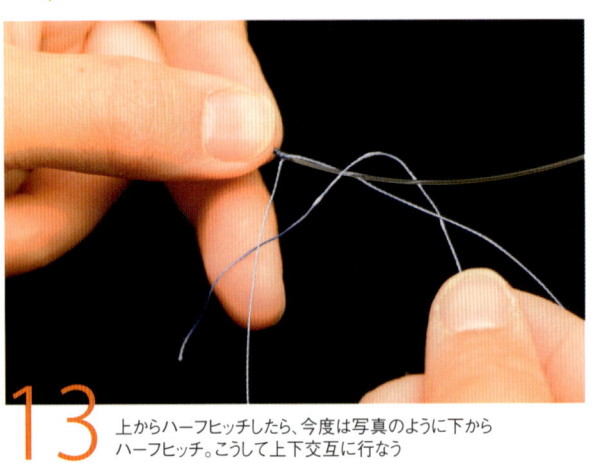

08 編み込んだら、指に巻き付けてあったPEラインを離す

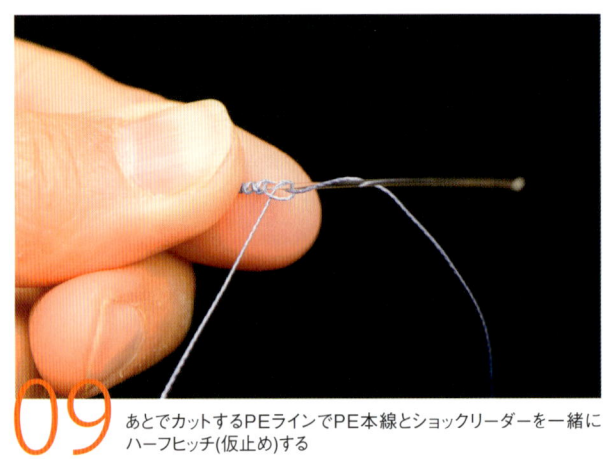

13 上からハーフヒッチしたら、今度は写真のように下からハーフヒッチ。こうして上下交互に行なう

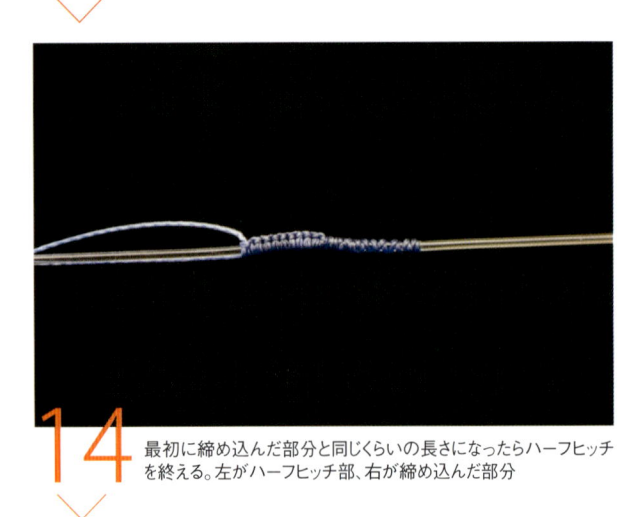

09 あとでカットするPEラインでPE本線とショックリーダーを一緒にハーフヒッチ(仮止め)する

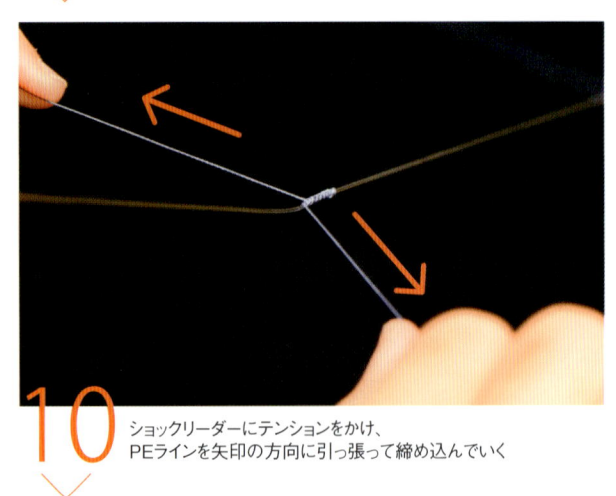

14 最初に締め込んだ部分と同じくらいの長さになったらハーフヒッチを終える。左がハーフヒッチ部、右が締め込んだ部分

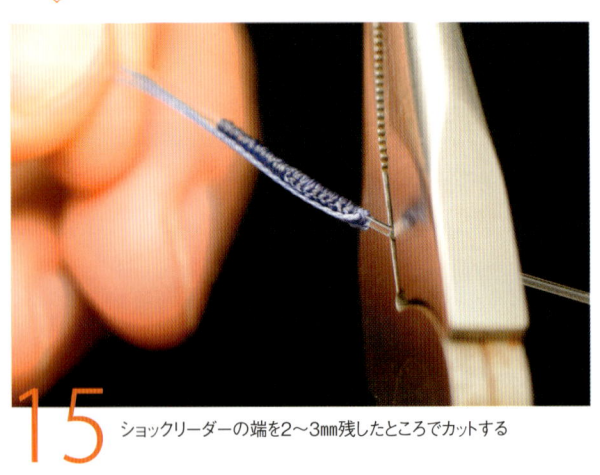

10 ショックリーダーにテンションをかけ、PEラインを矢印の方向に引っ張って締め込んでいく

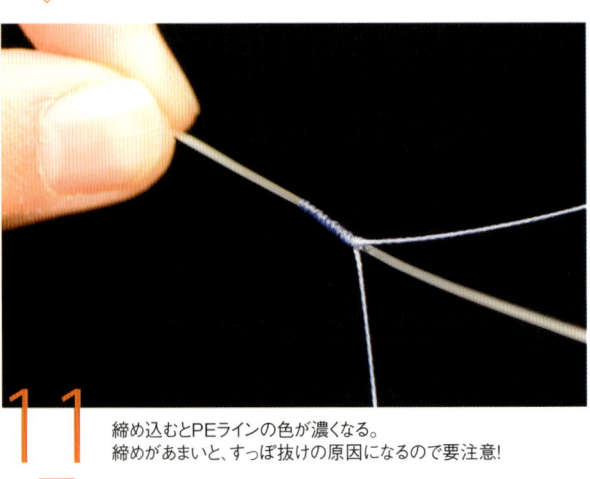

15 ショックリーダーの端を2～3mm残したところでカットする

11 締め込むとPEラインの色が濃くなる。締めがあまいと、すっぽ抜けの原因になるので要注意!

FG Knot　ラインとショックリーダーを結ぶ②

FG Knot ラインとショックリーダーを結ぶ②

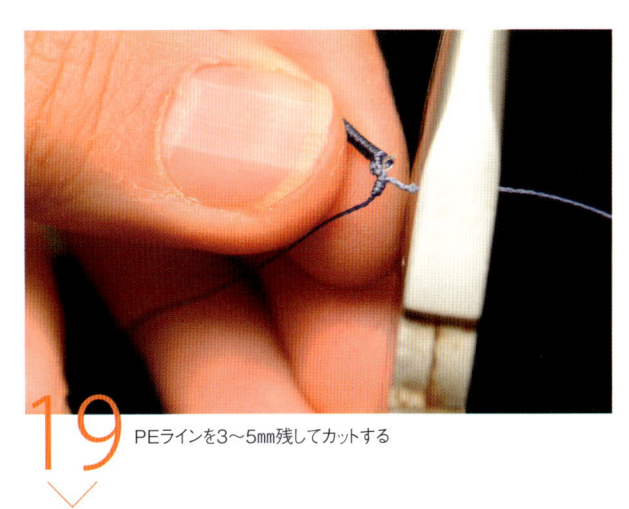

19 PEラインを3～5mm残してカットする

16 カットした部分をライターなどで、なるべく丸みを帯びるように炙る

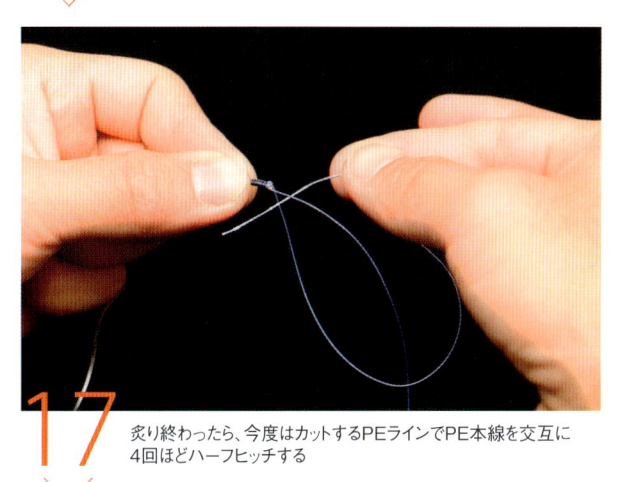

20 PEラインの端をライターなどで炙って完成

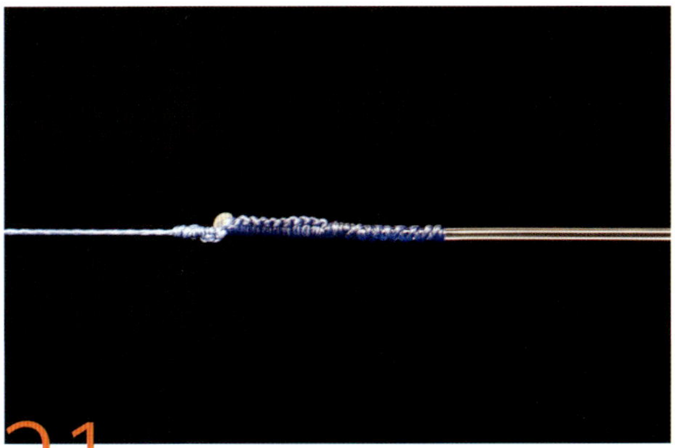

17 炙り終わったら、今度はカットするPEラインでPE本線を交互に4回ほどハーフヒッチする

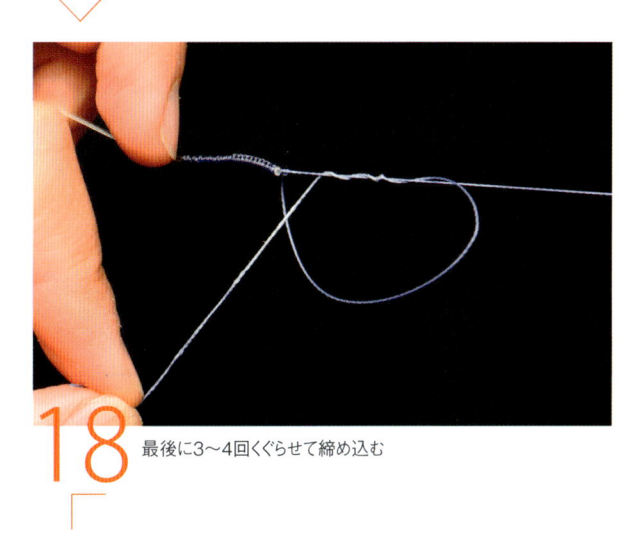

21 ショックリーダーの端を炙らないほうがキャスト時にガイドに引っ掛かるトラブルは減るが、炙っておくとすっぽ抜けのトラブルが減る。その辺りはお好みで

18 最後に3～4回くぐらせて締め込む

岡Craft
Saltwater Fishing Game
TEL090-8632-1260

～ブリ・ヒラメ・根魚をターゲットにしたオフショア用ジグ～

● センターバランス設計　● 逆付け使用にも対応
［フォール系アクション重視の場合はシルバーの目玉が上、ワンピッチジャークで誘うなら赤い目玉が上になるようにセット］

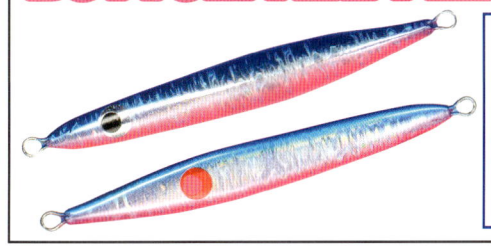

BOTTOM FLAPPER 【ボトムフラッパー】

■ **180g【オールマイティーに使えるスタンダードモデル】**
価格：本体1,900円＋税　カラー：全10色
［ブルーピンク、グリーンピンク、アカキン、グリーンゴールド、シルバー、シルバーグロウゼブラ、アカキングロウゼブラ、ブルーピンクグロウピンク、グリーンピンクグロウピンク、ピンクシルバー］

■ **150g【水深40～50mでの使用を想定したダウンサイジングモデル】**
価格：本体1,800円＋税　カラー：全10色
［ブルーピンク、グリーンピンク、グリーンゴールド、シルバーエッジグロウ、レッドゴールド、イワシ、カタクチ、ピンクシルバー、RGグロウゼブラ（レッド）、オオナゴ］

ショックリーダーとジグを結ぶ①
トリプルニットノット
Triple Knit Knot

近年、使用している人が増えているノット。
強度があり、結び目の美しさも目をひく。

06 最後にカットするショックリーダー側でハーフヒッチをしていく

07 ハーフヒッチを上下交互に1回ごと、きつめに締め込んでいく

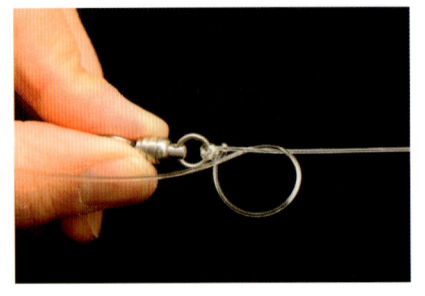

08 07の要領でハーフヒッチを8〜10回行なう

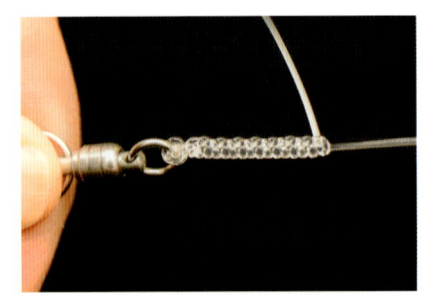

09 余りを5〜10mm残してカットする

10 ライターで炙ってコブを作る

11 トリプルニットノットの完成。確かに見た目が奇麗だ

01 ショックリーダーをスイベルに通す

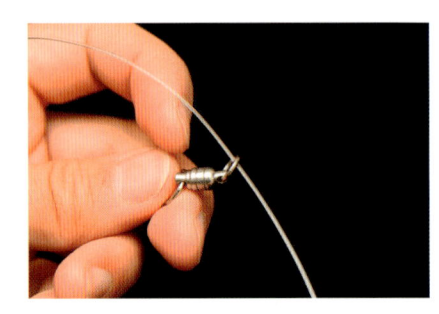

02 通したショックリーダーを、もう一度スイベルに通す

03 02と同じ要領で、もう一度通す

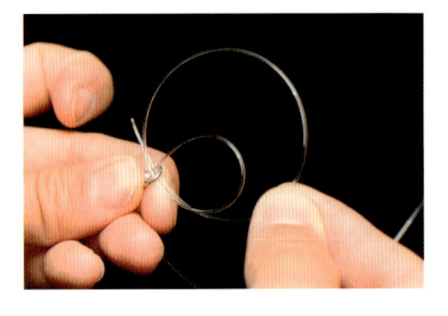

04 二重になったショックリーダーの輪の中にリーダーを通す

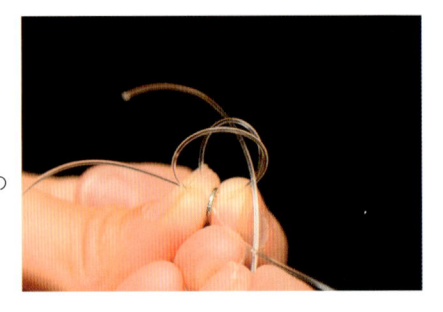

05 そのまま本線側のショックリーダーを引っ張って締め込む

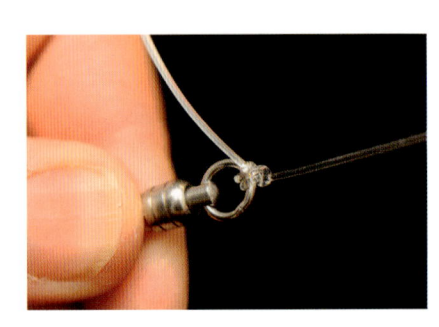

ショックリーダーとジグを結ぶ②

パロマーノット Palomar Knot

トリプルニットノットのような派手さはないが、簡単に結べて強さにも定評がある。

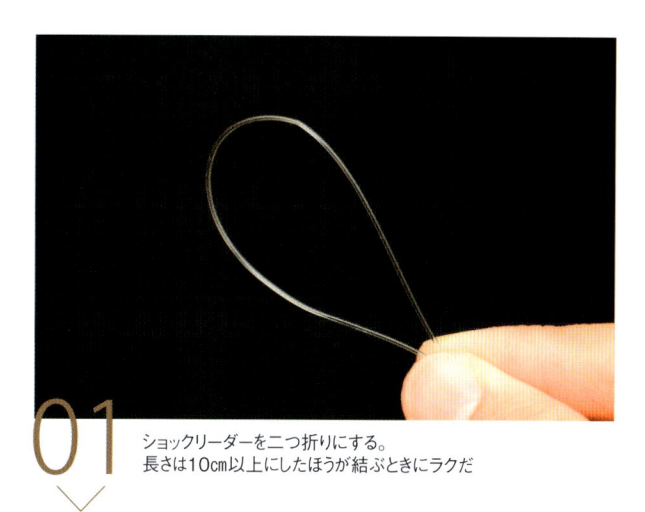

01 ショックリーダーを二つ折りにする。長さは10cm以上にしたほうが結ぶときにラクだ

02 二つ折りにしたまま、スイベルに通す

03 通したラインで片結びする。なお、このときには締め込まない

04 先端にできた輪の部分にスイベルをくぐらせる

05 本線と最後にカットするラインを、同時にゆっくりと締め込んでいく

06 余りを5～10mm残してカットする

07 カットした部分をライターなどで炙って完成。炙らなくてもよい

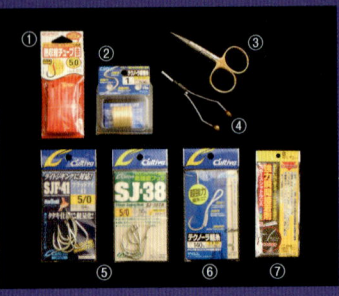

オリジナルなら嬉しさ倍増
アシストフックの作り方

もちろん市販品でもよいが、好みのフックやサイズを選べ、ループの長さを調整できるのがアシストフックを自作する魅力。やり込んでいくと挑戦したくなる。

必要なアイテム

①熱収縮チューブ(フックサイズに合わせたサイズ。写真は5.0mmの赤) ②テクノーラ根巻糸(写真は1号。強度のあるスレッドでも可) ③ハサミ(組糸や根巻糸を切る) ④ボビンスレッダー ⑤フック(魚種とサイズに合わせたサイズ。写真左は『SJF-41TN スティンガージギングフック41』#5/0、右は『SJ-38TN スティンガー ジギングフック38』#5/0) ⑥テクノーラ組糸(なお、同製品には中通しニードルが付属されている。写真は140lb。ケブラーノットでも可) ⑦瞬間接着剤
※③④⑦以外はカルティバの商品

製作工程

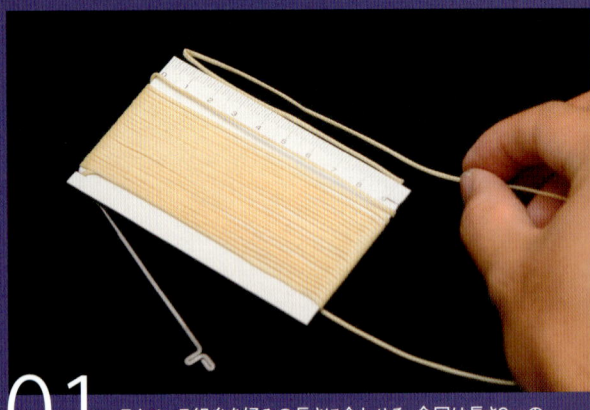

01 テクノーラ組糸を好みの長さに合わせる。今回は長さ9cmのフロントフックを作るので、組糸の長さは約18cm必要になる

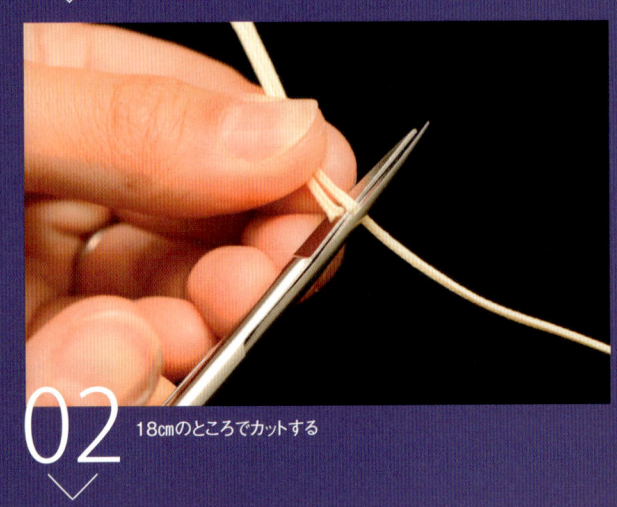

02 18cmのところでカットする

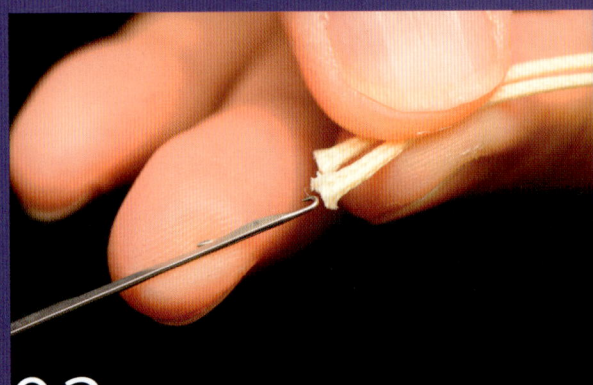

03 二つ折りにして片方からニードルを差し込む

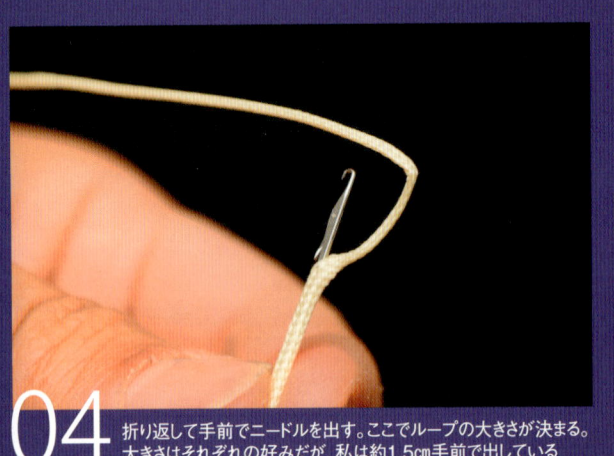

04 折り返して手前でニードルを出す。ここでループの大きさが決まる。大きさはそれぞれの好みだが、私は約1.5cm手前で出している

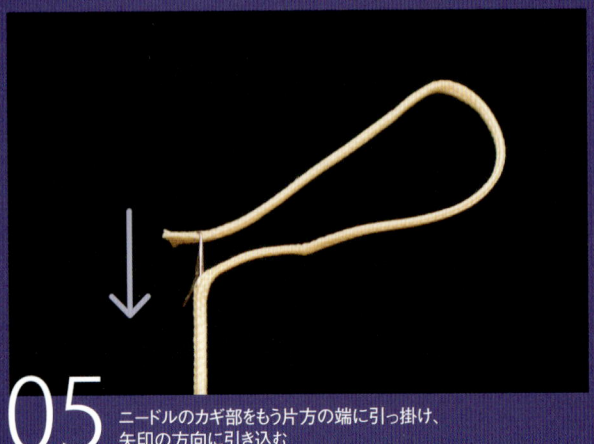

05 ニードルのカギ部をもう片方の端に引っ掛け、矢印の方向に引き込む

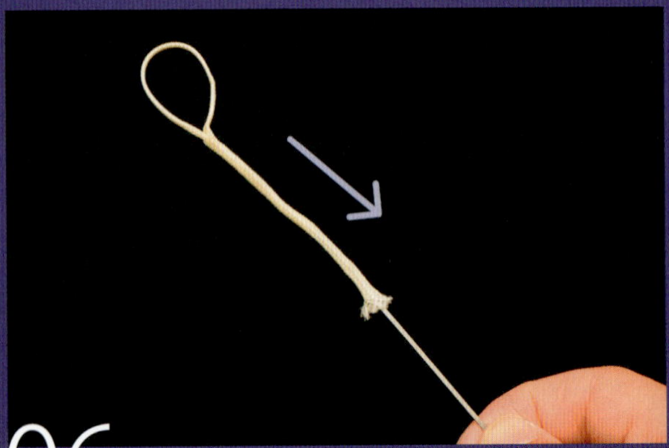

06 ニードルの先端が見えるまで、ゆっくりと引っ張っていく

Assist Hook Making アシストフックの作り方

Assist Hook Making　アシストフックの作り方

11 管付きフック(上。『SJ-38TN スティンガージギングフック38』)は組糸が上にくるように、管なしフック(下。『SJF-41TN スティンガージギングフック41』)は組糸が下にくるようにセットする

07 ニードルの先端が出たら、組糸からニードルを外す

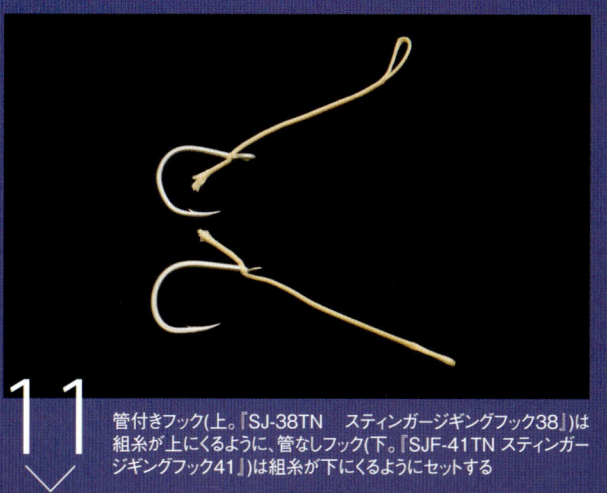

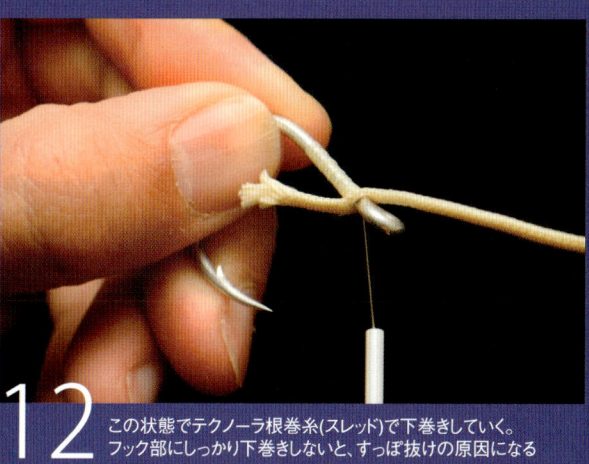

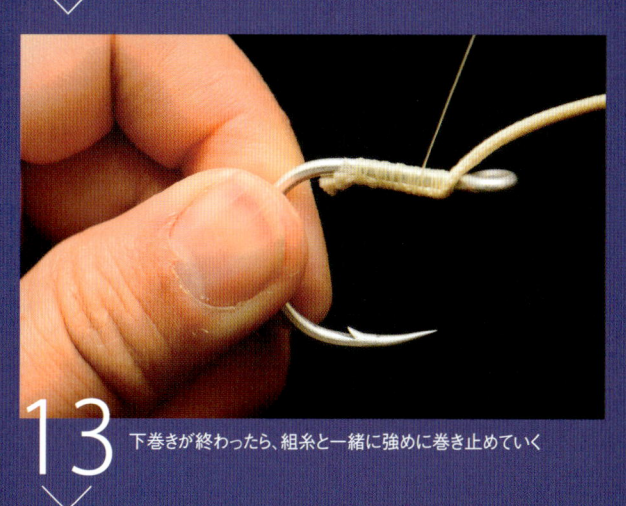

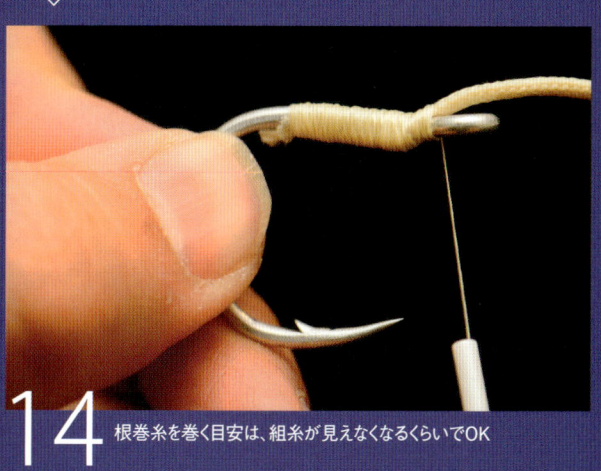

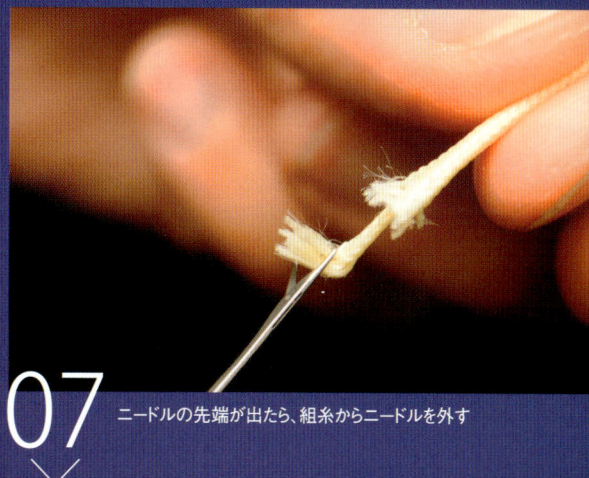

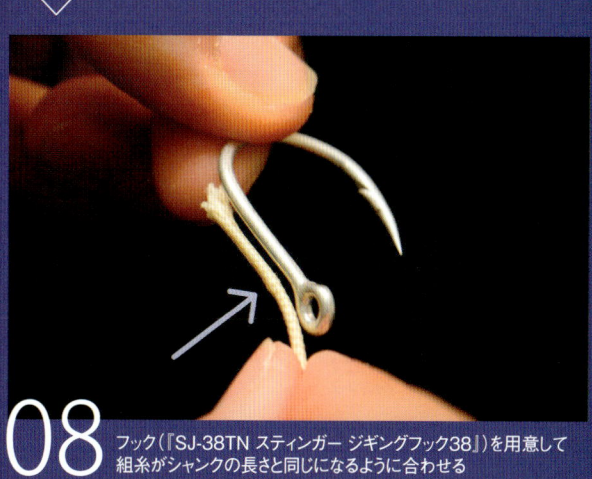

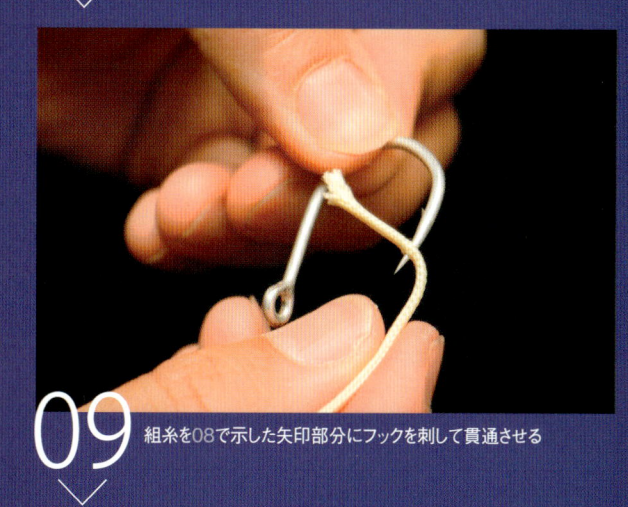

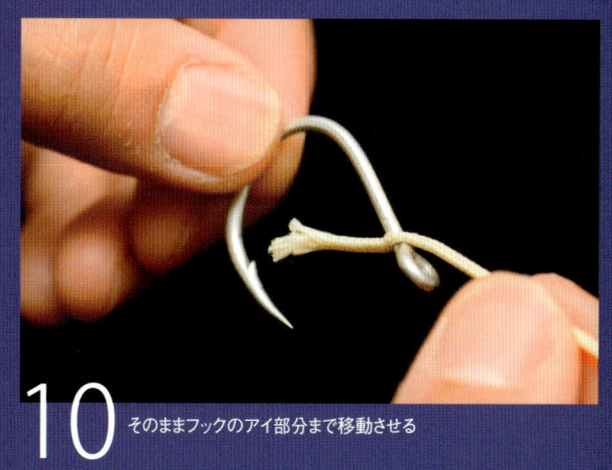

12 この状態でテクノーラ根巻糸(スレッド)で下巻きしていく。フック部にしっかり下巻きしないと、すっぽ抜けの原因になる

08 フック(『SJ-38TN スティンガー ジギングフック38』)を用意して組糸がシャンクの長さと同じになるように合わせる

13 下巻きが終わったら、組糸と一緒に強めに巻き止めていく

09 組糸を08で示した矢印部分にフックを刺して貫通させる

14 根巻糸を巻く目安は、組糸が見えなくなるくらいでOK

10 そのままフックのアイ部分まで移動させる

097

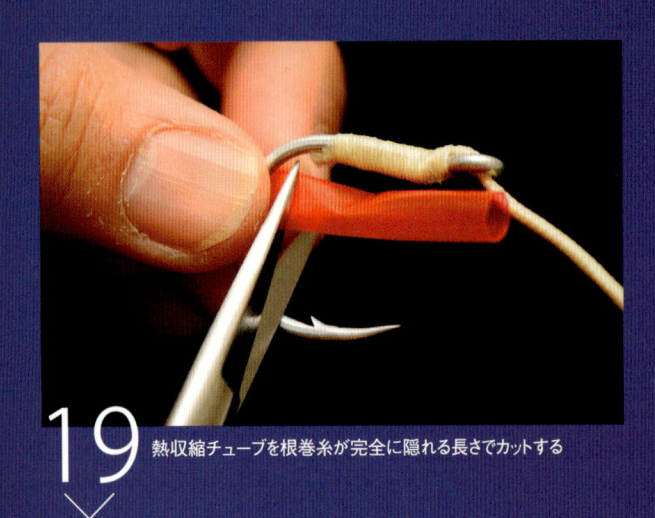

Assist Hook Making アシストフックの作り方

19 熱収縮チューブを根巻糸が完全に隠れる長さでカットする

20 組糸先端部からチューブを通して被せていく

21 ライターなどで炙っていく。このとき、火の青い部分で炙るのがコツ。赤い部分は焦げたり、または燃える危険性がある

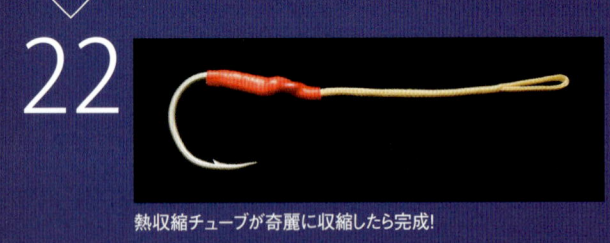

22 熱収縮チューブが奇麗に収縮したら完成！

バリエーションとして、ループ部を残してすべてチューブを被せる方法もある。こうするとジグやショックリーダーに絡まるトラブルが少なくなる

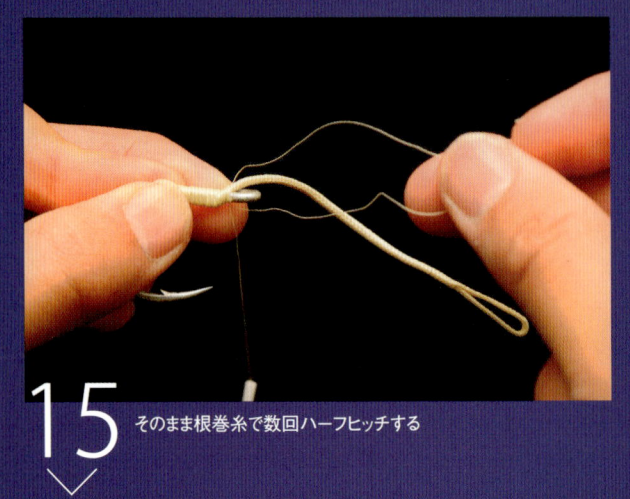

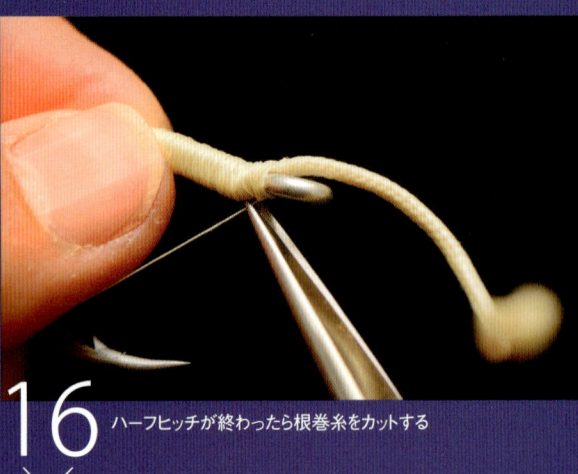

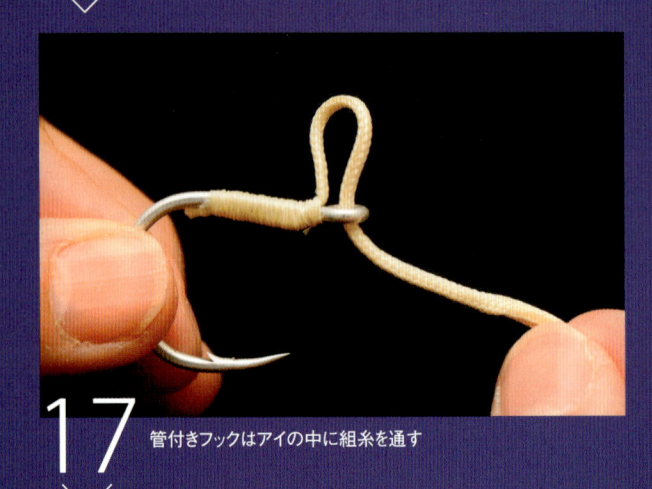

15 そのまま根巻糸で数回ハーフヒッチする

16 ハーフヒッチが終わったら根巻糸をカットする

17 管付きフックはアイの中に組糸を通す

18 根巻糸(スレッド)部分に瞬間接着剤を塗る

098

06 フックは1、2本付ける人が多いが、好みで違う長さのアシストフックを付けるのもよいだろう

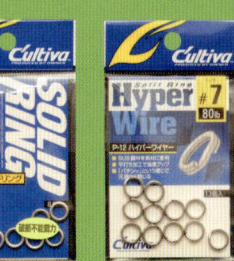

定番3パターンの接続法
フックのセッティング

ここではアシストフックの装着と、ジグとの接続方法をいくつか紹介。
いろいろ試しながら自分にとってのベストをみつけたい。

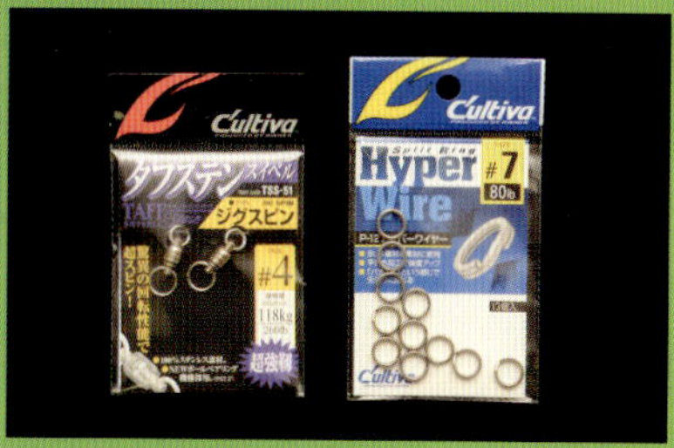

Hook Setting　フックのセッティング

01 ジグとの接続方法はいろいろあるが、ポピュラーなのはスイベルとスプリットリングを組み合わせたもの。写真左のスイベルは『カルティバ ジグスピン』#4、右のスプリットリングは『カルティバ ハイパーワイヤー』#7

02 スイベルにスプリットリングをセットした状態

03 スプリットリング側のスイベルのリングにアシストフックのループ部を通す

04 通したら組糸のループ部にフックを通す

05 通したフックを引っ張って締め込む

08 ソリッドリングとスプリットリングを組み合わせてセットした状態。フックは上記と同じ要領でソリッドリング部（または溶接リング）に装着する

07 もう1つの一般的な接続法は、溶接リングまたはソリッドリングと、スプリットリングを組み合わせるパターン。写真左のソリッドリングは『カルティバ ソリッドリング』6.0㎜、右のスプリットリングは『カルティバ ハイパーワイヤー』#7

10 この方法はジグを素早く取り替えられるのが利点だが、前者の2パターンより強度は劣る。フックはスイベル部に装着する

09 最も簡単なのは、淡水のルアーフィッシングでおなじみのスナップスイベルを使う方法。写真は『カルティバ ストロングスナップ ボールベアリング』4号

最低限 MAINTENANCE

コレくらいはやっておこう

オフショアもショアも潮でタックルが酷使されるのは同じ。そこで、釣行後に行ないたい最低限のメンテナンスを紹介。

潮抜き+α

01 よい仕事をしてくれたタックルたちは、真水で奇麗に海水と汚れを落とす

02 水が乾いたら『鉄壁』を吹き付ける。よくのびるので少量で充分だ

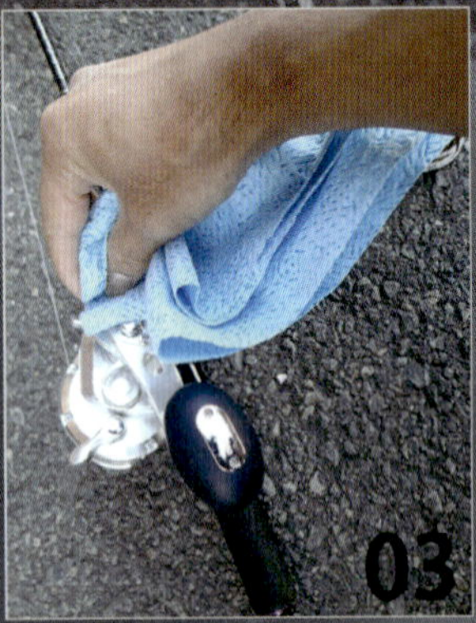

03 散布後はタオルで薄くのばしながら拭き上げる。ロッドやガイドの周辺も同じように拭くと、汚れや海水をはじいて錆びにくく、その後の手入れがラクになる

ネイチャーボーイズ『鉄壁』（ロッド&リール用のほか、ライン用もある。ライン用を吹き付けるとPEの滑りがよくなる）。これを塗布すると汚れが付きにくく、錆び予防にもなる

リール

ベイトとスピニングを問わず、スプレータイプのオイルが使いやすい。なお、海は過酷な条件での使用が多いため、車検と同様にメーカーによる定期的なメンテナンスをおすすめしたい

※リールに関しては、商品によって適したメンテナンスが異なる場合がある。メーカーの取り扱い説明書で必ず確認したい

01 ベイトリールの場合、錆びや潮噛みによる回転不良やノブの固着を防ぐべく、ハンドルノブの付け根にオイルスプレーを吹く

02 メカニカルブレーキを反時計回りに回して外す

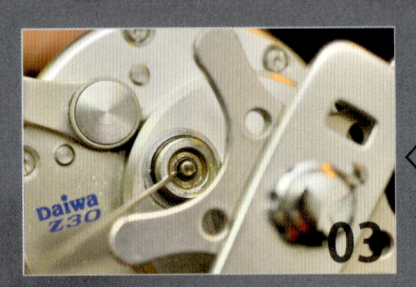

03 メカニカルブレーキの蓋を外すとベアリングが入っているので、この部分にオイルスプレーを吹く。スプールの回転不良の予防になる

04 スピニングリールもベイトリールと同様、ハンドルノブの付け根に注油する

05 ラインローラーにも注油。ベアリングの異音や回転不良を予防する。ただ、マグシールド仕様のラインローラーは注油禁止!!

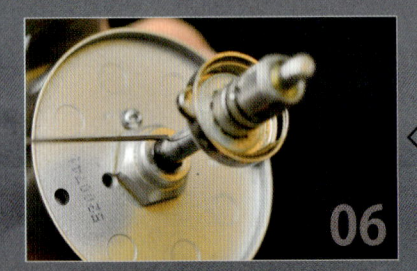

06 スプールを外し、メインシャフトの汚れを拭き取ってから注油する。あまり多く注油すると、逆転するなど不具合の原因になるので注意したい

大判でポイントがひと目で分かる!

最新刊
北海道海釣りドライブマップ 道南日本海（須築漁港～松浦）

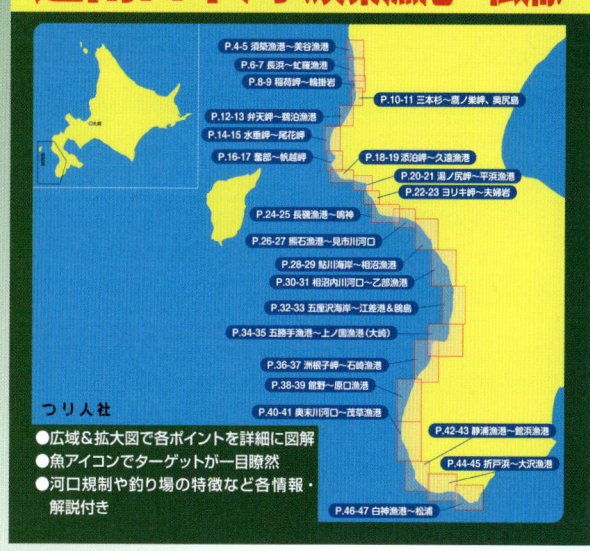

既刊
北海道海釣りドライブマップ 道央日本海（石狩湾新港～須築漁港）

北海道海釣りドライブマップ 道南日本海（須築漁港～松浦）
Fishing Magazine TSURIBITO つり人 Perfect Fishing Guide MAP

- P.4-5 須築漁港～美谷漁港
- P.6-7 長浜～虹籠漁港
- P.8-9 稲荷岬～鵜掛岩
- P.10-11 三本杉～鷹ノ巣岬、奥尻島
- P.12-13 弁天岬～鴎泊漁港
- P.14-15 水垂岬～尾花岬
- P.16-17 瀬棚～帆越岬
- P.18-19 添泊岬～久遠漁港
- P.20-21 湯ノ尻岬～平浜漁港
- P.22-23 ヨリキ岬～夫婦岩
- P.24-25 長磯漁港～鴨神
- P.26-27 熊石漁港～見市川河口
- P.28-29 鮎川海岸～相沼漁港
- P.30-31 相沼内川河口～乙部漁港
- P.32-33 五厘沢海岸～江差港＆鴎島
- P.34-35 五勝手漁港～上ノ国漁港（大崎）
- P.36-37 洲根子岬～石崎漁港
- P.38-39 館野～原口漁港
- P.40-41 奥末川河口～茂草漁港
- P.42-43 静浦漁港～館浜漁港
- P.44-45 折戸浜～大沢漁港
- P.46-47 白神岬～松浦

- ●広域＆拡大図で各ポイントを詳細に図解
- ●魚アイコンでターゲットが一目瞭然
- ●河口規制や釣り場の特徴など各情報・解説付き

北海道海釣りドライブマップ 道央日本海（石狩湾新港～須築漁港）
Fishing Magazine TSURIBITO つり人 Perfect Fishing Guide MAP

- P.16-17 ビヤノ岬～浜西河
- P.14-15 沖村川河口～美国漁港
- P.12-13 余市港～狐穴ノ岬
- P.10-11 忍路～余市河口漁港
- P.8-9 祝津～塩内
- P.6-7 小樽港周辺
- P.18-19 武威岬～神威漁港
- P.20-21 沼前岬～川白漁港
- P.22-23 鴎内～トラセ
- P.24-25 尾根内（神恵内）～泊津
- P.4-5 石狩海新港～銭函
- P.26-27 堀株～岩内港
- P.28-29 野東～ピノス岬
- P.30-31 傘岩～雷電海洋
- P.32-33 セパチ島～歌棄
- P.36-37 寿都漁港～歌島
- P.38-39 歌島漁港～厚瀬
- P.34-35 種前～建社
- P.40-41 軽日～江ノ島海岸
- P.42-43 北部磯～穴澗
- P.44-45 ホッケ岩～第二美浜漁港
- P.46-47 白神岬～須築漁港

- ●広域＆拡大図で各ポイントを詳細に図解
- ●魚アイコンでターゲットが一目瞭然
- ●河口規制や釣り場の特徴など各情報・解説付き

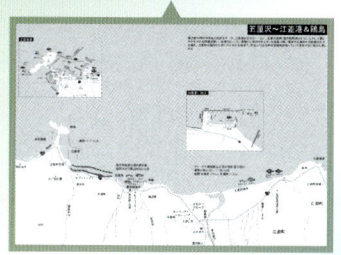

好評発売中!

つり人社書籍編集部 編／B4判並製48P
定価：本体1,500円+税

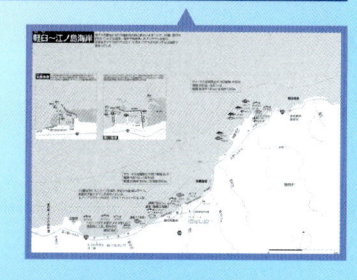

各刊とも大好評の「海釣りドライブマップ」シリーズに、北海道版が新登場。大都市札幌からも近く最も人気のエリア、道央日本海（石狩湾新港～須築漁港〈せたな町〉）と、好ポイントが続く道南日本海（須築漁港～松浦〈福島町〉）の各釣り場をカバーしました。

大判サイズを活かして見開き構成で展開する各釣り場マップは、魚のイラストアイコンでどこで何が釣れているのか一目瞭然。エゾメバル、カジカ、ホッケ、アブラコ、ハチガラ、カレイ各種、サクラマス、アメマス、ヒラメ、サケ、コマイ、ニシン、フクラギ、カンパチ、アオリイカ、マイカ、ヤリイカなどさまざまなターゲットが登場し、見ているだけで楽しくなって釣りに行きたくなること間違いなし！さらに、各釣り場エリアの特徴、等深線、漁港拡大図、駐車スペース、河口規制の案内、禁止区域、最寄の釣具店や商店など、釣り人の役に立つ情報を満載しています！

お求めはお近くの書店、釣具店で。お急ぎの場合は下記HPからもご購入いただけます。

問合先
[株式会社つり人社北海道支社] TEL.011-866-7331　FAX.011-866-7335
[株式会社つり人社営業部] TEL.03-3294-0781　FAX.03-3294-0783

www.tsuribito.co.jp

つり人社

北の大地にオススメ！
専用タックルガイド99

ここでは、メーカー各社が北海道のブリ釣りに推奨するタックルを
ロッド、リール、ライン、ルアーのジャンル別に集めてみた。
これらを参考に、貴重な一尾をゲットしていただきたい。

ロッド ROD
撮影（ロッド）©齋藤義典
Photographs by Yoshinori Saito

ありそうでなかったマルチピース　ソルティガ エアポータブル

C85XHS / J58XXHS

携帯性を重視し、持ち運びやすいマルチピース設計を施したのが最大の特徴。キャスティング用『C』シリーズの4機種は3ピースで、仕舞寸法はすべて1m以下。ジギング用『J』シリーズの4機種は2ピースで、仕舞寸法は103〜108cm。パック化することで両者とも非常にコンパクトになっているが、『ソルティガ』シリーズの代名詞といえるパワーや強靭なブランク、すぐれた操作性といった基本性能の高さは変わらない。別売りの専用ケースもある　●ダイワ

モデル	全長	自重	ルアー	ライン	継数	タイプ	価格
C77MHS	2.31m	380g	キャスト20-60g	PE1.5-4号	3	スピニング	本体57,000円+税
C80HS	2.44m	420g	キャスト30-120g	PE4-6号	3	スピニング	本体58,000円+税
C85XHS	2.57m	460g	キャスト40-120g	PE4-8号	3	スピニング	本体59,000円+税
C85XXHS	2.57m	480g	キャスト50-160g	PE6-10号	3	スピニング	本体60,000円+税
J58XXHS	1.73m	405g	ジギング180-400g	PE4-8号	2	スピニング	本体55,000円+税
J66HS	1.98m	280g	ジギング80-200g	PE2-5号	2	スピニング	本体55,500円+税
J66XHS	1.98m	315g	ジギング100-250g	PE3-6号	2	スピニング	本体56,000円+税
J66HB	1.98m	270g	ジギング80-200g	PE2-5号	2	ベイト	本体55,500円+税

求めたのは実釣性能　キャタリナ

JH60S・N / CH79S・N

同社を代表するオフショアロッド『ソルティガ』譲りのパワーと強靭さを備えた一本。実釣性能を追求し、無駄な装飾を省いた贅肉のないブランクに最適なパーツ類をセッティングした。リールシートは緩みにくいロングナット＋補助ナットを取り入れ、強く握っても痛くないアップロック方式を採用。逆台形型のフォアグリップはジグをシャクりやすく、キャスティングではストロークの大きな誘いを掛けやすい。ジギングとキャスティングを網羅する8機種を用意　●ダイワ

モデル	全長	自重	ルアー	ライン	継数	タイプ	価格
JIGGING61S-2/3・N	1.85m	205g	ジギング30-120g	MAX PE30lb	1	スピニング	本体31,000円+税
JIGGING57S-3/4・N	1.7m	260g	ジギング60-150g	MAX PE40lb	1	スピニング	本体31,000円+税
GAME68S・3・N	2.03m	200g	ジギングMAX120g/キャストMAX40g	MAX PE30lb	2	スピニング	本体32,400円+税
JIGGING HIRAMASA60S・N	1.83m	265g	ジギング90-210g	MAX PE40lb	1	スピニング	本体32,500円+税
JIGGING HIRAMASA59HS・N	1.75m	285g	ジギング200-300g	MAX PE50lb	1	スピニング	本体32,500円+税
NABURA67S・N	2.01m	210g	ジギングMAX120g/キャストMAX40g	MAX PE50lb	1	スピニング	本体32,500円+税
ALL ROUNDER70S・N	2.13m	200g	キャスト15-45g	MAX PE20lb	1	スピニング	本体32,000円+税
CASTING HIRAMASA79S・N	2.36m	345g	キャスト30-100g	MAX PE50lb	2	スピニング	本体33,500円+税

入門者に贈る　ブラスト

JH60S / AR70S

今期デビューを考えている入門者にぴったりなエントリーモデル。ファーストテーパーに設定したシャープなブランクは繊細なアクションを加えやすく、さまざまなテクニックに対応する。ラインナップはバーチカルジギング用の『JIGGING』と、ややライトなキャスティング仕様『ALL ROUNDER』の2タイプ計5機種。いずれも、ロッドの性能を飛躍的に高めるX45構造、PタイプフレームKガイド、アップロック＆ロングナットリールシートなどを装備　●ダイワ

モデル	全長	自重	ルアー	ライン	継数	タイプ	価格
JIGGING61S-2/3	1.85m	210g	ジギング30-120g	PE1-2号	2	スピニング	本体21,500円+税
JIGGING57S-3/4	1.7m	245g	ジギング60-150g	PE1-2.5号	2	スピニング	本体21,500円+税
JIGGING HIRAMASA60S	1.83m	255g	ジギング90-210g	PE1.2-2.5号	2	スピニング	本体22,500円+税
JIGGING HIRAMASA59HS	1.75m	270g	ジギング200-300g	PE1.5-3号	2	スピニング	本体22,500円+税
ALL ROUNDER70S	2.13m	195g	キャスト15-45g	PE0.8-1.5号	2	スピニング	本体23,000円+税

求めやすい価格も◎　パームスエルア シーラプチャー

スピニング / ベイト

ブリを始め、ヒラマサやシイラ、果てはマグロまで、近海のオフショアシーンをカバーするシリーズ。キャスティングモデル『SCGS』とジギングモデル『SJGS/C』の2タイプがあり、各機種のパワーやレングスに合わせてリヤグリップ長を設定している。前者はキャスト時にロッドアクションを加える際の取り回しを意識し、後者は脇に挟んでホールドしやすく、ジャークの際に腕に余計な負荷が掛かりにくい。ガイドは Fuji K シリーズガイドを装備（『SCGS-78MH』はバットのみMNSG40）　●アングラーズリパブリック

モデル	全長	自重	ルアー	ライン	継数	タイプ	価格
SCGS-69L	6'9"	174g	10-45g	PE1-2号	オフセットハンドル	スピニング	本体23,500円+税
SCGS-73L	7'3"	183g	10-45g	PE1-2号	オフセットハンドル	スピニング	本体23,800円+税
SCGS-70ML	7'0"	204g	15-60g	PE1.5-3号	オフセットハンドル	スピニング	本体24,300円+税
SCGS-73ML	7'3"	212g	15-60g	PE1.5-3号	オフセットハンドル	スピニング	本体24,500円+税
SCGS-76ML	7'6"	217g	15-60g	PE1.5-3号	オフセットハンドル	スピニング	本体24,800円+税
SCGS-70M	7'0"	215g	20-80g	PE2-4号	オフセットハンドル	スピニング	本体24,800円+税
SCGS-76M	7'6"	231g	20-80g	PE2-4号	オフセットハンドル	スピニング	本体25,300円+税
SCGS-78MH	7'8"	276g	30-100g	PE3-5号	オフセットハンドル	スピニング	本体26,000円+税
SJGS-59ML	5'9"	180g	60-150g	PE1-3号	1	スピニング	本体23,500円+税
SJGS-59M	5'9"	202g	120-200g	PE2-4号	1	スピニング	本体23,800円+税
SJGS-55ML	5'5"	217g	150-300g	PE3-5号	1	スピニング	本体24,000円+税
SJGC-511ML	5'11"	200g	60-150g	PE1-3号	1	ベイト	本体23,500円+税
SJGC-511M	5'11"	216g	120-200g	PE2-4号	1	ベイト	本体23,800円+税

ジギング専用！ ソルティガ コースタル（コンフォートジャーク／パワージャーク）

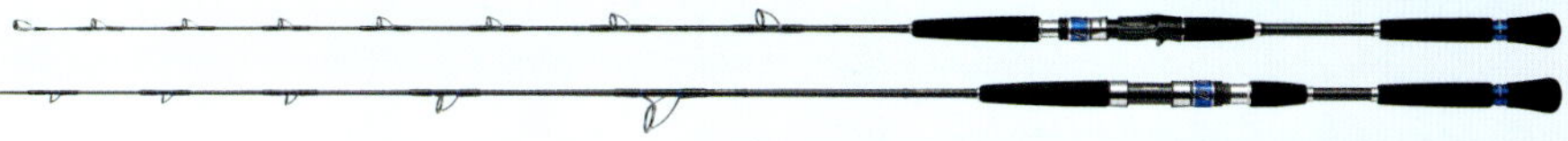

コンフォートジャーク 57B-3/4・F
パワージャーク HIRAMASA60S・F

バーチカルジギングに特化したシリーズ。全部で3つのカテゴリーがあるが、道内のフィールドにマッチするのは『コンフォートジャーク』と『パワージャーク』の2モデル。前者はテクニカルなロッドアクションを得意とし、終日ジャクリし続けられる高い操作性が持ち味。ラインナップは7機種。後者は重めのジグを使用しガチンコ勝負を挑むパワージギング設計。『HIRAMASA』のサブネームが付いた3種類を展開。両者ともガイドはチタンフレームKガイド
●ダイワ

モデル	全長	自重	ルアー	ライン	継数	タイプ	価格
62S-2/3・F	1.88m	240g	30-120g	MAX PE30lb	1	スピニング	本体52,000円＋税
63S-3・F	1.91m	235g	60-120g	MAX PE30lb	2	スピニング	本体53,000円＋税
60S-3/4・F	1.83m	255g	60-150g	MAX PE40lb	1	スピニング	本体51,500円＋税
57S-5/6・F	1.7m	260g	120-250g	MAX PE40lb	1	スピニング	本体51,000円＋税
57B-3/4・F	1.7m	240g	60-150g	MAX PE40lb	1	ベイト	本体51,000円＋税
CJ65S-5・F	1.96m	230g	90-230g	MAX PE40lb	2	スピニング	本体53,500円＋税
CJ66S-4・F	1.98m	205g	60-150g	MAX PE30lb	2	スピニング	本体53,500円＋税
HIRAMASA60S・F	1.83m	255g	90-210g	MAX PE40lb	1	スピニング	本体53,500円＋税
HIRAMASA63HS・F	1.91m	280g	200-300g	MAX PE50lb	1	スピニング	本体55,000円＋税
HIRAMASA57B・F	1.7m	240g	150-210g	MAX PE40lb	1	ベイト	本体53,500円＋税

ブランクに秘密アリ アイアンボウ

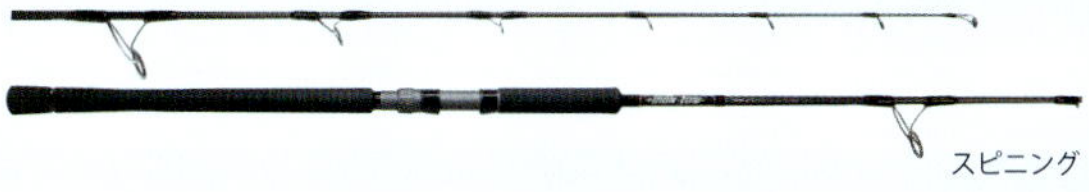

スピニング
ベイト 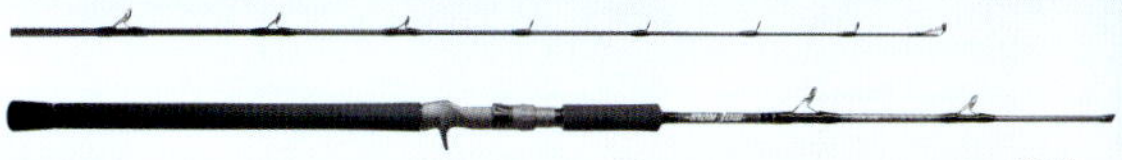

テーパーデザインの改良を繰り返し、完成させたブランクに注目。強靭でねばりがあり、ただ単に折れないだけでなく、一日中シャクリ続けられる柔軟性を秘める。加えて、操作性とリフティング能力を両立すべく開発した可変バットパワーシステム・MBP（マルチバットパワー）を搭載。ガイドはブランクの性能を最大限に引き出す新設計のPGS（パワーガイドシステム）でセッティングしている。2015年7月末、ベイトモデルの2機種がラインナップに加わる
●ネイチャーボーイズ

モデル	全長	自重	ルアー	ライン	継数	タイプ	価格
IBNB-622	6'2"	205g	70-170g	PE1-3号	1	スピニング	本体35,800円＋税
IBNB-613	6'1"	203g	100-200g	PE1.5-4号	1	スピニング	本体36,300円＋税
IBNB-604	6'0"	205g	150-250g	PE2-5号	1	スピニング	本体36,800円＋税
IBNB-575	5'7"	208g	200-300g	PE3-6号	1	スピニング	本体37,300円＋税
IBNB-603B	6'0"	未定	100-200g	PE1.5-4号	1	ベイト	本体37,300円＋税
IBNB-604B	6'0"	未定	150-250g	PE2-5号	1	ベイト	本体37,800円＋税

今夏の発売が待ち遠しい アイアンレンジ

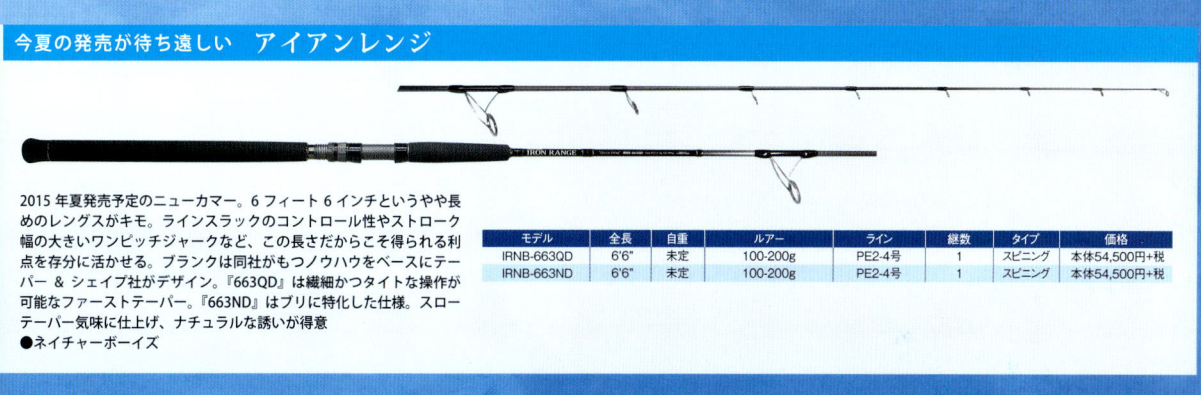

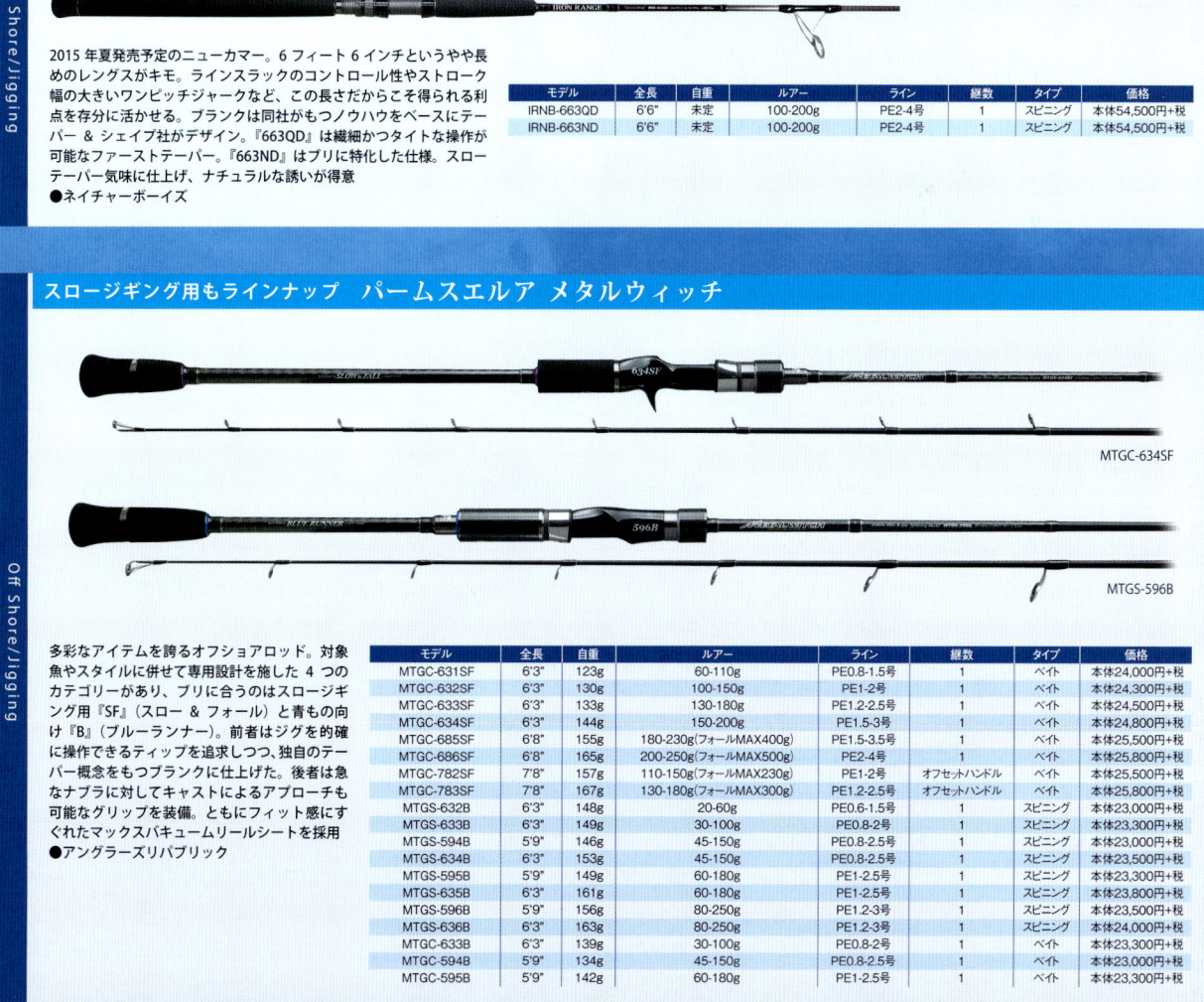

2015年夏発売予定のニューカマー。6フィート6インチというやや長めのレングスがキモ。ラインスラックのコントロール性やストローク幅の大きいワンピッチジャークなど、この長さだからこそ得られる利点を存分に活かせる。ブランクは同社がもつノウハウをベースにテーパー＆シェイプ社がデザイン。『663QD』は繊細かつタイトな操作が可能なファーストテーパー。『663ND』はブリに特化した仕様。スローテーパー気味に仕上げ、ナチュラルな誘いが得意
●ネイチャーボーイズ

モデル	全長	自重	ルアー	ライン	継数	タイプ	価格
IRNB-663QD	6'6"	未定	100-200g	PE2-4号	1	スピニング	本体54,500円＋税
IRNB-663ND	6'6"	未定	100-200g	PE2-4号	1	スピニング	本体54,500円＋税

スロージギング用もラインナップ パームスエルア メタルウィッチ

MTGC-634SF
MTGS-596B

多彩なアイテムを誇るオフショアロッド。対象魚やスタイルに併せて専用設計を施した4つのカテゴリーがあり、ブリに合うのはスロージギング用『SF』（スロー＆フォール）と青もの向け『B』（ブルーランナー）。前者はジグを的確に操作できるティップを追求しつつ、独自のテーパー概念をもつブランクに仕上げた。後者は急なナブラに対してキャストによるアプローチも可能なグリップを装備。ともにフィット感にすぐれたマックスバキュームリールシートを採用
●アングラーズリパブリック

モデル	全長	自重	ルアー	ライン	継数	タイプ	価格
MTGC-631SF	6'3"	123g	60-110g	PE0.8-1.5号	1	ベイト	本体24,000円＋税
MTGC-632SF	6'3"	130g	100-150g	PE1-2号	1	ベイト	本体24,300円＋税
MTGC-633SF	6'3"	133g	130-180g	PE1.2-2.5号	1	ベイト	本体24,500円＋税
MTGC-634SF	6'3"	144g	150-200g	PE1.5-3号	1	ベイト	本体24,800円＋税
MTGC-685SF	6'8"	155g	180-230g（フォールMAX400g）	PE1.5-3.5号	1	ベイト	本体25,500円＋税
MTGC-686SF	6'8"	165g	200-250g（フォールMAX500g）	PE2-4号	1	ベイト	本体25,800円＋税
MTGC-782SF	7'8"	157g	110-150g（フォールMAX230g）	PE1-2号	1	オフセットハンドル	本体25,500円＋税
MTGC-783SF	7'8"	167g	130-180g（フォールMAX350g）	PE1.2-2.5号	1	オフセットハンドル	本体25,800円＋税
MTGS-632B	6'3"	148g	20-60g	PE0.6-1.5号	1	スピニング	本体23,000円＋税
MTGS-633B	6'3"	149g	30-100g	PE0.8-2号	1	スピニング	本体23,300円＋税
MTGS-594B	5'9"	146g	45-150g	PE0.8-2.5号	1	スピニング	本体23,000円＋税
MTGS-634B	6'3"	153g	45-150g	PE0.8-2.5号	1	スピニング	本体23,300円＋税
MTGS-595B	5'9"	149g	60-180g	PE1-2.5号	1	スピニング	本体23,300円＋税
MTGS-635B	6'3"	161g	60-180g	PE1-2.5号	1	スピニング	本体23,300円＋税
MTGS-596B	5'9"	156g	80-250g	PE1.2-3号	1	スピニング	本体23,300円＋税
MTGS-636B	6'3"	163g	80-250g	PE1.2-3号	1	スピニング	本体24,000円＋税
MTGC-633B	6'3"	139g	30-100g	PE0.8-2号	1	ベイト	本体23,300円＋税
MTGC-594B	5'9"	134g	45-150g	PE0.8-2.5号	1	ベイト	本体23,000円＋税
MTGC-595B	5'9"	142g	60-180g	PE1-2.5号	1	ベイト	本体23,300円＋税

パパ大津留さんが監修　パームス グランドスパイ

GPGC-63M

GPGS-61M

ジギングのパイオニア的な存在として知られるアングラー・パパ大津留さんが手掛けたシグネイチャーモデル。注目は『GPGS-70L/flap』と『GPGC-70L/flap』の2機種。同氏が提唱するフラップジャークを体現すべく、独自のロングレングスとしなやかなブランクを採用した。フラップジャークとは魚にプレッシャーを与えないようボートからできるだけ遠くにジグを投入、斜めになったラインを効果的に動かし、泳ぐようなアクションで誘うテクニック
●アングラーズリパブリック

モデル	全長	自重	ルアー	ライン	継数	タイプ	価格
GPGS-61ML	6'1"	172g	60-150g	PE1-3号	1	スピニング	本体45,000円+税
GPGS-61M	6'1"	188g	120-200g	PE2-4号	1	スピニング	本体47,000円+税
GPGC-63M	6'3"	189g	60-150g	PE1-3号	1	ベイト	本体44,000円+税
GPGC-63M	6'3"	203g	120-200g	PE2-4号	1	ベイト	本体46,000円+税
GPGS-70L/flap	7'0"	189g	60-130g	PE1-2.5号	1	スピニング	本体47,000円+税
GPGC-70L/flap	7'0"	195g	60-130g	PE1-2.5号	1	ベイト	本体46,000円+税

お気に入りの一本がきっと見つかる　アブ・ガルシア ソルティーステージ KR-X ジギング

SJC-80/300-KR LFJ

さまざまな釣法に対応すべく、高弾性ブランクをXカーボンラッピングで締め上げ、キレのあるアクションと青ものの強い引きに耐えるパワーを身につけた。ラインナップは多彩な10機種。『LFJ』は大きくロッドをあおって「ストン」とジグを落とすロングフォールジャーク向けに開発したモデル。『SJ』はスローピッチジャーク用に設計したスローテーパー仕様。全機種とも、脇に挟んでシャクリやすいようにフロント～リヤグリップを長めに設定している
●ピュア・フィッシング・ジャパン

モデル	全長	自重	ルアー	ライン	継数	タイプ	価格
SJC-63/100-KR SJ	6'3"	126g	MAX100g	PE0.8-1.5号	1	ベイト	本体23,800円+税
SJC-63/250-KR SJ	6'3"	151g	MAX250g	PE1-2号	1	ベイト	本体23,800円+税
SJC-78/150-KR LFJ	7'8"	168g	MAX150g	PE0.8-1.5号	1	ベイト	本体23,800円+税
SJC-80/300-KR LFJ	8'0"	183g	MAX300g	PE1-2号	1	ベイト	本体23,800円+税
SJS-62/250-KR	6'2"	228g	MAX250g	PE3-5号	1	スピニング	本体23,800円+税
SJS-61/150-KR TJ	6'1"	169g	MAX150g	PE3号	1	スピニング	本体23,800円+税
SJS-57/210-KR	5'7"	210g	MAX210g	PE4号	1	スピニング	本体24,900円+税
SJS-60/180-KR	6'0"	190g	MAX180g	PE4号	1	スピニング	本体24,900円+税
SJC-63/150-KR SJ	6'3"	154g	MAX150g	PE3号	1	ベイト	本体24,900円+税
SJC-70/250-KR LFJ	7'0"	163g	MAX250g	PE3号	1	ベイト	本体25,900円+税

フルレングスボロンを使用したご当地モデル　積丹カスタム

59H

511MH

積丹エリアのフィールドリーダーが監修したご当地モデル。同社が長年手掛けるフルレングスボロンを採用し圧倒的な軽さとねばりを実現した。一旦ロッドが曲がり始めると強靭なねばり強さを発揮し、その威力は魚の引きに耐えているだけで自然と魚体が寄ってくるほど。金属繊維ならではの高感度も魅力。基本的なラインナップはスピニングだが、全機種ともベイトのオーダーも可能。標準仕様のガイドはSSフレームKガイド（チタンフレームガイドは6,000円アップ）
●レスターファイン

モデル	全長	自重	ルアー	ライン	継数	タイプ	価格
57M	5'7"	180g	MAX180g	MAX PE3号	1	スピニング	本体36,000円+税
57MH	5'7"	180g	MAX200g	MAX PE4号	1	スピニング	本体36,000円+税
511M	5'11"	183g	MAX180g	MAX PE3号	1	スピニング	本体37,000円+税
511MH	5'11"	186g	MAX200g	MAX PE4号	1	スピニング	本体37,000円+税
55H	5'5"	186g	MAX240g	MAX PE5号	1	スピニング	本体36,000円+税
59H	5'9"	194g	MAX240g	MAX PE5号	1	スピニング	本体37,000円+税

ねばり強さが身上　シーズ コンダクター

65M

63ML

関西ジギング界の第一人者として知られるアングラー・松井知史さんとコラボしたシリーズ。このモデルも同社が得意とするフルレングスボロンを採用しており、ボロンとマルチプルカーボンパターン＋平織りカーボンクロスシートにより、脅威的なねばりを手に入れた。ヘビージグが扱いやすく、バイトを弾きにくいなど、高いポテンシャルを秘める。ハンドル部からバットエンドまでをベンディングパワーに設定したニューベンディングコンセプト仕様
●レスターファイン

モデル	全長	自重	ルアー	ライン	継数	タイプ	価格
65L	6'5"	181g	MAX150g	MAX PE2号	1	スピニング/ベイト	本体39,000円+税
511ML	5'11"	184g	MAX150g	MAX PE3号	1	スピニング/ベイト	本体39,000円+税/本体38,000円+税
63ML	6'3"	194g	MAX180g	MAX PE3号	1	スピニング/ベイト	本体41,000円+税/本体39,000円+税
65M	6'5"	198g	MAX200g	MAX PE3号	1	スピニング/ベイト	本体42,000円+税/本体40,000円+税
510MH	5'10"	188g	MAX210g	MAX PE4号	1	スピニング/ベイト	本体41,000円+税/本体38,000円+税
65MH	6'5"	204g	MAX240g	MAX PE4号	1	スピニング/ベイト	本体42,000円+税/本体40,000円+税

ブランクメーカーが手掛けたこだわりの逸品　ギャラハド

Galahad62/4

Galahad604B

すべて国内の自社工場で生産する熊本県のブランクメーカーが開発したジギングロッド。全22機種中、道内の海域では特に別表の4アイテムがおすすめ。『62/4』は繊細なティップを搭載しバーチカルだけでなくドテラ流しにも対応。『613S』はブリねらいのスタンダードモデル。『595S』は100m以深の深場や潮流の速いエリアなどで200gクラスのジグを使うのに適したパワー設定。『604B』はジグの操作性が高く、高感度のシャクリが楽しめるベイト
●ヤマガブランクス

モデル	全長	自重	ルアー	ライン	継数	タイプ	価格
Galahad62/4	1890mm	188g	MAX180g	MAX PE3号	1	スピニング	本体36,000円+税
Galahad613S	1860mm	202g	50-120g	MAX PE3号	1	スピニング	本体36,000円+税
Galahad595S	1788mm	203g	70-180g	MAX PE4号	1	スピニング	本体37,000円+税
Galahad604B	1836mm	192g	60-150g	MAX PE4号	1	ベイト	本体36,000円+税

積丹仕様のハンドメイド　青斬丸

B572

札幌市の源さん夫妻が製作するハンドメイド。カラーやガイド、リールシートなど自分好みのカスタムができるセミオーダー品で、ブランクに高弾性の最高級カーボンを使用。ティップはしなやかでバレにくく、バットはブリをラクに浮かせられるねばりとパワーを秘める。積丹エリアに特化した6機種があり、写真のベイト『B572』やスピニング『S552』は積丹ジギングのスタンダードモデル。販売はネットが基本だが、遊漁船経由でのオーダーも受け付けている
●義経工房

モデル	全長	ルアー	ライン	継数	タイプ	価格
S551	5'5"	MAX150g	MAX PE3号	1	スピニング	本体40,000円+税〜
S552	5'5"	MAX200g	MAX PE4号	1	スピニング	本体40,000円+税〜
S513	5'1"	MAX280g	MAX PE5号	1	スピニング	本体40,000円+税〜
B551	5'5"	MAX150g	MAX PE3号	1	ベイト	本体40,000円+税〜
B572	5'7"	MAX200g	MAX PE4号	1	ベイト	本体40,000円+税〜
B513	5'1"	MAX280g	MAX PE5号	1	ベイト	本体40,000円+税〜

国産ならではの高品質　ブルースナイパー ボートキャスティング

BlueSniper79/3

この釣りに求められる飛距離、キャスト精度、バットパワー、繊細なティップをバランスよく融合。全12機種中、道内で使用頻度が高そうなのは別表の5本。『81/2』は軽量プラグの操作性が高く、特に体力に自信がない女性におすすめ。『70/2』は小型ボートや乗合船で扱いやすいショート設計。『79/3』はバットパワーがあり、10kgクラスにも余裕で対応。『75/4』は取り回しがよくパワーも充分。『82/4』はヒラマサやキハダマグロにも流用できる汎用タイプ
●ヤマガブランクス

モデル	全長	自重	ルアー	ライン	継数	タイプ	価格
BlueSniper81/2	2480mm	233g	15-50g	PE2-3号	2	スピニング	本体40,000円+税
BlueSniper70/2	2140mm	220g	20-60g	PE2-3号	2	スピニング	本体40,000円+税
BlueSniper79/3	2365mm	263g	30-70g	PE2-4号	2	スピニング	本体42,000円+税
BlueSniper75/4	2260mm	279g	30-100g	PE3-4号	2	スピニング	本体44,000円+税
BlueSniper82/4	2520mm	310g	30-110g	PE4-5号	2	スピニング	本体46,000円+税

ダイビングペンシルにベストマッチ　アブ・ガルシア ソルティーステージ KR-X オフショアキャスティング

SOCS-79L-H-KR

近年、道内でも釣果が聞かれるヒラマサ用として開発したものだが、もちろんブリにも使える。KRコンセプトガイドやXカーボンテープラッピングといった『ソルティーステージ KR-X』シリーズの特徴はそのままに、ダイビングペンシルの動きを最大限に引き出すソフトなティップを搭載。加えてベリーからバットにかけて充分なパワーをもたせ、大型魚とのファイトもラクにこなす。『79L』は180mm 60g前後、『87L』は200mm 80g前後のルアーが扱いやすい
●ピュア・フィッシング・ジャパン

モデル	全長	自重	ルアー	ライン	継数	タイプ	価格
SOCS-79L-H-KR	7'9"	330g	20-80g	PE2-5号	1ハーフ	スピニング	本体27,800円+税
SOCS-87L-H-KR	8'7"	368g	30-100g	PE3-5号	1ハーフ	スピニング	本体28,800円+税

ブリトップはコレ　ソルティガ ドラド

CB77S・F

シイラを始め、ブリなどの青ものをキャスティングでねらうためのシリーズ。投げ続けても疲れにくい好バランス設計とモンスター級がヒットしても力負けしないパワーが特徴。『AR71S・F』は道内ではややライトな仕様。『PR73S・F』は45〜70gのルアーをメインに90gまで対応するオールラウンダー。『CB77S・F』は取り回しのよさとパワーを兼ね備えたミディアムタイプ。『MO83S・F』は長さを活かしたロングキャストが持ち味。ショアジギングにも流用できる
●ダイワ

モデル	全長	自重	ルアー	ライン	継数	タイプ	価格
AR71S・F	2.16m	200g	15-45g	MAX PE30lb	2	スピニング	本体51,000円+税
PR73S・F	2.21m	320g	30-90g	MAX PE50lb	2	スピニング	本体53,000円+税
CB77S・F	2.31m	340g	35-100g	MAX PE50lb	2	スピニング	本体55,000円+税
MO83S・F	2.52m	245g	20-70g	MAX PE40lb	2	スピニング	本体57,000円+税

驚きの軽さと高感度　モアザン AGS

107MH

海サクラ、海アメ、ヒラメなどでよく使われているショアロッド。ラインナップ中、『BLUE BACKER』のサブネームをもつ『99MH』と『107MH』は青ものも視野に入れたミディアムヘビータイプ。前者は11フィートクラスの飛距離と9フィート並みの操作性を兼備。後者は食い込みのよいしなやかなティップを搭載しつつも、バットにパワーがあり相手に主導権を渡さない。ともに、軽量高感度のSVF コンパイルXブランクとAGS（エアガイドシステム）を装備
●ダイワ

モデル	全長	自重	ルアー	ライン	継数	タイプ	価格
99MH	2.97m	147g	10-60g	ナイロン12-25lb/PE0.8-2号	2	スピニング	本体66,000円+税
107MH	3.23m	167g	10-60g	ナイロン12-25lb/PE0.8-2号	2	スピニング	本体68,500円+税

北の大地にオススメ！専用タックルガイド99 ROD ロッド

On Shore

フラッグシップに迫る仕様　モアザン

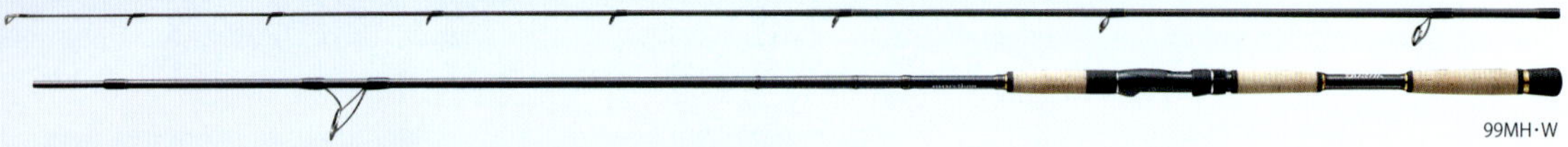

99MH・W

前出の『モアザンAGS』のチタンガイド＆コルクグリップモデル。シリーズ中、最もヘビーな『99MH・W』と『107MH・W』はライトショアジギングにマッチするスペック。前者はジグのほか、ミノーやペンシルベイトなどを駆使して青ものを攻略するテクニカル仕様。後者は『99MH・W』のロングレングスバージョン。飛距離とパワーを兼備し、オールマイティーに使える。ともに、同社史上最軽量を誇る高弾性SVFコンパイルXアンサンドマイクロピッチブランクを搭載
●ダイワ

モデル	全長	自重	ルアー	ライン	継数	タイプ	価格
99MH・W	2.97m	157g	10-60g	ナイロン12-25lb/PE0.8-2号	2	スピニング	本体53,000円+税
107MH・W	3.23m	178g	10-60g	ナイロン12-25lb/PE0.8-2号	2	スピニング	本体55,500円+税

ジャーク＆フォールで誘え！　ジグキャスターMX

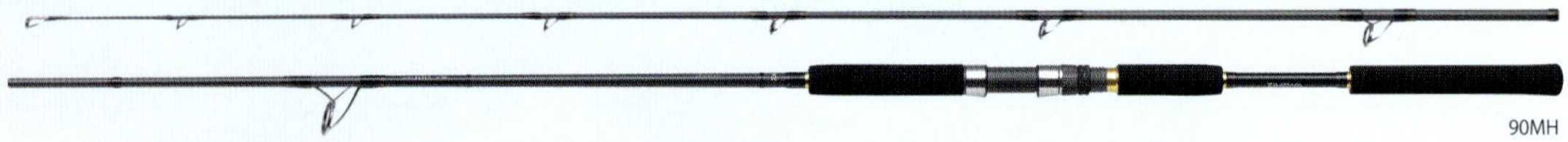

90MH

ショアジギングに求められる遠投性能はもちろんのこと、シャクリやすさももち合わせた軽量細身肉厚設計の専用モデル。ブランクは、ねばりや強度を重視する磯ザオに最適といわれている高密度HVFカーボンを取り入れ、パワー、操作性、感度を向上させるX45構造を施した。リールシートはフルキャストを繰り返してもリールが緩みにくいダブルナット構造。ガイドはイトが絡みにくく、強度と耐久性にすぐれたステンレス製PタイプフレームKガイドを装備
●ダイワ

モデル	全長	自重	ルアー	ライン	継数	タイプ	価格
90MH	2.74m	245g	25-90g	PE1-3号	2	スピニング	本体25,500円+税
96M	2.9m	205g	10-60g	PE1-2号	2	スピニング	本体26,000円+税
96MH	2.9m	260g	25-90g	PE1-3号	2	スピニング	本体26,500円+税
106MH	3.2m	280g	25-90g	PE1-3号	2	スピニング	本体27,500円+税
106H	3.2m	305g	40-120g	PE1.5-4号	2	スピニング	本体28,000円+税

貴重な一尾を誘い出す　ブルースナイパー ショアキャスティング

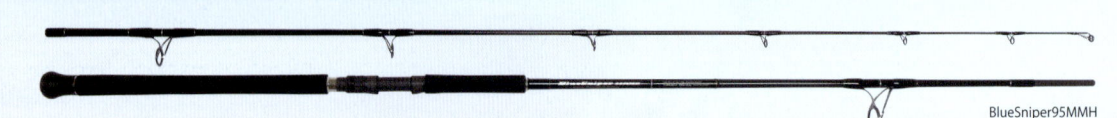

BlueSniper95MMH

ジグやプラグで青ものをねらう専用モデル。その特徴は何といっても振り抜けのよさがもたらす遠投力と強靭なバットパワー。全7機種中、ショアブリに有効なのは別表の4本。『95MMH』は繊細なルアー操作が得意。ターゲットは5kgクラス。『100MH』は8〜10kg級を強引に寄せることも可能なスタンダードモデル。『102M』はプラグの操作性を重視した軟らかめの仕様。『100H』は10kgサイズと対等に渡りあうためのパワーモデル。張りがありジグとの相性は◎
●ヤマガブランクス

モデル	全長	自重	ルアー	ライン	継数	タイプ	価格
BlueSniper95MMH	2912mm	290g	ジグMAX100g/プラグMAX60g	PE2-4号	2	スピニング	本体46,500円+税
BlueSniper100MH	3065mm	310g	ジグMAX100g/プラグ30-60g	PE2-4号	2	スピニング	本体42,000円+税
BlueSniper102M	3115mm	265g	ジグMAX80g/プラグ20-50g	PE2-3号	2	スピニング	本体41,500円+税
BlueSniper100H	3065mm	325g	ジグMAX130g	PE3-5号	2	スピニング	本体45,000円+税

珍しいベイトタイプも展開　アブ・ガルシア ソルティーステージ KR-X ショアジギング

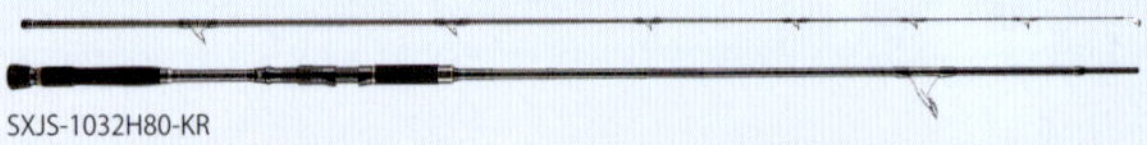

SXJS-1032H80-KR 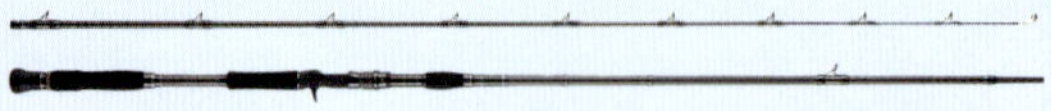　　SXJC-1002XX100-KR

ベイトを含め、計10機種ものラインナップを有する専用シリーズ。ブランク全体に同社独自のXカーボンテープラッピングを施しトルクを強化したほか、軽量高感度のKRガイドコンセプトを導入し、ライントラブルを軽減。パワーはミディアムヘビーからエキストラヘビーまであり、最もヘビーな『SXJC-1002XX100-KR』はルアーMAXが何と140g。なお、道内で一般的なスペックは、全長10フィート前後で、ルアーキャパシティーがMAX60〜90g程度
●ピュア・フィッシング・ジャパン

モデル	全長	自重	ルアー	ライン	継数	タイプ	価格
SXJS-9102M40-KR	9'10"	213g	10-50g	PE1.2-2.5号	2	スピニング	本体30,900円+税
SXJS-942XXH100-KR	9'4"	244g	40-120g	PE2.5-5号	2	スピニング	本体32,900円+税
SXJS-962MH60-KR	9'6"	212g	20-80g	PE1.5-3号	2	スピニング	本体31,900円+税
SXJS-1062MH60-KR	10'6"	226g	20-80g	PE1.5-3号	2	スピニング	本体32,900円+税
SXJS-1032H80-KR	10'3"	257g	30-100g	PE2-4号	2	スピニング	本体32,900円+税
SXJS-1102XH80-KR	11'0"	297g	30-120g	PE2.5-5号	2	スピニング	本体34,900円+税
SXJS-1063MH60-KR	10'6"	230g	20-80g	PE1.5-3号	3	スピニング	本体32,900円+税
SXJC-1002XX100-KR	10'0"	333g	60-140g	PE4-8号	2	ベイト	本体34,900円+税
SXJC-962MH60-KR	9'6"	227g	20-80g	PE1.5-3号	2	ベイト	本体29,800円+税
SXJC-1032H80-KR	10'3"	240g	30-100g	PE2-4号	2	ベイト	本体30,900円+税

ブリを撃て！　パームスエルア ショアガン

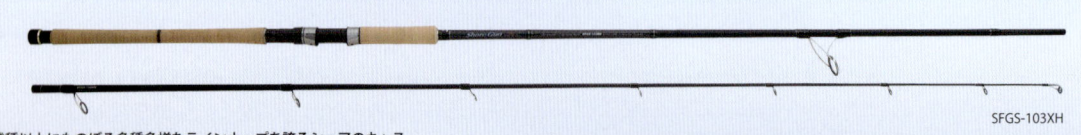

SFGS-103XH

30機種以上にものぼる多種多様なラインナップを誇るショアのキャスティングモデル。ラインナップ中、ショアジギングに適しているのは、ルアーキャパシティーがMAX60gの『H+』（全3機種）と、同90gまで扱えるXHパワーの『XH』（全2機種）。いずれも、キャスタビリティーを追求したブランク、ライントラブルを低減するKガイド、手に吸い付くようなフィット感をもたらす最上級コルクグリップ、ロッドとのバランスを考慮したリールシートを装備
●アングラーズリパブリック

モデル	全長	自重	ルアー	ライン	継数	タイプ	価格
SFGS-89H+	8'9"	215g	20-60g	12-35lb/PE1.2-3.5号	2	スピニング	本体21,500円+税
SFGS-96H+	9'6"	231g	20-60g	12-35lb/PE1.2-3.5号	2	スピニング	本体21,800円+税
SFGS-103H+	10'3"	251g	20-60g	12-35lb/PE1.2-3.5号	2	スピニング	本体22,000円+税
SFGS-96XH	9'6"	244g	30-90g	15-40lb/PE1.5-4号	2	スピニング	本体22,500円+税
SFGS-103XH	10'3"	266g	30-90g	15-40lb/PE1.5-4号	2	スピニング	本体23,000円+税

リール REEL

選ぶなら5000番　アブ・ガルシア ソルティーステージ スピニング

こちらも入門者やビギナーにぴったりなコストパフォーマンスの高い一台。全部で3サイズを展開するが、オフショアやショアジギングにマッチするのはアルミボディーを採用した5000番。ライン放出時にループの広がりを抑え安定したキャスト性能を発揮するロケットスプールリップ、ベール周りのトラブルを軽減するユニフローベールを搭載。ナブラを見つけ、あわててキャストしたもののラインブル……。そんなシーンを減らしてくれそうだ
●ピュア・フィッシング・ジャパン

5000H

モデル	自重	糸巻量	ギヤ比	最大巻上長	最大ドラッグ力	価格
5000H	388g	ナイロン22lb-150m/PE3号-200m	5.6	91cm	7.4kg	本体20,800円+税
5000SH	395g	ナイロン16lb-170m/PE2号-200m	5.6	91cm	7.4kg	本体20,800円+税

オフショアシーンの最高峰　ソルティガ

フリークが憧れる同社のフラッグシップ。2015年春にリニューアルし、一段と耐久性が増した。エンジンプレートやスプールに腐食に強い処理を施し、道内で人気のハイギヤモデルはギヤの強度をさらに高めた。そのほか、ハンドル軸部とラインローラー部には防水性能と回転性能に優れた最新のマグシールドボールベアリング、滑らかに効き続けるATD（オートマチックドラッグシステム）など、ハイエンド機種ならではの機能をまとう
●ダイワ

5000H

モデル	自重	糸巻量	ギヤ比	最大巻上長	最大ドラッグ力	価格
3500H	455g	PE2号-300m	5.7	98cm	10kg	本体85,500円+税
4000	450g	PE3号-300m	4.9	87cm	10kg	本体86,500円+税
4000H	450g	PE3号-300m	5.7	102cm	10kg	本体86,500円+税
4500	610g	PE3号-400m	4.9	94cm	15kg	本体90,800円+税
4500H	610g	PE3号-400m	5.7	110cm	15kg	本体90,800円+税
5000	625g	PE4号-400m	4.4	95cm	15kg	本体91,800円+税
5000H	625g	PE4号-400m	5.7	121cm	15kg	本体91,800円+税
6500	835g	PE5号-500m	4.3	100cm	30kg	本体106,000円+税
6500H	835g	PE5号-500m	5.7	131cm	30kg	本体106,000円+税

いつかは持ちたいプレミアム品　ブルーヘブン L50Hi/Pw

クラス世界最強をめざし、アルミ鍛造マシンカットフレーム、ステンレス製マウンテンモジュールギヤ、耐久ギヤボックスなどを採用したタフネス仕様。スーパースプールフリーと呼ぶ独自のシステムは軽量スプールとの相乗効果ですぐれたスプールフリー性を発揮し、スピニングに匹敵するフォールスピードを見せる。一方、リーリング時はパワフルな巻き上げが可能。『Hi』はハイギヤ、『Pw』はローギヤモデル。左巻きもラインナップ
●スタジオオーシャンマーク

L50Hi

モデル	自重	糸巻量	ギヤ比	最大巻上長	最大ドラッグ力	価格
L50Hi	515g	PE3号-600m ※P4-300エコノマイザー装着時 PE3号-400m ※P3-300エコノマイザー装着時 PE3号-300m	6.3	110cm	10kg	本体92,500円+税
L50Pw	515g	E3号-600m ※P4-300エコノマイザー装着時 PE3号-400m ※P3-300エコノマイザー装着時 PE3号-300m	5.3	93cm	10kg	本体92,500円+税

ソルティガの弟分　キャタリナ

磁性をもつオイルが海水や異物の浸入を防ぐマグシールド防水構造、強くて軽いザイオン製エアローター、大径ハイパーデジギヤなど、前述の『ソルティガ』と同等の機能を備えたハイスペックスピニング。近海のライトジギングから大もの仕様まで豊富な10機種を展開。『H』はギヤ比5.7のハイギヤ。『PE-H』はショアジギングなどにマッチする細イト対応モデル。ハンドルノブは3500番と4000番がSタイプ、ほかはLタイプ　●ダイワ

5000

モデル	自重	糸巻量	ギヤ比	最大巻上長	最大ドラッグ力	価格
3500	430g	PE2号-300m	4.9	84cm	10kg	本体55,000円+税
3515PE-H	430g	PE2号-150m	5.7	98cm	10kg	本体55,000円+税
4000	430g	PE3号-300m	4.9	87cm	10kg	本体56,000円+税
4000H	430g	PE3号-300m	5.7	102cm	10kg	本体56,000円+税
4020PE-H	430g	PE2号-200m	5.7	102cm	10kg	本体56,000円+税
4500	575g	PE3号-400m	4.9	94cm	15kg	本体65,000円+税
4500H	575g	PE3号-400m	5.7	110cm	15kg	本体65,000円+税
5000	590g	PE4号-400m	4.9	104cm	15kg	本体66,000円+税
5000H	590g	PE4号-400m	5.7	121cm	15kg	本体66,000円+税
6500H	795g	PE5号-500m	5.7	131cm	30kg	本体74,500円+税

感度を高めたスロービッチジャーク仕様　OGMブルーヘブンL50Hi/Pw-S2T

前出の『ブルーヘブン L50Hi/Pw』をスロービッチジャーク用に改良したのがこのモデル。コンセプトは感度アップと、操作性を向上させる機能＆デザインの追求。高力真鍮製マウンテンモジュールギヤ、高感度の30tオールカーボンハンドルアーム、ファイト中に調整が可能なドラッグレバーデザイン、沈下スピードをコントロールしやすいレバーブレーキシステムなど、専用ならではの装備をまとう。左巻きもラインナップ
●スタジオオーシャンマーク

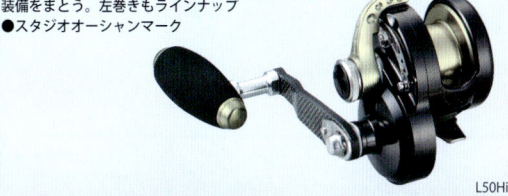

L50Hi-S2T

モデル	自重	糸巻量	ギヤ比	最大巻上長	最大ドラッグ力	価格
L50Hi-S2T	530g	PE3号-300m	6.3	110cm	7kg	本体125,000円+税
L50Pw-S2T	530g	PE3号-300m	5.3	93cm	7kg	本体125,000円+税

ベテランも納得のミドルクラス　ブラスト

オフショアゲームに必要な耐久性と操作性を備えつつ、高いコストパフォーマンスを実現したのがコレ。海水の浸入を防ぎ初期の回転性能を持続する防水機構・マグシールド、軽量化と強度アップを両立したエアローター、UTD（アルティメットトーナメントドラッグ）など、同社を代表する機能を装備。近海のライトジギング、オフショアのキャスティング、ショアジギングにマッチする2サイズ計3モデルをラインナップ　●ダイワ

3515PE-SH

モデル	自重	糸巻量	ギヤ比	最大巻上長	最大ドラッグ力	価格
3520PE	420g	PE2号-200m	4.9	83cm	8kg	本体30,800円+税
3515PE-SH	420g	PE2号-150m	6.2	106cm	8kg	本体30,800円+税
4020PE-SH	425g	PE2号-200m	6.2	110cm	8kg	本体30,800円+税

世界中で評価されるメイドインジャパン　ブルーヘブンL120Hi/Pw

国内のみならず世界から評価されるメイドインジャパンモデル。通算3代目に当たるこのシリーズは堅牢なフレームと強力なギヤシステムが特徴。主な仕様は『ブルーヘブン L50Hi/Pw』と同様で、左右非対称フレーム、フルバーミングデザイン、ジュラルミン製ハンドルアーム、カーボン製ドラッグディスクなどを装備。ラインキャパシティーはPE4号が600mからと遠征も視野に入れたスペック。左巻きもラインナップ
●スタジオオーシャンマーク

L120Hi

モデル	自重	糸巻量	ギヤ比	最大巻上長	最大ドラッグ力	価格
L120Hi	800g	PE4号-600m	5.4	116cm	15kg	本体145,000円+税
L120Pw	800g	PE4号-600m	4.6	99cm	15kg	本体145,000円+税

最初の一台にぴったり　ヴァデル

2015年春にリリースされた入門者におすすめのエントリーモデル。上位機種に採用されている防水システム・マグシールドや回転性能を高めるべく『ソルティガ』と同じユーザーメタルボディーを取り入れるなど、そのスペックは価格以上。デザインも、ほかとは一線を画す細身でシャープなシルエットに仕上げ、存在感を放っている。サイズは3500番と4000番の2種類あり、それぞれにギヤ比5.7のハイギヤ仕様『H』を用意
●ダイワ

3500H

モデル	自重	糸巻量	ギヤ比	最大巻上長	最大ドラッグ力	価格
3500	410g	PE2号-300m	4.9	83cm	8kg	本体20,500円+税
3500H	410g	PE2号-300m	5.7	97cm	8kg	本体20,500円+税
4000	415g	PE2.5号-300m	4.9	87cm	8kg	本体20,500円+税
4000H	415g	PE2.5号-300m	5.7	101cm	8kg	本体20,500円+税

北の大地にオススメ！専用タックルガイド99　REEL リール

ライン LINE

ナブラを直撃　ファメル PE ショアジギング

遥か沖のナブラをねらえる遠投力が魅力の青もの専用PE。しなやかなイト質はライン放出性にすぐれ、トラブルも起きにくい。独自の低伸度設計は小さなバイトを取りやすく、メリハリのきいた連続ジャークが可能。カラーはグレー

- 規格：1.5号(20lb)、2号(25lb)、2.5号(30lb)、3号(35lb)
- 全長：200m
- 価格：オープン
- 山豊テグス

PE

注目のニューアイテム　ファメル PE ジギング 8

2015年5月にリリースされた注目の専用モデル。真円に近く摩擦係数が少ないのが特徴。抵抗が小さい分潮流の影響を受けにくく、素早くフォールさせられる。10m毎に5色に色分けされ、1、5m地点にマーキングが付く。8本撚り

- 規格：0.6号(12lb)、0.8号(15lb)、1号(19lb)、1.5号(27lb)、2号(32lb)、2.5号(40lb)、3号(46lb)、4号(55lb)
- 全長：200m(0.6～1.5号)、300m(2～4号)
- 価格：オープン
- 山豊テグス

PE

カラーリングに注目　カルティバ 撃投 PE フラッシュ

強度を均一に保つ8本撚りのショア専用。ガイド絡みなどのトラブルを軽減すべくキャスティングに適した張りとコシをもたせ、さらに飛距離を伸ばす特殊コーティングを施した。1m毎に白とオレンジを交互に配色したマーキング仕様

- 規格：1.5号(21lb)、2号(29lb)、3号(37lb)、4号(48lb)、5号(58lb)
- 全長：200m(4/5号は除く)、300m
- 価格：オープン
- オーナーばり

PE

幅広いシーンに対応　UVF SW センサー +Si

結束強力と耐久性にすぐれメインラインとして幅広く使える。独自の高密度繊維加工により耐摩耗性と直線引張強度が向上。表面には滑らかさを与えるエボシリコン処理を施す。カラーは10m×5色(青、黄、ピンク、緑、オレンジ)

- 規格：0.6号(12lb)、0.8号(10lb)、1号(13lb)、1.2号(16lb)、1.5号(19lb)、2号(24lb)、3号(31lb)、3号(37lb)、4号(46lb)、5号(62lb)、6号(69lb)、8号(93lb)
- 全長：150m、200m、300m
- 価格：本体2,300～6,600円＋税
- ダイワ

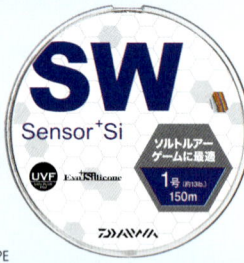

PE

ノットや編み込みがスムーズ　ファメル フロロショックリーダー

フロロカーボンの特性である耐摩耗性の高さや高感度はそのままに、ラインシステムが組みやすいソフトフィニッシュ設計を施した。2015年シーズン、オフショア向けの高番手(8～22号)が加わった。カラーはクリア

- 規格：0.6号(2lb)～22号(80lb)
- 全長：30m(4～7号は20m)
- 価格：本体600～3,000円＋税
- 山豊テグス

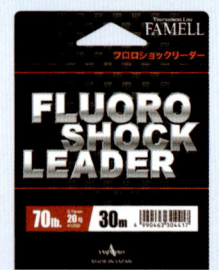

リーダー

史上初の 12 本撚り　ソルティガ 12 ブレイド

PEラインでは初の12本撚り。従来の8本撚りに比べ、強力、耐摩耗性、伸度、感度、動摩擦性能など、すべての面において格段にスペックアップしている。ラインはマーカーが付いた10m×5色(白、青、オレンジ、紫、緑)

- 規格：0.8号(16lb)、1号(22lb)、1.2号(27lb)、1.5号(31lb)、2号(36lb)、2.5号(44lb)、3号(55lb)、4号(68lb)、5号(88lb)、6号(100lb)、8号(118lb)、10号(130lb)
- 全長：200m、300m、400m、600m
- 価格：本体10,000～33,000円＋税
- ダイワ

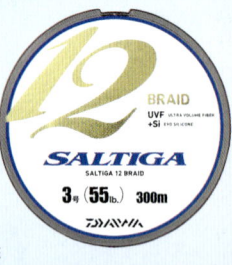

PE

擦れに強いナイロン　ファメル 耐摩耗ショックリーダー

新開発のスーパーハイブリッドナイロンを採用し、クラス最高水準の耐摩耗性を誇る。感度にすぐれた低伸度設計でありながら、適度なしなやかさを併せもち、ノットを組みやすい。ラバー製スプールバンド付き。カラーはクリア

- 規格：0.8号(3lb)、1号(4lb)、1.2号(5lb)、1.5号(6lb)、1.75号(7lb)、2号(8lb)、2.5号(10lb)、3号(12lb)、4号(16lb)、5号(20lb)、6号(25lb)、7号(30lb)
- 全長：30m(4～7号は20m)
- 価格：オープン
- 山豊テグス

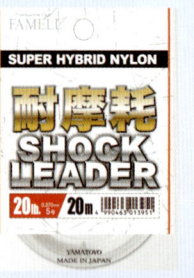

リーダー

タナを取りやすい色付き　バークレイ スーパーファイヤーライン カラード

オフショアに最適な色付きタイプ。10m毎にブルー、イエロー、マゼンタ、グリーン、オレンジを配色し、特にタナを把握することが重要なスロピッチジギングにもってこい。感度、耐摩耗性、強度といった基本性能も充実

- 規格：0.5号(8lb)、0.8号(12lb)、1号(16lb)、1.2号(20lb)、1.5号(24lb)、2号(30lb)、3号(45lb)、4号(50lb)
- 全長：200m、1200m(0.5/0.8号は除く)
- 価格：本体2,980～26,400円＋税
- ピュア・フィッシング・ジャパン

PE

チタン＆ステンレス合金をコンポジット　デビルライン

コアラインにエアブレイドを使用し、チタン＆ステンレス合金素線と特殊ポリマー繊維で編み上げたニューコンセプト。驚異的な耐久力としなやかさを備え、アシストラインにも使える。ブラック、ホワイト、UVの3色を展開

- 規格：5号(30lb)、7号(40lb)、10号(50lb)、20号(80lb)、30号(100lb)、50号(150lb)、70号(240lb)、100号(300lb)、150号(360lb)、180号(410lb)
- 全長：3m
- 価格：本体2,700～4,100円＋税
- ネイチャーボーイズ

リーダー

ラインの軌道が見やすい　ファメル PE ストロング 8

真円に近く、滑らかなイト質が特徴の8本撚り。キャスト時のイト鳴り音やガイド抵抗が小さいうえ、ハードコーティング設計により水切れがよく操作性も高い。ルアーの位置やラインの軌跡を把握しやすいフラッシュレモンカラー

- 規格：0.6号(12lb)、0.8号(15lb)、1号(19lb)、1.2号(23lb)、1.5号(27lb)、2号(32lb)、2.5号(40lb)、3号(46lb)、4号(55lb)
- 全長：150m、200m
- 価格：オープン
- 山豊テグス

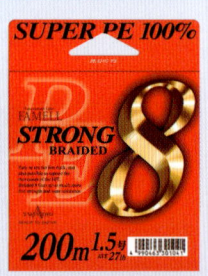

PE

北の大地にオススメ！専用タックルガイド99

ルアー LURE

スロージギング仕様
ゼッツ スローブラッド S/R

スロージギング専用設計。『S』は水平姿勢を追求したセンターバランス仕様。やや遅めの沈下スピードが特徴で、じっくりとアピールすることが可能。『R』はジャークとフォールのバランスにこだわり、リヤ寄りのウエイトバランスを採用。ロッドアクションに機敏に反応する一方、沈下時はテール寄りにフラッシングしながらイレギュラーな動きで誘う。ともに左右非対称形状

- サイズ：100g、130g、150g、180g、200g、230g、300g、400g、500g
- 価格：本体1,100～3,000円+税
- アングラーズリパブリック

プラスチックとメタルのハイブリッド
Tsuno150/190

日本古来のルアーの一種・弓角をモチーフにした注目の新商品。片面に浮力の高い樹脂を配したハイブリッドボディーを採用し、金属オンリーのジグとは異なるヒラヒラとした魅惑的なフォーリングアクションを生み出す。また、連続した高速ジャークではキビキビとした派手なフラッシング、スローなシャクリでは静止時にはっきりとした食わせの間を演出するなどポテンシャルが高い

- サイズ：150＝169mm150g、190＝179mm190g
- 価格：150＝本体2,850円+税、190＝本体3,000円+税
- タックルハウス

ジャークでガンガン誘え
ゼッツ ジガロ

レスポンスにすぐれたロングスケールジグ。微細なシャクリでは首を振るような動きを見せ、ワンピッチジャークでは抜群のスライドコントロールで狡猾なブリを誘う。カラーはこだわりの12色をラインナップ。ベリーとバックが無塗装のタイプはフラッシング効果を高めるべく、側面に加え上下にもホログラムを貼りつけている。紫外線で発色するUVアピールカラーも用意

- サイズ：147mm80g、158mm100g、165mm115g、174mm135g、181mm150g、192mm180g、200mm200g、209mm230g、214mm250g、228mm300g
- 価格：本体1,100～2,200円+税
- アングラーズリパブリック

イメージどおりに動かせる
ソルティガ・サクリファイスⅡ・スティックSL

同社のスリム系ロングジグ『ソルティガ・サクリファイスⅡ・スティック』にチューニングを施しLコントロール性能を高めたセミロング。イメージどおりに、飛ばす、止めるといった動きを演出しやすく、使いやすさが一段とアップ。カラーにもこだわっており、全6色中4色に追われて傷ついたベイトから剥がれ落ちるウロコを表現した3Dウロコパターンホロを採用（写真のカラー）

- サイズ：160mm130g、180mm180g、220mm270g、255mm400g
- 価格：本体1,800～3,000円+税
- ダイワ

イカの動きをイメージ
アブ・ガルシア ソルティーステージ スキッドジグ

滑るという意味の英語・スキッドとイカの英名・スクイッドを語源にした最新モデル。スイッチバックメソッドと呼ばれるジグを前後にスライドさせる釣法をさらに進化させたスキッディングメソッド向けに開発。ボディー下部のセンターキールと独自の縦アイが巻き上げ時やフォール中の鉛直方向への回転と横方向のスライドを抑え、まるでイカのような直線的な移動を演出する

- サイズ：80g、100g、150g
- 価格：本体1,280～1,680円+税
- ピュア・フィッシング・ジャパン

あらゆるジャークに対応
ソルティガ・サクリファイスⅡ・コンビジャーク

これ一本でスロー、ミディアム、ハイスピードとさまざまなジャークに対応する。菱形のボディーはスローでは水を噛みやすいが、スピードが増すに従い水流を逃がすようにデザインされている。さらに、左右非対称形状にすることでレスポンスが著しく向上した。ラインアイはアシストフックに対応する大口径設計。カラーはマグマパターンホロ仕様4色とゼブラ柄2色の計6色

- サイズ：112mm90g、120mm110g、133mm140g、146mm170g、160mm200g
- 価格：本体1,400～2,100円+税
- ダイワ

スライドとフラッシングフォールが武器
カレントライダー

同社が得意とする鉄を素材にしたモデル。潮を切り裂くようなアクションは波動が小さく、特にプレッシャーが高い場面で持ち味が活きる。また、鉄ジグ特有のスライド性能に磨きが掛かり、フォール時のアピール力と相まって理想的な動きを生み出す。鉛に比べ比重が軽く、わずかなシャクリでもよく泳ぐなど、軽快な操作性も魅力のひとつ。カラーはグロウ仕様を含む計10色

- サイズ：180mm120g、200mm150g、220mm180g、240mm300g
- 価格：本体2,100～3,700円+税
- ネイチャーボーイズ

対巨大ブリ
ソルティガ・TBジグ

大型ブリを攻略すべく、ジギングが盛んな三重県鳥羽から生まれたロングタイプ。当地のアングラーや船長が求める理想的なアクションを追求し、ダート幅の広さと操作性の高さを両立したのが特徴。加えて、左右非対称ボディーと全面ホロデザインの相乗効果で広範囲にアピールできる。カラーはホロ本来の輝きを最大限に活かす3色をラインナップ。2015年4月にリリースされた新製品

- サイズ：220mm180g、240mm200g、260mm220g
- 価格：本体2,300～2,500円+税
- ダイワ

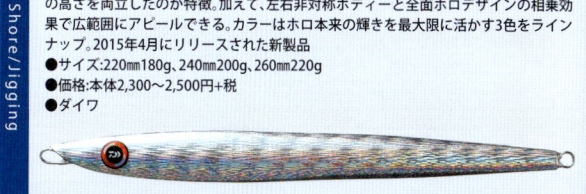

北海道限定カラーをラインナップ
スイムライダー／ショート

センターバランス＆左右非対称形状を採用した鉄製『スイムライダー』は比重の軽さを感じさせないフォールスピードと高い操作性を実現した。『同ショート』は鉛製のショートジグでは難しいとされる安定した水平姿勢を得意とし、スローから巻き巻きまで対応。2015年5月、サイズ限定で写真の塊炭キャンディ（左）など、両モデル共通の北海道限定カラー5色をリリースした

- サイズ：140mm65g、170mm90g、200mm120g、205mm135g/150g、220mm180g、240mm200g、245mm230g、250mm300g、270mm350g、285mm420g ショート＝125mm80g、135mm100g、155mm125g、165mm145g、185mm175g、195mm205g
- 価格：本体1,700～4,500円+税
- ネイチャーボーイズ

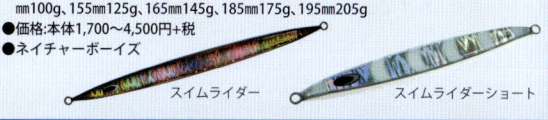

ショアだけじゃない！
カルティバ 撃投ジグハイパー

『撃投ジグ』といえばショアジギング用として人気を集めるが、このモデルはオフショアも視野に入れた超ヘビーウエイト設計が特徴。150gから350gまでラインナップしており、道内のブリジギングで充分活躍してくれるだろう。同シリーズのアイコンといえる高強度のタフボーンを内蔵し、10kgオーバーの良型が掛かっても安心してやりとりできる。形状はセンターバランス

- サイズ：150g、200g、250g、350g
- 価格：本体1,600～2,450円+税
- オーナーばり

北の大地にオススメ！専用タックルガイド99 LURE ルアー

まるでエサ!? ツルジグ バーチカル

大ものとのファイトに備え、できるだけ体力を使わずに長時間スピーディーなシャクリを続けたい、自ら誘って食わせたいとの思いから誕生したジグ。オフショアの釣りが盛んな九州・佐賀県のソルトルアーメーカーが製作し、道内のジガーからも高い支持を得ている。海外を含め、これまで数々のレコードフィッシュをキャッチしており、その釣果から"金属製のヤリイカ"とも評される

- サイズ：60g、90g、120g、150g、170g、200g、230g、270g、350g、550g
- 価格：本体1,400～4,500円+税　●ジーエル工房

とにかく使いやすい スイムバード

ビギナーも使いやすい鉄ジグ。絶妙なバランスと形状により、多彩なアクションと安定した泳ぎを手に入れた。タダ巻きではミノーのように動き、ロングジャークでは奇麗な弧を描いてバランスを崩しにくい。『スイムライダー/ショート』と同様、塊炭キャンディ、北海ブルピン、北海GPゼブラ、ピンクダイヤモンドダスト、積丹パープルの北海道限定カラー5色を展開（110gを除く）

- サイズ：192mm110g、200mm130g、205mm150g、210mm170g、230mm220g
- 価格：本体2,100～3,400円+税　●ネイチャーボーイズ

スロージギングに対応 スピナル

動きすぎと思えるほどの"猛烈アクション"が特徴。片面により多くの水流を受けるように設計され、近年人気のショートピッチ・ショートジャークのように小刻みにジグを動かす誘いに有効。水中では水を切り裂くようにボディをひねり、大きなスライドアクションでアピールする。高反射・厚手のホロステッカーとの相乗効果でフラッシング性能も高い。ベースカラーは6色

- サイズ：70g、90g、120g　●価格：本体1,200～1,400円+税　●ジーエル工房

フォールで食わす スピンライダー

鉄ジグ特有のスローフォールにさらに磨きを掛けたのがコレ。スレたブリもたまらず食いついてしまいそうな細かなバイブレーションを伴ったヒラヒラとしたフォーリングアクションが持ち味。一方、タダ巻きではボディを揺らすように泳ぎバイトを誘う。また、シャクった後の移動距離が同社の『スイムライダー』などに比べて短いため、1投でより長時間アピールできるのも○

- サイズ：105mm65g、125mm80g、135mm100g、145mm125g
- 価格：本体1,450～1,700円+税　●ネイチャーボーイズ

ポイントにいち早く到達 爆釣ジグF-1 ミッドシップ

同社を代表する『爆釣ジグ』シリーズに加わった最新モデル。重心バランスを4対6に設定したのがミソ。従来に比べ潮抜けがよく、ねらったポイントまで素早く沈められる。いち早く魚にルアーを見せることができるため、ヒットチャンスが増えるだろう。カラーは道内で人気のブルーピンクを始め、紫外線で発色するケイムラ仕様やグロウベースのゼブラ柄など全12色をラインナップ

- サイズ：120mm80g、141mm120g、160mm150g、171mm200g
- 価格：本体950～1,800円+税　●ジャズ

オフショア版岡ジグ ボトムフラッパー

『岡ジグ』で知られる岡貞光さんが2014年に製品化。ブリを始め、ヒラメや根魚などもターゲットにした汎用性の高さが特徴。実釣テストではヒラマサ、シイラ、ホッケ、キハダマグロなどの釣果も記録。効果的な使用法はフォール系のアクションを重視するならシルバーの目玉が上、ワンピッチジャークで誘うなら赤い目玉が上にくるようにセットするとよい。センターバランス

- サイズ：150g、180g　●価格：150g=本体1,800円+税、180g=本体1,900円+税
- ●岡クラフト

ブリもイチコロ!? 爆釣ジグⅡ鯛ジギチューン

ネーミングからも分かるとおり、本州で楽しまれているマダイジギング用に作られたものだが、青ものの実績も高く、道内の青物釣りにも流用できそう。新設計のショートボディーは側面から緩やかなカーブを描いているため、フラッシングを起こしやすく、多方向へのアピールが可能。フロントにボールベアリングスイベル、前後にオリジナルアシストフックを装備。センターバランス

- サイズ：62g25g、64g30g、70mm40g、74mm50g、79mm60g、90mm80g
- 価格：本体700～1,050円+税　●ジャズ

ものスゴく釣れるべさ ナマラジグ

「ジギングをもっとラクに楽しみたい」をコンセプトに道内メーカーが開発。ネーミングは北海道弁で凄いを意味する"なまら"から。ワンピッチで誘う場合は1秒間に2回程度のジャークを加えるのが効果的。ステイ中は2～3秒ほど水平フォールし、食わせの間を与える。グロウカラーは通常より光料が強いものを使用しているため、点灯時間が長く、特に深場でのアピール力にすぐれる

- サイズ：155mm130g、175mm150g、190mm175g、200mm200g
- 価格：本体1,500～2,050円+税　●フィッシングタックルスタジオ エゾハチ

積丹仕様 ブラスター

積丹エリアのブリジギング用として小樽市の早田伸太郎さんが製作したオリジナル。基本的な使い方はロッドティップで重みを感じながら、ラインスラックをあまり出さないワンピッチのアクション、激しいアクションを必要としないため体力の消耗が少なく女性にもおすすめ。自社HPのほか、美幌町のブルーマリン、札幌市の瑞宝舎とエボリューション、旭川市のプロショップしみずで販売

- サイズ：150g、180g、215g　●価格：オープン　●アングラーズ

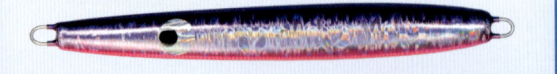

フラットサイドとエッジがキモ セカンドジグ ヤイバ

潮をしっかり受け止める平面フラットボディーと、受けた潮流を流すヤイバエッジと呼ぶ形状が特徴。前者は水噛みにすぐれ、ほどよい引き抵抗をもたらすほか、リーリング時には自発的にアクションを起こし、フォール中は効果的なフラッシングを生み出す。3サイズあり、140gはワンピッチジャークや浅場での斜め引きに有効。180gは軸となる一本。220gは100m前後の水深にマッチ

- サイズ：150mm140g、185mm180g、205mm220g
- 価格：本体1,900～2,400円+税　●セカンドステージ

夜ブリ専用 ジョーカー

積丹沖で楽しめる夜ブリ用に開発したのがコレ。夜ブリではアンカーを打って船を固定することから風と潮流に対応できるかが非常に重要。そこで『ジョーカー』は愛好者の要望を取り入れ、流れに強い丸型の左右非対称ボディーに仕上げた。神威岬沖など潮の流れの凄く速いポイントでも素早く底まで沈む。取扱先は『ブラスター』と同様（余市町のプロショップかわぐちでも販売）

- サイズ：420g　●価格：本体5,980円+税　●アングラーズ

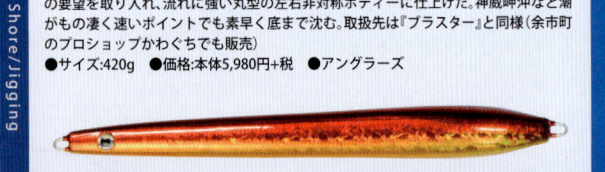

左右へ飛び出す"噴火アクション" セカンドジグ マグマ

ブリ、ヒラマサ、カンパチ用に開発した左右非対称のロングタイプ。水流を受ける面と流す面が波動を生み出し、ゆらゆらとした変則的なアクションを手に入れた。着底後にシャクリ始めると、まるで海底火山が噴火したかのように左右へ飛び出しアピールする。アクションは派手だが引き抵抗は抑えられており、使用時の疲労を軽減することも。体力に自信がなくても存分に使えるはず

- サイズ：120mm90g、150mm115g、180mm140g、195mm165g、210mm190g
- 価格：本体1,650～2,200円+税　●セカンドステージ

北の大地にオススメ！専用タックルガイド99　**LURE** ルアー

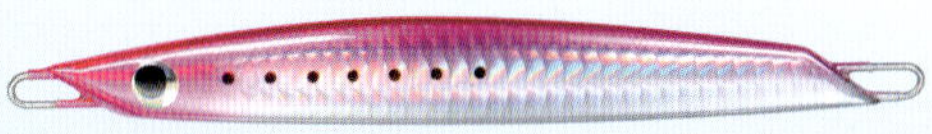

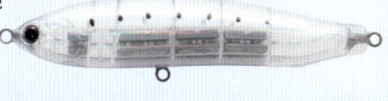

Off Shore/Casting

スプラッシュ×ウオブリング
コンタクト・フィード・ダイビングウォブラー 135

2015年に登場したダイビングタイプのポッパー。連続したショートジャークで泡を発生させ、水面直下をウオブリングしながら泳ぐ。テール部分にウエイトを集中させているため、浮き姿勢はほぼ垂直。連続ジャーク後のわずかなステイでもしっかり水面に顔を出すため、テンポよく誘えるはず。ひと回り大きな『150』(150mm54g)もラインナップ。R-Unit2.0を採用。フローティング
- サイズ:135mm42g
- 価格:本体2,400円+税
- タックルハウス

高速巻きが得意　コンタクト・ベゼル 36/48

ナブラ撃ちに欠かせないヘビーシンキングミノー。基本的な使い方はハイスピードリトリーブ。独自のベゼルリップが姿勢を制御しつつ、ベリー部が効率よく水を受けるため、高速域でも安定したウオブンロールアクションを見せる。ここぞというときには、トゥイッチを入れてスライドで誘うのも手。『48』はフックレス仕様。『36』はカルティバ『ST-66』#2を装備
- サイズ:36=100mm36g、48=120mm48g
- 価格:36=本体1,900円+税、48=本体2,000円+税
- タックルハウス

遠くのナブラにも届く　コンタクト・フリッツ 42/75

飛距離とアピール力を備えたシンキングミノー。コンパクトボディにヘビーウエイトを搭載し圧倒的な飛距離を稼ぐ。また、タイトなウオブリングアクションとフラットサイド形状により、すぐれたフラッシング効果を発揮。『75』はフックレス(推奨フックカルティバ『ST-66』#1/0)、『42』は同#2を装備。スタビライザーフィンのお陰で高速巻きでも安定した泳ぎを見せる
- サイズ:42=90mm42g、75=120mm75g
- 価格:42=本体1,900円+税、75=本体2,100円+税
- タックルハウス

青ものに特化したスペシャルバージョン
K-TEN ブルーオーシャン BK115/140SW

汎用度の高いソルトウオーター用ルアー「ブルーオーシャン」のなかで「ワークスプロジェクト」というジャンルに属するスペシャルモデル。『BK115SW』『同140SW』は青ものを始め、マグロやマーリンなどヘビーゲーム向けの『オーバーゼア』シリーズの、目いっぱいのウエイトチューンを施し、飛距離、アクション、強度に徹底的に追求した。さらに大型の175mm58gもある
- サイズ:115=115mm35g、140=140mm51g
- 価格:115=本体2,400円+税、140=本体2,500円+税
- タックルハウス

逃げ惑うベイトを演出
オーバーゼア スキッピング 110/130S

「ミノーでは届かないが、ジグだとナブラを散らしてしまう」。そんなシチュエーションにぴったりなのがヘビーシンキングペンシルの『オーバーゼア』シリーズ。数種あるうちのこのモデルはベイトフィッシュが水面を逃げ惑うようすを再現するスキッピングメソッドに特化。着水後にルアーを急浮上させ高速リトリーブするだけで簡単にスキッピングができる。頑丈な貫通ワイヤ構造
- サイズ:110S=110mm27g、130S=130mm52g
- 価格:110S=本体2,350円+税、130S=本体2,500円+税
- ダイワ

ブリトップのド定番　ソルティガ・ドラドペンシル RS

『ソルティガ・ドラドペンシル』シリーズは道内で愛用者が多い人気のペンシルベイト。『RS』は計4機種あり、フローティングの『13/16F』は安定した飛距離とアクションを発揮するシルエットとバランス設計が特徴。今期加わったシンキング『13/16S』は自重を大幅に増やし、遠投性能が格段に向上した。ともに、100kg以上の負荷にも耐えられるストレートワイヤ&スイベル構造を採用
- サイズ:13F=130mm32g、16F=160mm55g、13S=130mm56g、16S=160mm92g
- 価格:13=本体2,800円+税、16=本体3,100円+税
- ダイワ

Off Shore/Jigging

2015年夏発売のルーキー　シーストリップ

ビギナーでも扱いやすく、軽い力で確実にスライドするをコンセプトに、帯広市の佐藤博之さんが製作したセミロング。ベイトフィッシュを意識した左右非対称ボディーは引き重りを軽減すべく極力肉薄化し、重心はセンターより前に設定。独自の形状はジグが横を向いたときにステイする時間をキープでき、食わせの間を演出しやすい。カラーはホログラム仕様の7色。2015年夏発売予定
- サイズ:180mm180g
- 価格:未定
- M.S.T.ハンドメイドルアーズ

船長が監修した積丹モデル　雷斬二○○

積丹沖のブリを攻略すべく同地で人気の遊漁船・仁成丸の船長、佐藤正仁さんが監修した専用モデル。独特なフォルムをした左右非対称ボディーは沈下速度が速く、スレたブリにもしっかりリアピールしてくれる。基本的な使い方はワンピッチジャーク。カラーは12色(スタンダードカラー)、中央重心型。取扱はホームセンタールーキー、メガフィッシュ、瑞宝舎、ナカシマの道内4店舗
- サイズ:215mm200g
- 価格:本体2,400円+税
- 義経工房

フォールで誘う　チャクラジグ デルタ

兵庫県のソルトルアーメーカーが製作するジグ。4対6に設定したフロント寄りのセンターバランスと3つのエッジが引き重りの原因となるテールの回転を軽減。同時に安定したダートアクションをサポートする。この重心設定はフォール時に水平姿勢を保ち、できるだけ長くフォールさせる効果もある。サイズバリエーションが豊富で、ライトタイプはショアジギングにも対応
- サイズ:85mm35g、95mm45g、105mm60g、120mm80g、140mm105g、160mm135g、180mm170g、170mm200g、190mm250g、220mm350g
- 価格:本体1,080〜2,780円+税
- ヤンバルアートクラフト

予測不能な泳ぎ　コンタクト・ブリット 120/145

表層を逃げまどう小魚のシルエットや動きを具現化したフローティングタイプのペンシルベイト。R-Unit2.0と呼ぶ独自の重心システムがキモ。ボディー内を回るように設置されたウエイト球が振り子のように移動したり、軸を中心に回転することで、従来のプラグには見られない予測不能なイレギュラーアクションを発生、ターゲットを誘う。全長120mmと145mmの2モデルをラインナップ
- サイズ:120=120mm33g、145=145mm48g
- 価格:120=本体2,200円+税、145=本体2,500円+税
- タックルハウス

フックレスで98g!　コンタクト・ブリット 145SW

『コンタクト・ブリット』の超ヘビーモデル。全長はノーマルの『145』と変わらないが、自重はフックレス状態で倍以上の98g。推奨フック(カルティバ『ST-66』#2/0、がまかつ『トレブルSP-XH』#2/0)を装着すると約108gまでアップする。ナブラ撃ちにも対応する、専用設計のウエイトをたっぷり積んだシンキングタイプ。投げて巻くといった一連動作がスムーズで手返しは◎
- サイズ:145mm98g
- 価格:本体2,600円+税
- タックルハウス

ブリを魅了するサウンド
コンタクト・フィード・ポッパー 120/135

魅惑的なサウンドを奏でるフローティングタイプのポッパー。音質を重視したマウスカップを搭載し、軽めのジャークでもポップ音を響かせアピール。水面上にヘッドを出しほぼ直立に浮く姿勢は、魚がアタックしたときに吸い込みやすいだけでなく、ピンスポットを集中的にトレースできる。『135』は『コンタクト・ブリット』同様、独自の重心移動システムR-Unit2.0を採用
- サイズ:120=120mm30g、135=135mm45g
- 価格:120=本体2,000円+税、135=本体2,400円+税
- タックルハウス

111

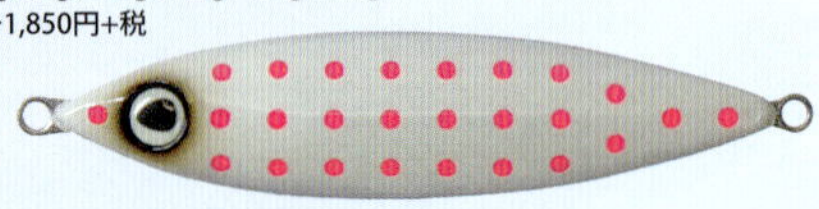

On Shore

ショアジギ界の旗手　カルティバ 撃投ジグ
ショアジギングの代表的なモデル。強度、アクション、引き抵抗の軽減を求め、SUS鋼パネルをフォルムカットした独自のタフボーンをボディーに貫通。耐久性にすぐれた高密度ホログラムと相まって岩などに当たっても破損しにくく非常に頑丈。尖ったヘッド形状とサイドエッジにより引き重りせず、キレのあるダートローリングとフラッシュでアピールする、センターバランス設計
- サイズ:25g、40g、65g、85g、105g、125g
- 価格:本体800～1,450円＋税
- オーナーばり

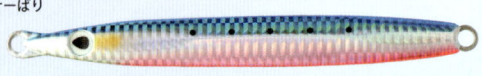

ボトムを集中攻撃　カルティバ 撃投ジグウルトラスロー
一定層を探りやすいワイドタイプのジグ。ジャーク時の移動距離が一般的なジグの半分以下に抑えられており、レンジをキープしやすいのが特徴。特にボトムエリアの攻略を得意とし、底層をしっかりとリトレースすることができる。独自の幅広ボディーとシャープなエッジ形状が、スローかつ振り幅の大きい水平フォールを生み出す。タフボーンを内蔵。バランスはフロント寄り
- サイズ:40g、60g、80g、100g、120g、150g、200g
- 価格:本体900～1,850円＋税
- オーナーばり

ショアでもスロージギング　カルティバ 撃投ジグレベル
オフショアの世界ではすでに実績を上げているスローコンセプト。それをショアでもできないかと考え、誕生したのがコレ。タメのきく水平フォールを実現し、よりスローな操作が可能になった。フロント寄りに設定したウエイトバランスが水平姿勢を保ち、ボディー側面のセンターキールが沈下時にピッチの細かいローリングを生み出す。フォール性能に目がいきがちだが、遠投性も秀逸
- サイズ:30g、40g、60g、80g、100g、130g、180g、230g
- 価格:本体850～2,000円＋税
- オーナーばり

飛距離に特化した遠投仕様　カルティバ 撃投ジグエアロ
『撃投ジグ』シリーズのなかで唯一リヤバランス設計を採用したキャスティング仕様。矢羽根のように空気抵抗を整えるエアロアイとの相乗効果で、遥か沖までカッ飛んでいく。また、レスポンスにすぐれ、軽いジャークにも素早く反応してよく動く。さまざまなジャークパターンに対応できるのでビギナーでも扱いやすいだろう。タダ巻きでは「ぐるぐるっ」と泳ぐ。タフボーンを内蔵
- サイズ:30g、40g、60g、80g、95g
- 価格:本体850～1,250円＋税
- オーナーばり

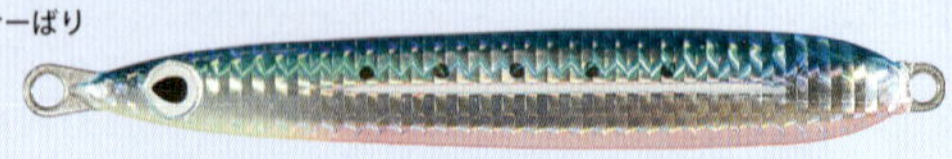

最強のタングステンモデル　カルティバ 撃投ジグTGエッジ
『TG』とはタングステンの略。「ジャークしても動かない」「尻下がりで沈む」など、従来のタングステン製ジグの弱点を克服。独自のフォルムデザインとフロント寄りのウエイトバランスにより、鉛並みのアクションと水平フォールを手に入れた。高比重かつコンパクトな形状は遠投性能や沈下性能にすぐれ、沖のナブラや水深のあるディープゾーンの攻略はお手のもの
- サイズ:40g、60g、80g、100g
- 価格:本体2,200～3,800円＋税
- オーナーばり

錆びに強いステンレス製　サスライダー
素材にSUS304ステンレスを採用したジグ。耐食性にすぐれ、海でガンガン使っても錆びにくい。ステンレスの特性を活かしたスイミング性能にも注目。トゥイッチを加えると強烈なダートアクションを起こし、水中ではヒラヒラとしたフォーリングでバイトを誘う。カラーはアルミシルバー、ラメシルバー、ラメゴールド（写真）、レッドヘッドブラック、ブルーヘッド、ピンクヘッドの計6色
- サイズ:28g、45g、70g
- 価格:本体800～1,300円＋税
- ネイチャーボーイズ

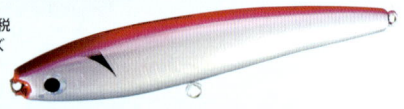

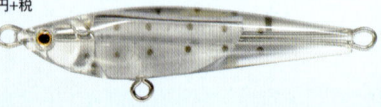

Off Shore/Casting

好レスポンスのウッド製　サーフィッシュ ボローニア
硬質木材のハンドメイドボディーを採用したペンシルベイト。フラットヘッドのマウス部で水を受けるため、トップビギナーでもチョッピングアクションを演出しやすい。両サイドが平らな3Dカッティング形状により、ファーストジャークでは左右への連続ドッグウオークと強烈なフラッシング、スローでは大きなスライドを発生。推奨フックサイズは#4/0、フローティング
- サイズ:220mm105g
- 価格:本体6,800円＋税
- ネイチャーボーイズ

奇麗な流線型ボディー　ゼッツ ギグ 100/115S
美しいシェイプが目をひくリップレスシンキングミノー。海アメ、海サクラフリークにおなじみの『100S』は2014年にリニューアルし、ベリーのフックアイにローリングスイベルを内蔵したアンチフックアウトシステムを装備。青もの仕様の『115S』はヘビー＆低重心ウエイトが生み出すロールを伴なった水平フォールが武器。そのさまは、まるで弱ったベイトが沈下していくようだ
- サイズ:100S＝100mm28g、115S＝115mm45g
- 価格:100S＝本体1,600円＋税、115S＝本体1,800円＋税
- アングラーズリパブリック

業界初のクリアソリッド樹脂ボディー　チアロ 80/100/140
ルアーのサイズは小さく、それでいてアピール力が強い。この相反する問題をクリアすべく、この分野で初めてボディーにクリアソリッド樹脂を採用したペンシルベイト。船ベリなどにぶつけても破損しない強度と柔軟性を兼備した独自のマテリアルは素材自体に透明感があるため、よりベイトに近いアピール力を秘める。全長80mm、100mm、140mmの3サイズ計6アイテムをラインナップ
- サイズ:80mm25g、100mm30g/45g/65g、140mm40g/55g
- 価格:本体2,200～3,800円＋税
- セカンドステージ

開発に約2年を掛けた自信作　JOKER
2015年5月に発売を開始したダイビングペンシル。青ものの本場、和歌山や九州で実釣テストを繰り返し、製品化に約2年を掛けた自信作。テストではブリはもちろん、ヒラマサやマグロの釣果もあり、実績は文句なし。専用設計の硬質発泡樹脂マテリアルを使用し、ダイブしやすくやや斜めの浮き姿勢を保つように設計されている。今後、140mm、180mm、240mmをリリース予定
- サイズ:210mm100g
- 価格:本体7,200円＋税
- セカンドステージ

性格の異なる2モデル　チョビ トゥイッチ SLO/HVY
フィン状のテールを備えたリップレスシンキングミノー。スローシンキング仕様『SLO』とヘビーウエイト設計『HVY』があり、前者はナブラやベイトボールをねらうためのサブサーフェス用。安定した飛行姿勢で正確なキャストが可能。後者はカウントダウントゥイッチャーとのサブネームをもち、潮目の中に潜むターゲットの目の前までルアーを送り込み、バイトを誘うためのモデル
- サイズ:110mm28g/40g、130mm45g/70g、180mm90g/140g
- 価格:本体2,800～4,800円＋税
- ジーエル工房

キビキビとした動きが身上　GT ハリアー ベイビー / タイニー
同社を代表するフローティングタイプのペンシルベイト『GTハリアー』の小型版。巻くだけでテールを振って泳ぎ、トゥイッチを加えると素早く横を向くアクションは踏襲しつつも、よりキビキビと動かせるようになった。無吸水の樹脂を使い、中空部を排除したハイブリッド構造は内部に浸水する恐れがなく、半永久的に浮力を維持できる。浮力が高いため大型フックを装着できる
- サイズ:ベイビー＝125mm30g、タイニー＝145mm52g
- 価格:ベイビー＝本体2,800円＋税、タイニー＝本体3,000円＋税
- ヤンバルアートクラフト

北の大地にオススメ！ 専用タックルガイド99　LURE ルアー

計算されたロングボディー　LV-2

扱いやすさや釣果を求めて導き出した独自の形状が特徴のロングジグ。緩やかにベンドしたトライアングルシェイプとニュートラルなアクションを生み出すセンターバランスを採用し、水中で軽く強弱をつけるだけでヒラヒラ→ギラギラと泳ぎが変化する。センターバランスの特性を活かし、あまりテンションを掛けずに落とし込み、時々ロッドをあおって踊らせるように誘うのも有効

- ●サイズ：105g、130g、170g、220g、270g、400g、500g
- ●価格：本体1,800〜4,800円+税
- ●ジーエル工房

珍しい肉薄フラットボディー　スワンガー

『サスライダー』同様、ボディーにステンレスを使ったジグ。特徴は何と言ってもまるで板のように薄く平べったく成型したボディー。この独特な形状により、スローに巻くとヨタヨタとテールを左右に振り、ミディアム〜ファーストでは不規則なヒラ打ちを見せる。カラーは、サクラマス、ベイビーサーモン、ノースオレンジ（写真）など、バーマークが入った北海道仕様もラインナップする

- ●サイズ：32g　●価格：本体800円+税
- ●ネイチャーボーイズ

左右で異なるフラッシング　ブルーグラス

キャスティングモデルならではの飛距離と使用感を備えたジグ。ボディーはベイトフィッシュライクな細身のフォルムを採用した左右非対称型。片面はエッジの効いた直線的なデザインで、もう片面は緩やかな曲線を描き、左右で異なるフラッシングを生み出す。フックはさまざまなシチュエーションやアクションに対応すべくトラブルの少ないショートタイプのアシストフックを装備

- ●サイズ：84mm28g、92mm35g、104mm42g、125mm60g
- ●価格：本体900〜1,200円+税
- ●ジィズ

ボリューミーなファットボディー　ゼッツ スメルトダックス

太くて重い"マッシブボディー"を採用したハイアピールジグ。レスポンスに影響を与えないギリギリまでショート化したファットな形状が特徴。遠投＆沈下性能にすぐれ、巻くだけでテールをブリブリと振りよく泳ぐ。独自のシンヘッドのお陰で引き抵抗は小さく、V字に成形したウェッジテールが安定した飛行姿勢をもたらす。フラッシャー付きアシストフックとトレブルフックを装備

- ●サイズ：50mm20g、55mm30g、60mm40g、70mm60g
- ●価格：本体660〜820円+税
- ●アングラーズリパブリック

ショアジギ専用色　チャクラジグ デルタ スペシャルリアルカラー

P111のオフショアジギングのページで紹介している『チャクラジグ デルタ』に、ショア向けのカラーリングを施した専用モデル。カラーはベイトフィッシュライクなリアル系の4色をそろえた。いずれも、シルバーベースで、写真のブラックのほか、ダークブルー、ダークグリーン、ダークブラウンをラインナップ。この釣りで使用頻度が高い60gと80gで展開する

- ●サイズ：60g、80g　●価格：60g＝本体1,480円+税、80g＝本体1,580円+税
- ●ヤンバルアートクラフト

バーチカルにも対応する二刀流　ゼッツ ブギーウォークスメルト

キャスティングはもちろん、オフショアのバーチカルジギングにも対応するオールラウンドモデル。ショートジャークで見せるキレのあるスライドアクションが持ち味。水を切り裂くサイドエッジがジャーク時にスムーズな滑走を促すと同時に、ボディーが水平方向になると強烈なフラッシングを多方面に拡散する。センターバランス設計ながら、安定した飛行姿勢で飛距離を稼ぐ

- ●サイズ：64mm20g、73mm30g、77mm35g、82mm60g、93mm60g、102mm80g
- ●価格：本体660〜920円+税
- ●アングラーズリパブリック

ブリにはアルミ貼りカラー　カブキメタル 35/30CS

帯広市の小島一郎さんが製作するハンドメイド品。本来は海サクラ、海アメ用に作られたものだが、2014年シーズンはショアブリの釣果が相次ぎ、フリークの間で話題になった。特に有効だったのが『35』で、写真のアルミ貼り仕上げのグリーンバックカラーでよく釣れた。使い分けはタダ巻きが基本で『35』はキレのある泳ぎ、『30CS』は激しいアクションが持ち味。ともに重心はリヤ寄り

- ●サイズ：35＝90mm35g、30CS＝70mm30g
- ●価格：35（ホログラム）＝本体1,278円+税、35（アルミ）＝本体1,417円+税、30CS＝本体1,250円+税
- ●コジマクラフト

ショア×スロージギング　ゼッツ スローブラットキャスト スリム/ワイド

オフショアで注目されているスロージギングをショアに取り入れた"ショアスロー"という発想のもとに誕生したニューコンセプト。『スリム』は沖のナブラや急深エリアを攻略するためのモデル。レスポンスを優先したセンターバランス設計。幅、厚みが増した『ワイド』は魚が近いときや遠浅のフィールドにマッチ。バランスはテール寄り。ともに、フロントとリヤに専用フックを装備

- ●サイズ：30g、40g、60g
- ●価格：本体820〜920円+税
- ●アングラーズリパブリック

スリム
ワイド

全道で引っ張りだこ　Aive

コンパクトで飛距離を稼げるジグをめざし、帯広市の佐藤博之さんが製作。引き抵抗を大きくすべくフロント部に厚みをもたせ、浮き上がりを抑えるためにラインアイを横にしている。現在、3サイズを展開しており、21gと30gは水噛みを重視し重心をセンターに配置。最もヘビーな40gは遠投性を高めるために重心位置を中央よりやや後方に設定。いずれもタダ巻きで充分アクションする

- ●サイズ：52mm21g、60mm30g、74mm40g　●価格：本体1,460円+税〜
- ●M.S.T.ハンドメイドルアーズ

投げてよし、落としてよし　キャスティングヤイバ

同社の代名詞ともいえるオフショア用モデル『セカンドジグ ヤイバ』のコンセプトはそのままに、キャスティング向けのサイズに設定。ダウンサイジングしているが、偏平ボディーが生み出す波動や引き心地の軽さなど、『ヤイバ』譲りのアクションは健在。船のバーチカルジギングにも対応しており、突如ナブラが発生したときはそのままキャストすればOK。2015年8月発売予定

- ●サイズ：70g、100g　●価格：未定
- ●セカンドステージ

早く試したい最新作　牛若丸七〇式

札幌市内の義経工房がショアのキャスティングやライトジギング用として今期発売を予定している最新作。ややボ幅広のきいた形状は水噛みがよく、ジャークを加えるとトリッキーなヒラ打ちを見せる。一方、沈下時はスパイラルフォールでアピール。カラーは赤金や青桃などのスタンダードカラー12色のほか、季節限定色やショップオリジナル色などを展開。センターバランス設計

- ●サイズ：110mm70g
- ●価格：未定
- ●義経工房

アカキンとブルピンがオススメ　イボンヌ

海アメの岡さんこと、岡貞光さんがショアブリも視野に入れて開発。ベースは島牧の海アメ用としてリリースした遠投仕様のヘビージグ『AT80』。キャスティング＆ジャークフォールモデルという位置づけで、ジャーク＆フォールを加えるとロール+ウオブリングアクションを見せる。カラーはアワビ貼りを含め5色あり、そのうちアカキンとブルピンク（写真）がショアブリを意識したもの

- ●サイズ：60g、80g　●価格：本体1,300〜1,800円+税
- ●岡クラフト

美味しく食べ尽くそう 読んだらおろせた！

剛力をいなして無事キャッチしたら、釣り場で血抜きをしっかり行ない、帰宅後は愛情をもってさばきたい、料理までを木越さんが解説。

解説◎木越真周（札幌市在住）
Comments by Masanari Kigoshi

ブリを美味しくいただくには血抜きが欠かせません。かわいそうでも魚のため、美味しく食べたい自分のため、迅速な処理をして素早くあの世に行かせてあげてください。血抜きをすることで魚の身の鮮度、食味は飛躍的に上がります。血抜きをしないで死んでしまった魚は、死ぬまでにクーラーボックスなどの中で暴れまわって身崩れを起こし、血が体全体に回って生臭く鮮度ももちません。命を奪った以上は美味しく、そして無駄なく食べてあげましょう！

ところで、血抜きの前にやっておいたほうがよいのは、脳天をピックで突き刺して脳死させること。これをすることによって魚が暴れず、ぶつかった部分が内出血を起こすこともありません。安全に血抜きをすることができます。

血抜きはまず、エラと胴体の間の膜を切った後、尾ビレの付け根も同様に切り落とします。ただ、尾ビレを完全に切り落とすとさばきにくくなるので、残しておいたほうがよいでしょう。また、最近は神経締めを行なう人が増えています。神経締めをすることで死後硬直を遅らせ、魚の鮮度を維持できます。神経締めの道具は釣具店で入手可能。写真で解説しているほかに、目と目の間から専用のワイヤを背骨に沿って通す方法もあります。

その後は、海水を入れた魚槽などに魚を漬けておけば血抜きはバッチリ。なお、クーラーボックスに入れて持ち帰る際は、魚体を直接氷に当てるのはNG。氷の温度によっては、表面が身焼けすることがあるからです。氷の上に海水で濡らした分厚い新聞紙を敷いて置くか、魚を大型のビニール袋に入れて置きましょう。

用意するもの ｜ よく切れる出刃包丁と柳刃包丁、布巾、スプーン、作業用手袋（ホームセンターで買える『テムレス』がおすすめ。とても楽に、かつ安全にさばける）

必ず血抜きを！

尾ビレの付け根の切り口から、背骨の上に見える小さい穴にワイヤを差し込んで脊髄を破壊する

エラと胴体の間の膜を切り、エラと心臓の間にある血管を切る。ドバッと血が出たら、血管が切れた証拠

目の指2本分くらいのところに脳みそがある。目の中心線の指2本分後ろにピックを刺す。脳みそに当たれば確実に動きは止まる

さばき方の手順

今回用意したのは、上ノ国産のブリ9kgです。
このサイズに合ったまな板があるとベターですが、ない場合は
テーブルの上に新聞紙を厚く敷き、まな板をうまく使うとよいでしょう。

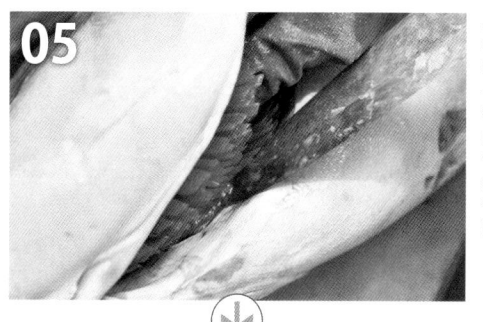

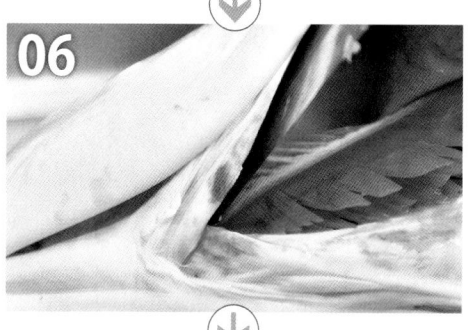

05 エラを除去します。エラの3分の1から上は胃袋がつながっている。その下から出刃包丁を入れていきます。エラは八の字状なので、エラ下の付け根に包丁が当たったら、付け根をまとめて切るよう、垂直に包丁を入れます

06 うまくまとめて切れたら、エラの縦部分を包丁の切っ先でスパッと切ります。ここまでエラ下の付け根がくっ付いていれば、後の作業はとても楽

07 お腹を開きます。慣れた方なら、肛門を傷付けないようエラの部分から切るのですが、今回はやりやすいよう、肛門から包丁の切っ先を入れてお腹を開いていきます

08 あごのところまで包丁を入れたら、あごの付け根を包丁の切っ先でカットします

09 お腹を開きます。見事にエラ下がつながっていますね(ドヤ顔)。エラ付近に膜があるので、それをカットしつつ開くと奇麗にいきます。ここで注目したいのが、自分の中指の先にある臓器、心臓です。釣りあげた後、ピックで脳死させ、この心臓の管とエラをカットすると、脳死したまま心臓から血がドバドバ出ます。カットする部分を覚えておくと、血抜きが分かりやすいです

01 ブリが青もの臭い!と思う方、それを根底から覆します!青臭さの原因はウロコ。今回は柳刃包丁を使用し、すき取りという方法でウロコを除去します。まず、ウロコを取りやすくするよう、すべてのヒレを取り除きます。ヒレ自体を出刃包丁で切ろうとすると、非常に切れづらい。少し深めのところから切り取り、ヒレと骨の間接部分を切る感覚でやると、スパッといきます。写真は尻ビレ、背ビレや胸ビレなども除去しましょう

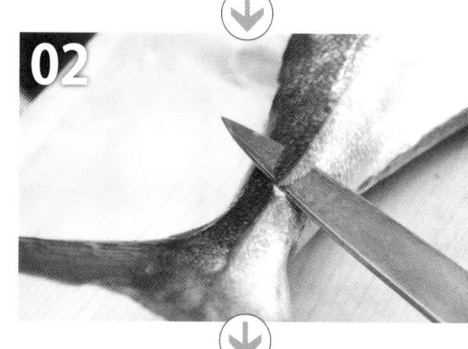

02 柳刃包丁でウロコをすき取ります(個人的に一番ブリの美味しさを左右する作業)。尾ビレの出っ張った部分(キールという)から包丁を入れると、すき取りしやすい。よく切れる柳刃だと、ウロコの付け根ごと剥ぎやすい

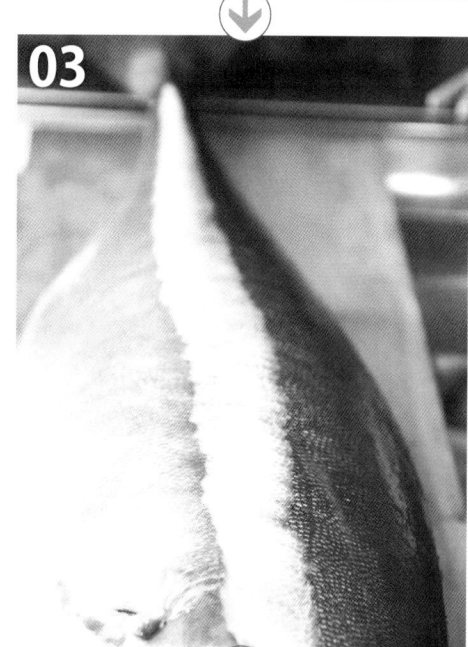

03 キールからエラのところまで一列すき取った状態。背の身の部分と色が違うのがよく分かります。金タワシやウロコ取りだけで除去した場合は、どうしても青臭さが残ります。上身と腹身、すべてのウロコを除去します

04 すべてのウロコを除去した状態。んも〜、この状態で脂が乗っているのがよく分かる♡

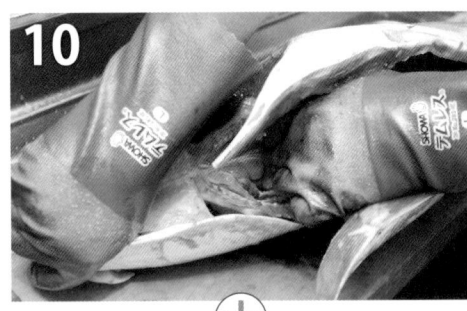

さばき方の手順

10 右手で口の裏側から親指を差し込み、左手でエラの真ん中にある胃袋の穴の中に指を差し込み、エラを「エイッ!」と引っ張り、エラの上の部分を剥がします。女性の方でしたら、あらかじめ包丁で付け根を切っておくとよいでしょう

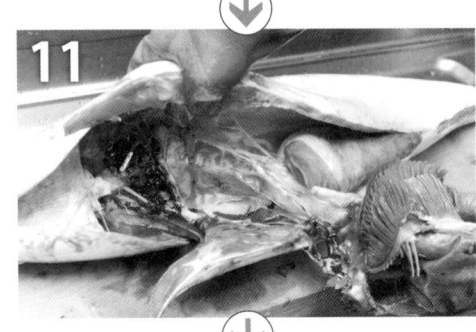

11 エラごと、内臓がすべて「ズボッ!」と抜けます

12 血抜きが上手にできているので、ほとんど血まみれになっていません。血抜きが失敗していると、あたりは血の海……

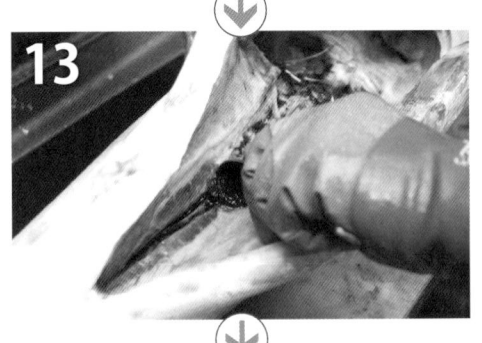

13 内臓を除去しないと取れない部分、血合い(人間でいうところの腎臓)を取ります。包丁で幕を切り、スプーンでほじり取ります。首のところに何本か筋が通っていますが(右上)、この辺りにけっこう血合いが溜まっています

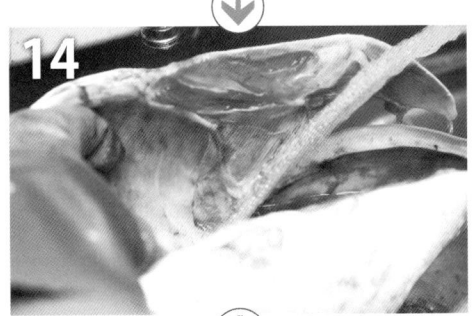

14 流水で血をよ〜く洗い流します。その後、布巾で残った血をよくふき取ります。ここが刺身を美味しく食べるためのポイント!

15 ブリの頭が切れない!と悩んでいる方は多いのではないでしょうか。じつはとっても簡単。包丁の先っちょに関節があるのが分かると思います。ここに包丁を当てれば、出刃包丁でなくともスパッと切れます!

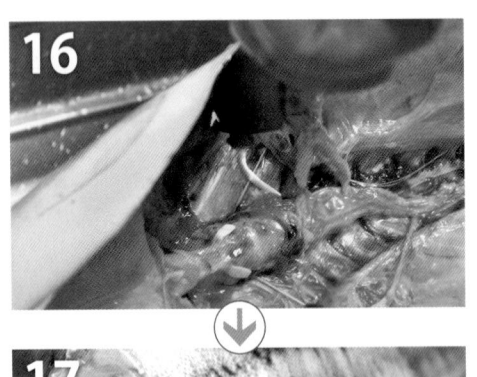

16 首の付け根から、15の関節に目掛けてスパッと切るだけ! 先に関節だけを切ってもよいでしょう。先に切る際は、包丁の柄(つか)を使うと安全です

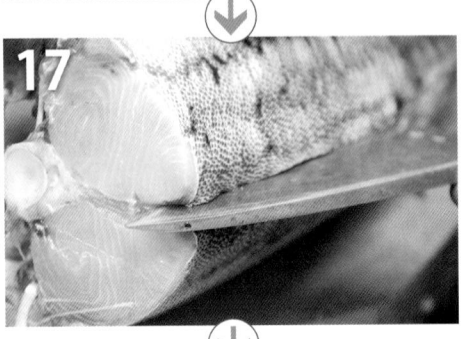

17 いよいよ三枚おろしです。まず、皮だけを切り、包丁の道筋をつけましょう。背骨部分は骨尾の境界線から、ヒレの切り口に向かって切れ目を入れていきます

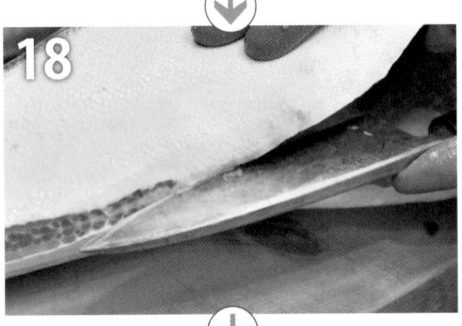

18 腹側も肛門のところから、ヒレの切り口に向かって包丁を入れていきます

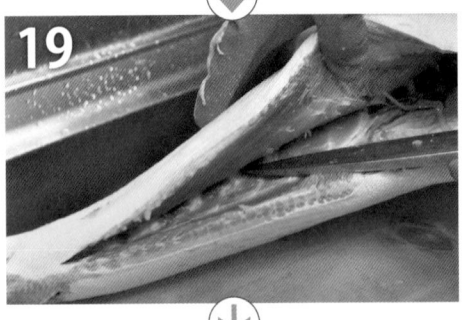

19 背骨に沿って包丁を入れると、切っ先に脊椎骨(ご存じ、背骨の一番太い部分)が見えてきます。脊椎骨の上まで行ったら、一度包丁を止めます

20 背の身も同様に、背骨沿いに包丁を入れていきます。腹骨(正確には肋骨)の上まで切り、脊椎骨の上まで来たら、腹骨から尻ビレまでは腹身のほうと貫通します

21 腹骨を、包丁の柄を使って頭のほうに向かって切り取ります。じつは脊椎骨と腹骨には関節があり、そこにうまく当たれば、簡単にペリペリと切れます!

116

さばき方の手順

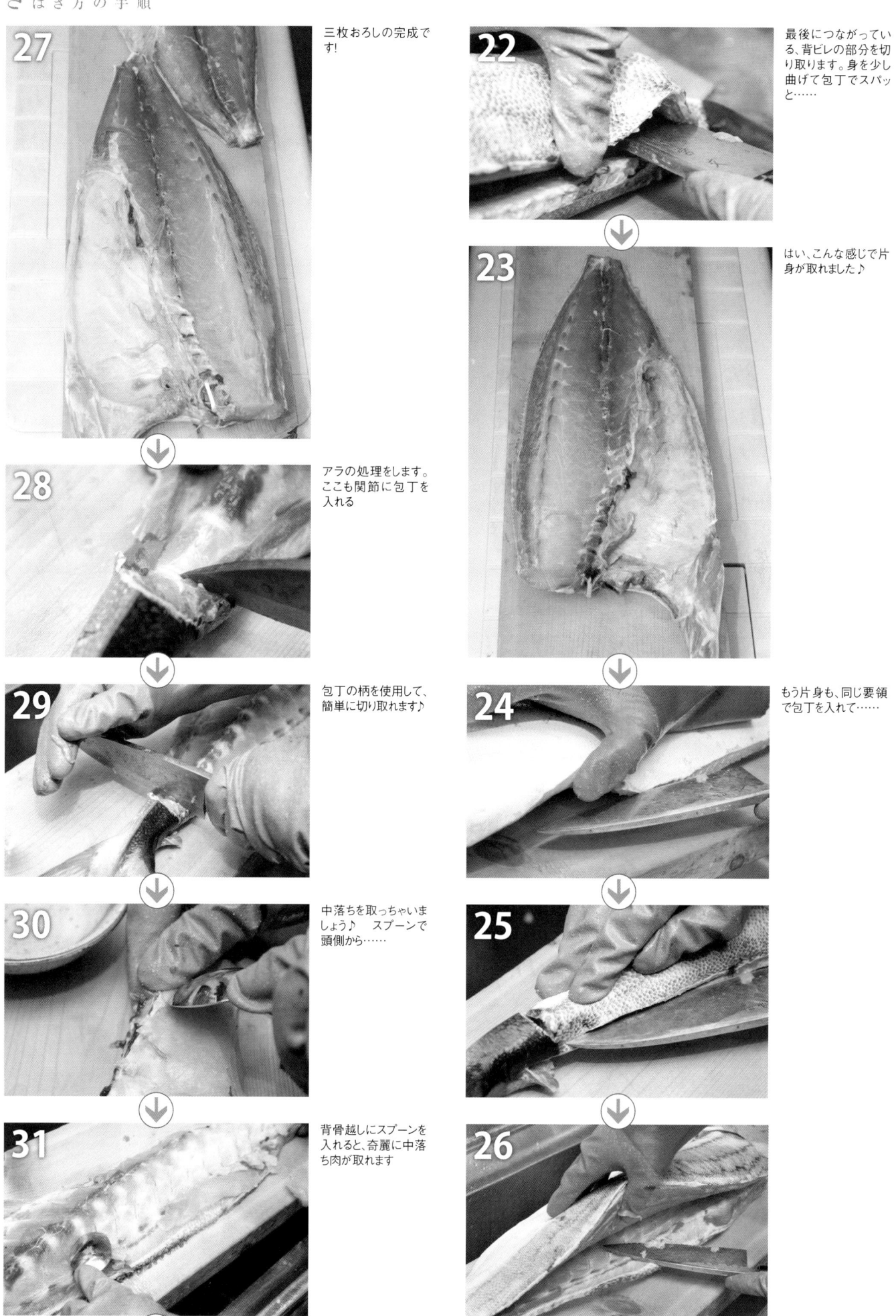

22 最後につながっている、背ビレの部分を切り取ります。身を少し曲げて包丁でスパッと……

23 はい、こんな感じで片身が取れました♪

24 もう片身も、同じ要領で包丁を入れて……

25

26

27 三枚おろしの完成です!

28 アラの処理をします。ここも関節に包丁を入れる

29 包丁の柄を使用して、簡単に切り取れます♪

30 中落ちを取っちゃいましょう♪ スプーンで頭側から……

31 背骨越しにスプーンを入れると、奇麗に中落ち肉が取れます

さばき方の手順

32 我が家では、中落ちがほとんど食卓に並びません。おろしている最中に自分が食べちゃうから(汗)

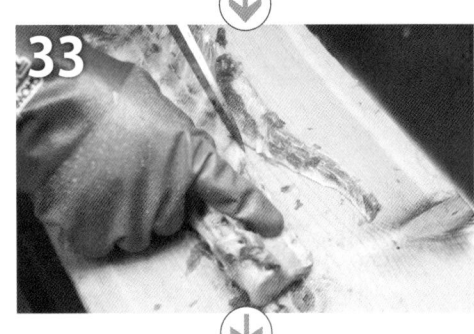

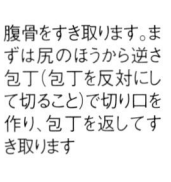

33 アラ炊きやブリ大根をするのにも、さすがに背骨がでかい。背骨とヒレを支える骨(担鰭骨)を切り取ります

34 脊椎骨も関節越しにカットします

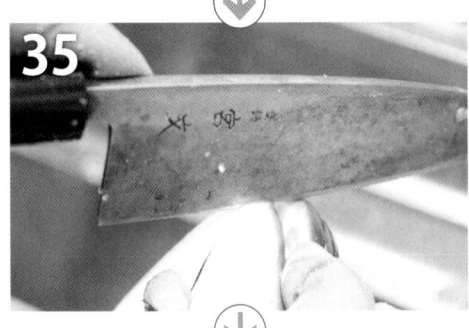

35 頭を半分に切ります。包丁の柄で、頭の頂点に当てます。骨格はうまくできているもの。当たれば、驚くほど簡単に切れます

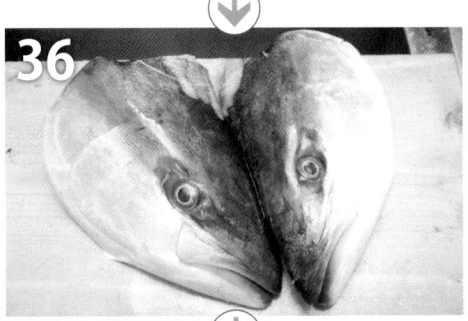

36 すっぱり切れました！ここもブリの旨みが凝縮しています

37 カマをカットします。腹ビレから背の頂点まで贅沢に切ります

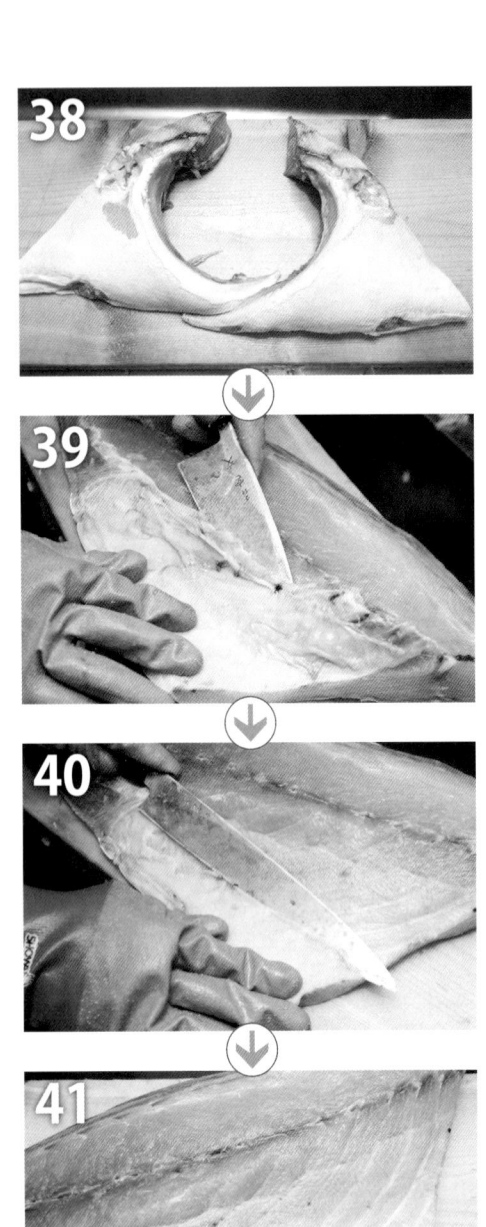

38 脂の固まり、ブリカマ。あらかじめヒレをカットしておけば、焦げることなく美味しい塩焼きができます

39 腹骨をすき取ります。まずは尻のほうから逆さ包丁(包丁を反対にして切ること)で切り口を作り、包丁を返してすき取ります

40 気になる人は、トロのところの薄皮も取っちゃいましょう

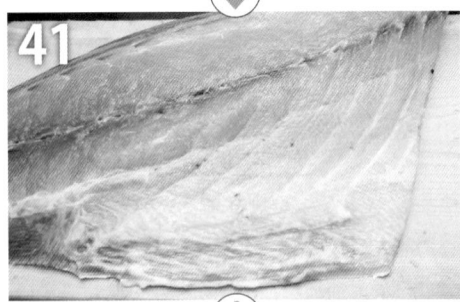

41 すごい脂のトロ。新鮮なブリトロは、口の中でシャーベットのように溶けます

42 さく取り(刺身用にカットすること)します。半身の間(上身と腹身)には、中骨が走っています。中骨のすぐ上から切り離していきます。この辺りから尻ビレまでは血合い肉が多い

43 腹身も中骨から切り離していきます

118

さばき方の手順

50 大きいブリなので、上身はまた半分にカットします

51 背トロ（ヒレに近い上身）のほうは、バーナーであぶりにしちゃいます。ウロコをそぎ取ったからこそできる、絶品の珍味。脂ジュワジュワ〜！

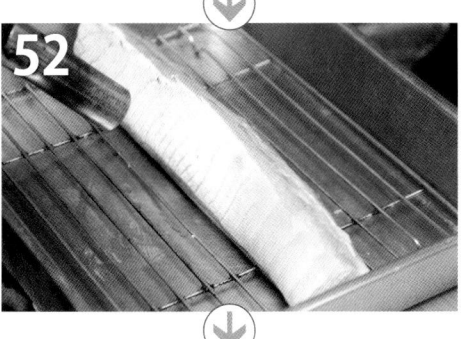

52 身のほうもあぶって、旨みを封じ込めます

53 あぶったら、氷水で一気に冷やしましょう。冷やすことによって、雑菌の増殖を防ぐことができます

54 さく取りした、9kgのブリの身。ほとんどにさしが入って、うんまそ〜！

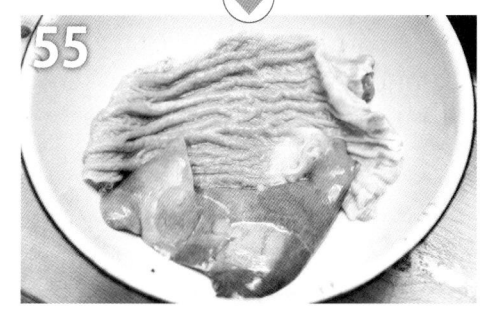

55 内臓から取った、胃袋と肝臓。ひと口大にカットして、山椒を利かした煮付け、ソテー、ブリ大根と一緒にどうぞ。とも合えも美味しそうですね

44 血合い肉はアラ、ブリ大根になる。ひと口大にカットします

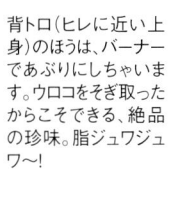

45 ブリのアラ。ここにも旨みが凝縮されています

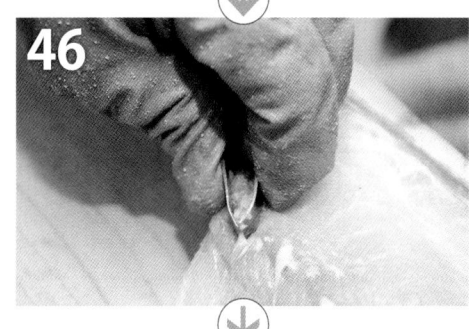

46 大きな切り身でソテーなどを楽しみたい場合は、中骨を骨抜きでカットしてから調理しましょう。ちなみに、新鮮なほど取り除きにくいです

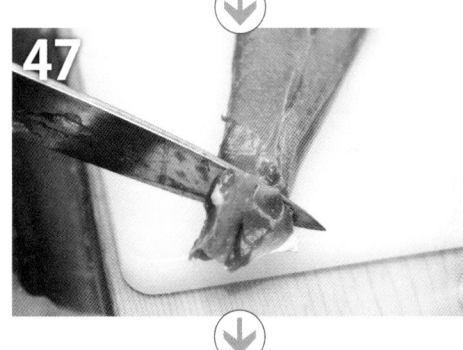

47 皮を削ぎます。まず、皮をつかむ部分の肉を少し残して包丁を入れ……

48 柳刃包丁をできるだけ寝かせ、皮を剥いでいきます。脂が乗っていればいるほど、皮は剥ぎやすい。このときに、どれだけ脂を身に付けるかがポイント

49 何ということでしょう、すごい腹身の脂の量！

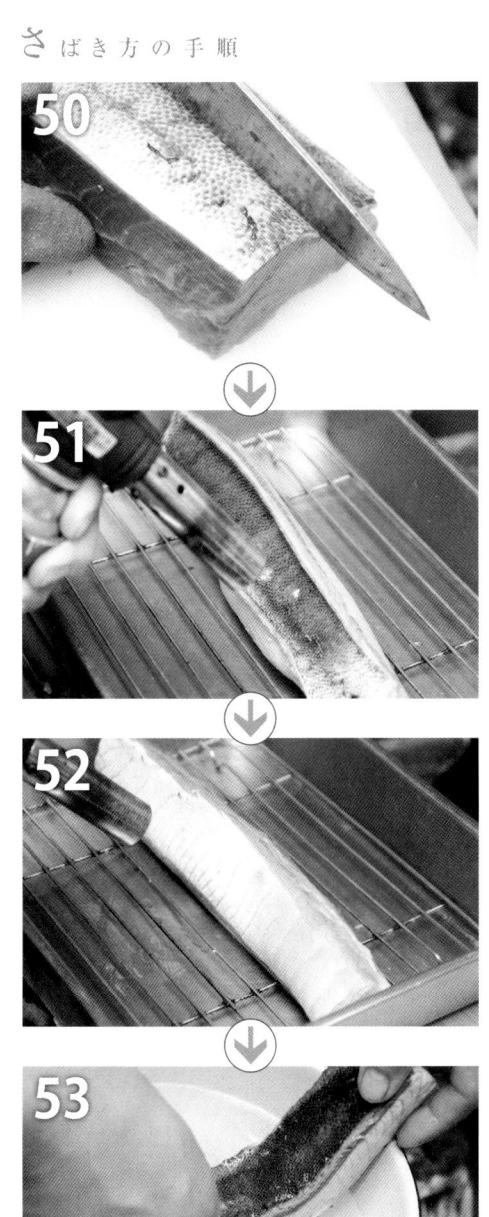

末広がりの八品（はっぴん）

皆の幸せな笑顔が見られる

活締めしたブリをいただけるだけでなく、各部位を一度に味わえるのも釣り人の特権。いい釣りをした後は、家族や仲間でワイワイやりながらいただこう！

01 刺し身

道内沿岸産のブリは、今ではスーパーでも普通に並んでいますが、活締めのブリを買おうとすると、けっこうな値段。しかも、専門の鮮魚店でしか、ほとんど手に入りません。釣りに行けていないとき、耐え切れずにスーパーでブリを購入しましたが、活締めの味を知っている私にとって、とても残念な味でした……。しつこいようですが、血抜きはしっかり行なってください！

さて、背トロ・背の身のあぶり（ここで、わざわざウロコをすき取りする意味が出てくる）・中トロ・大トロを一挙に食べちゃいましょう！ 大トロはわざと角切りにしてみました。口に入れて体温になじんだ瞬間、「ひゅっ」となくなる感覚を味わうためです。しかし、テカテカしていますね～。本当に脂の乗っているブリでした。

02 ブリ丼

刺し身で美味しい魚はもちろん、「メシに合う！」（孤独のグルメ／井之頭五郎『当たり前だ』）。このような美味ネタをメシに乗っけない手はありません。握りにしようかと思ったのですが、手っ取り早く（じつは早く食べたかった）丼にしました。ちなみに、青じそは自家製。しそを置いた真ん中に、中落ちを落としています。

03 ブリしゃぶ

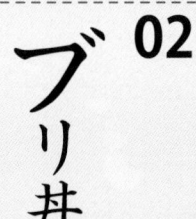

こんなにいいブリを手に入れた日は、どんなに暑くても「ブリしゃぶ」をやりたくなります。写真を見てください。こんな照りの出たブリの切り身を見て、しゃぶしゃぶにしないわけにいかないでしょう。タレは一般的な味ポンではなく、ぜひ柑橘系のポン酢でお試しください。そして、ここでもウロコをすき取りした意味が出てきます。断トツに味が違います。何といってもブリしゃぶは、皮付きに限ります。皮なしと比べてください。

普段釣りばっかり行って肩身の狭くなっているお父さん。鍋将軍になって威張れるチャンスです。ブリの切り身は火の通り加減が重要。どうだ、お父さんが釣ったブリだといわんばかりに「ほら、ひっくり返して！」、「まだ、早～い！」と、このときばかりは威張り返しましょう。

04 カマ焼き

ブリのカマを見ながらいろいろ考えてみたのですが、やはり「カマ焼き」が一番でしょう。たいしたコツはそんなにありませんが「いい塩を使うこと」。そして「塩をしてから30分は置くこと」を心掛けましょう。余計な水気をふき取り、あとは遠火の強火で焼くだけ。下ろしポン酢で食べるのも、アクセントがあっていいかもしれません。

05 ユッケ丼

刺し身が食べきれなかったときに、また刺し身にした切れ端・中落ち・刺し身だとちょっと血生臭い尾の身をどうしようか？と思ったときに、ひらめいたレシピです。

これも簡単。余った材料をすべて角切りにし、ワケギ適量と合え、ごま油ちょっと・卵の黄身1〜2個・しょう油とみりんで調味しただけ。これを白飯に乗っけて、海苔を散らし、後はかっ込むだけ。キムチを乗っけたら、スタミナユッケ丼ですね！

06 ブリ大根

ブリ大根でネット検索してみると「圧力鍋」とか「簡単」とか「切り身を使う」とか……違うんですよ！これまでのも手抜きしていませんよ（いえ、これまでのも手抜きしています）。

まずは大鍋3分の2くらいにコンブ出汁を取ります。話はそれますが、和食を世界文化遺産に登録させた功労者、村田吉弘さんによれば「コンブ出汁のでき上がり」。これだけ。いろいろご意見はあると思いますが、うちには化学調味料はありません。

その間に、おろした後のアラなどを霜振り（湯にくぐらせて血、臭みを抜くこと）します。30分ほど丁寧にすくい取りましょう。コンブ出汁ができ上がったら出汁の温度を上げ、霜降りしたアラを入れます。ここでどうしても灰汁が出てきます。そして、先ほどの大根を入れ、しょう油・みりん・日本酒をすべて等量の割合で投入。味を見て「少し薄いかな？」という塩梅がちょうどいいです。煮込むことにより、骨の髄液と調味料が相まって、何ともいえない滋味が出てきます。ここで食べても美味しいのですが、ひと晩置いてみましょう。余熱で味がしみ込み、大根にブリの味がすっかり移ります。旨み系の日本酒がピッタリ。では、いただいてください！

07 ハーブグリル

どうしても、青もの臭くて食べられない！という人に試していただきたいレシピです。ブリの切り身に塩コショウをし、バットに載せます。お好みの生ハーブ（今回はタイムやローズマリー、スイートバジルを使用）を切り身の上に置き、30分ほど冷蔵庫で寝かせます。

その間に、フライパンでニンニクソースを作ります。ニンニク（適宜）は皮を剥いて輪切りにし、鷹の爪1本は頭を千切って種を取ります。フライパンにオリーブオイルを入れ、ニンニク、鷹の爪を入れて弱火にかけます。じっくりと熱し、鷹の爪が黒くなり始めたら取り出し、ニンニクはキツネ色になったところで取り出します。

冷蔵庫からブリの切り身を取り出し、切り身を焼きます。半身が焼けたらひっくり返して、そこにハーブを入れてフライパンに蓋をし、蒸し焼きにします。通常、ソテーの場合は魚の臭いを飛ばすために蓋はしませんが、今回はハーブの香りを全体に回るように蓋をします。蓋を開け、箸で触って弾力が出てきたら火は少し弱めに。ハーブごと盛り付けし、ニンニクと鷹の爪を飾りに乗せて、いただきましょう。

08 胃袋と心臓のソテー

取り出した内臓まで、徹底的に食べちゃいましょう！胃袋は両面を包丁で念入りに粘液を掻き出し、一度よく洗います。洗った胃袋を口大に切ります。心臓は中に血が残っているので、流水の中でよく揉みながら血を除去し、ひと口大にスライス。心臓・胃袋ともに塩コショウしておきます。

フライパンに「ハーブグリル」で紹介したニンニクソースを作り、心臓・胃袋をソテーします。最後に血生臭さを取るため、赤ワインでフランベして完成！酒に合う一品です。

ブリ遊漁の草分けが語る
草創期の釣り

1990年代後半に突如、道内を駆け巡った「ブリが釣れた！」という情報の発信源は、
津軽海峡に面した函館の住吉漁港から出る一艘の船だった。
まだオフショアジギングという言葉が知られていない時代、
ブリを追い求めたアングラーは皆、『第十八金龍丸』に乗り込んだ。

—— 遊漁を始めたのはいつからですか？

1998年。きっかけは、バブル期、ヒラメ（笑）。今、全道的に釣り船が増えているでしょう。昔の自分と同じような考えだと思う。バブル崩壊でしょう。昔の自分と同じような考えだと思う。バブル期、ヒラメの単価は1kg＝1万8000円～1万5000円、自分は最高で1万8000円というのがあった。とすると、朝晩で3kgクラスのヒラメを1尾ずつ釣れればいい。まだ養殖が始まった頃だから、そんなとんでもない値段になった。

景気のいい時代が2～3年続いたあるとき、タクシーの運転手が「おかしい」って言うんだ。何がおかしいのと聞いたら、お客さんの財布の紐が固くなっている、と。そういうときには、自分はそこそこ二本釣りで行っても1万円にしかならない。そういうときの穴埋めとして遊漁を始めた。自分はそこそこ二本釣りのウデがあったから、何とかなるんじゃないかと。で、遊漁を始めたのはいいんだけど、今と違ってクチコミなんかでなかなか広まるもんじゃない。

—— ブリをねらい始めたきっかけは？

当時、函館市内にAという釣具店があって、そこで自分と同い年の店主に、遊漁で沖に出たら写真を撮ってきてくれと頼まれた。その写真を使って店主が新聞に記事を書くというのがあって、記事が載るようになると函館市内に船の名が知られるようになってきた。

そしてあるとき、札幌のKさんが

やって来て、函館沖にブリが回遊しているようだからルアーで釣らせてほしいという。それまで、遊漁でブリはねらっていなかったのだけど、どうも釣具店Aからブリのことを聞いたらしい。ブリはエサじゃないと釣れないと思っていたから最初は断った。でも、開高健の影響で自分もルアーに興味があって、やってみようと考え直した。

—— 当時、ブリの回遊状況は？

遊漁を始める前からブリはエサで釣っていたけど、昔は年によってムラがあり、群れも多くはなかった。うちの親父の話だと昭和33年くらいがピークで、それ以降はブリの回遊がほとんどなくなっていたらしい。その原因はハマチの養殖かもしれない。ハマチの養殖は、流れ藻に付いているモジャコと呼ばれるブリの幼魚を捕まえ、イケスに入れてヤってまくって大きく育てる。以前はとんでもない数のモジャコ業者がいて獲りまくったけど、そういう業者が減ってブリが増えてきたんだと思う。温暖化だけじゃない。

—— 最初はどういうスタイルでねらったのですか？

ナブラを見つけてキャスティングで。そっちのほうが釣れるという頭しかなかった。使われていたルアーは、ジグとミノー。でも、リトリーブしても追ってはくるけど食わない。船の目の前まで来たら逃げちゃう。それに、ブリを捜すのは大変だった。5～6時間走っても全く群れが見つけられないことはしばしば。函館沖のブリは常に回遊していて、新しい群れが次々と入って来る。函館沖

「ここにブリが付いている」という場所がない。出船したら、まずはイカを捜すしかないんだ。イカのいるところにはブリが出る。もしイカのいるところにブリがちょろちょろ付いているから。もしもイカの下にはブリがいることもある。あるとき、トリヤマが立つ場所に行ったら、ブリに追われてイワシじゃなくイカが跳ねている（笑）。イカが墨を吐いて海が茶色い。ところが、そういう状況だと、なかなか魚を騙せない。どうやってお客さんに釣ってもらうかに頭を悩ませ、釣りのテレビや雑誌を見て、本州で流行り始めたジギングを知った。

—— 初めて釣果があったときの話を聞かせてください。

室蘭のお客さんが来たときのこと。汐首岬の手前の釜谷沖にブリを捜しに行きたがらない。無線を聴いていると、確かに木古内沖にいた船からブリがいたという知らせが入った。それで釜谷から木古内に走った。でも、群れは見つからない。もう帰ろうと函館に向かって走り始めるとナブラを発見し、キャスティングでねらったんだけどダメ。ふと、魚探を見ると、船の下に反応が出ている。今度はジギングに切り替えると一発で掛かった。これが初釣果。で、「ジギングならブリは釣れる！」となった。

—— それで一気にジギングがブレイク？

いや、全道にブリが釣れるように広まったのは、Kさん夫婦を乗せて汐首岬方面に行ったことがきっかけ。奥さんが7kgと8kgのブリを釣って、そのときに撮った写真が新聞に載ってメディアにブリの釣果が公開された

のは、おそらくそれが初めて。これがむさいおじさんなら分かるけれど（笑）、女性だからインパクトがあったんだろう。当時、北海道でブリなんて、そうそう釣れるもんじゃないっていうイメージがあったのに、これで空気がガラリと変わった。

それから毎日2〜3件、電話が掛かって来るようになった。で、札幌、室蘭、伊達の釣具店がお客さんを連れてやって来る。札幌のある釣具店は7〜11月の土日すべてを抑えさせてくれといった。でも、それは大きないと断った。不公平だからね。あるときから1月7日に付き合いのある釣具店すべてに電話を掛け、皆が公平に乗れるように振り分けることにした。すると、7〜11月、一日も空くことなく予約が入った。実際はシケなどで、沖に出られるのは60％くらいだけど。

——最初の頃はどんな釣り方をしていたのでしょう？

1998年はあまり釣れなかった。この頃は6時間走っても釣れないとはざら。釣れる確率は2割とお客さんに伝えていた（笑）。釣果が上がってきたのは、釣り方やパターンが分かったのが大きい。ジギングのやり方は最初、本州で主流のピッチの速いパターンを試していた。でも、それだとあまり釣れないんだ。

あるとき、こんなことがあった。6人乗ったとき、前の4人がそこそこやっている人で、後ろの2人は初心者だった。で、前の4人は掛かっているのに、後ろの2人はあまり釣っている。後ろの2人はジャークに慣れていないからジャークのピッチ

が遅い。ところが、その釣り方がよかった。理由はエサにもあるかもしれない。スルメイカが今よりも多かった。潮目でジギングをやっていると、イカがよく掛かってきたから。

ジグの重さは150〜250g。ロングタイプが人気で、なかでもジャックナイフ（スミス）が一番だった。カラーはシルバーとグロウ。9月後半から10月は潮が濁ってくるので特にグロウが効いた。タナは70〜80m、深くて120m。ひどいときなら160mで反応がある。

——主なヒットパターンを教えてください。

ナブラが立っていても食わないときは一端船を離す。で、ナブラがどっちに動くか黙って見ている。進行方向が分かったら、後ろから追い掛ける。低速で。そして、そのナブラをわざと船で乗り切るんだ。すると、魚は驚いて沈んで行く。その潜っていくタイミングを見計らい、乗船者全員にジグを落としてもらう。潜ってしいく魚の目の前にジグを落とすとどうなるか。魚からしたら、食べたい

最初はナブラを見つけてキャスティング。そっちのほうが釣れるという頭しかなかった。

船長の瀧川久市さん。現在は函館名物のイカ釣り体験プランをメインに、釣りの楽しさを多くの人に伝えている。その詳細は、http://www.kinryumaru.com/まで

んだけど逃げないといけない。でも、目の前にジグが来ると、すぐ飛びついてくる。「一発勝負のヒットパターン。昔、お客さんに「どうしてそんなに早くトリヤマが捜せるんだ」と聞かれたことがある。自分はいつもカモメの飛び方を見ている。カモメが下を見ながら、ずーっと飛んでいることがあるけど、それは海面に何かいるんじゃないかとエサを捜している動きなんだ。でも、ほかのトリヤマが何十羽も集まり、どこかでトリヤマが立っているのを気づいたときのカモメの飛び方が違う。速い。急いでいるから、すごいよ、カモメって。人間の目なら多い日で船中30〜40尾。7月半ばはシイラも混じった。急速にブリジギングが流行すると、プレジャーボートが爆発的に増えた。漁師の船より2〜3km先まで見ている。カモメにヤル気がないときは船からあまり離れない。でも、ほかのカモメがエサを食べる行動を察知したら、すぐに飛んで行く。日によっては、船が真っすぐ走れないほど、プレジャーが多いんだもの（笑）。自分もエサを食べたいから、そんなカモメの動きを常に観察している。

——タックルのスペックは今と比較してどうですか？

ジギングが流行すると、函館の釣具店に行っても満足にジギングロッドが並ぶことはなかった。入荷すれば売れるという感じ。ピークの頃、人気のリールは半年待ち。何でそんなにオフショア用のリールが北海道でばんばん売れるのかと、メーカーもびっくりしていたらしい。ジギングはそれまで、北海道になかった釣りだから。当時、ロッドとリールがセットで10万円くらい。釣具店はあの頃、相当儲かっただろうね（笑）。

当時もPEラインの主流は3〜4号だったけど、大阪の釣具店のオー

ナーがホームページを見て来てくれて、2号のPEラインと20ポンドのショックリーダーを使っていたのを覚えている。そして99年、自分の船のランキングで1位の年、自分の船のランキングに早くトリヤマが捜せるんだ」と聞かれたことがある。自分はいつもカチで8・3kgを釣り、その後、函館沖は潮が速いからPEラインは細いほうがいいと、1・5号で挑戦して釣った人もいたね。

——最盛期の函館沖はどんな感じでしたか。

年を追うごとに釣果は上がってきて、2003年がピークだったかな。いい日は誰でも釣れるような感じ。7月半ばはシイラも混じった。急速にブリジギングが流行すると、プレジャーボートが爆発的に増えた。漁師の船より遊漁船、漁師の船が函館沖に浮かんでいた。ところが、2004年になると群れが少なくなり、今度は釣具店がお客さんが集まらないと困っていた。積丹でもブリジギングが流行し、函館のブームは終焉していく。

当時の大ものは9月。自分の町の大漁祈願祭が9月16日で、その前後でいい魚が入って来た。10〜11月になってブリがいなくなると、フクラギやイナダが来遊してくる。それらが来るとブリのシーズンはほぼ終わり。最近はそのパターンがくるときているね。

——ありがとうございました。

全道遊漁船ガイド

ブリ釣りできます!

予約時には出港、帰港時間を確認したい。乗船日の前日は早めに寝て、体調を万全に整えておくこと。集合場所には30分ほど前に到着しておくのがベター。
なお、遊漁船の関係者は早朝から働いていることをふまえ、午後8時以降の電話は慎みたい。

幌武意漁港　琉駕

- ◎船　　長／安瀬修一
- ◎営業期間／6〜11月
- ◎基本料金／8,000円
- ◎連絡先 TEL／080・8294・1812
- ◎乗船場所／南防波堤基部

道内では珍しい24フィートのフラットボート。水面が近く、船縁が低いので、ランディングをスムーズに行なえる。揺れにくい構造で船酔いしやすい人にもうれしい。簡易トイレ、レンタルあり

余別来岸漁港　レッドムーン

- ◎船　　長／岡田三四郎
- ◎営業期間／6〜11月
- ◎基本料金／午前8,000円　午後7,000円
- ◎連絡先 TEL／090・2692・8585
- ◎乗船場所／予約時要確認

ボートは26フィートの和船タイプ。釣り座の上や後方が開けているので、キャスティングでねらうときでも釣りやすい。定員11人。1人からでも出船可。レンタル数セットあり。HPで状況を随時更新中

能取新港　ブルーマリン

- ◎船　　長／西川竜哉
- ◎営業期間／6〜10月中旬
- ◎基本料金／6,000円〜
- ◎連絡先 TEL／0152・73・3545
- ◎乗船場所／ボートヤード

26フィートのボートで足が速い。ナブラを追いやすく、キャスティングでも心強い。プロショップ直営。船長は積丹の遠征経験が豊富なジギングフリーク。初心者でも釣り方を分かりやすく教えてもらえる

能取新港　タマリスク

- ◎船　　長／引地俊介/村上誠
- ◎営業期間／7〜10月
- ◎基本料金／8,640円
- ◎連絡先 TEL／090・2793・6986
- ◎乗船場所／ボートスロープ周辺

ボートは21と30フィートの2艘あり、乗船人数や釣り方に応じて選択。いずれもジギング、キャスティングでも釣りやすい。午前と午後便あり。魚は船長が活締め&血抜きをアシストしてくれ、海水氷で保冷するので美味しくいただける

港	船名	船長	営業期間	基本料金	連絡先TEL	乗船場所	メモ
余市港	シーランチ	加藤正樹	6月上旬〜中旬/8月中旬〜11月中旬	9,000円〜	090・3898・5438	製氷工場裏	各釣り座に滅菌海水が循環する
余市河口漁港	さち丸	福島敬文	6〜11月	8,000円	090・3773・7941	南防波堤	1人から出船可。応相談
古平漁港	アンタレス	高須明男	6月中旬〜11月	8,000円	080・1872・2685	東防波堤基部	平日歓迎、定員10名
古平漁港	第八宝勝丸	本間弘幸	6〜11月	8,000円	090・6263・3019	直売所裏	4〜5人から出船
古平漁港	宝進丸	依田一男	6〜11月	8,000円	0135・42・3578	予約時要確認	出船はスルメイカ、沖五目の予約状況しだい
古平漁港	シーマスター第六征海丸	須之内哲也	6〜10月	午前10,000円/午後8,000円	090・5434・1810	東防波堤基部	ソナー搭載船。釣り座に循環水。粉砕氷サービス
古平漁港	シーマスター第七征海丸	須之内哲也	6〜10月	午前10,000円/午後8,000円	090・5434・1810	東防波堤基部	レンタル、トイレあり。ダービー開催
古平漁港	海友丸	堀米正之	5月下旬〜11月中旬	午前8000円/午後6000円	090・6211・7042	造船所マリーナ前	一日通しは12,000円。氷サービス、レンタルあり
古平漁港	アトゥイ	土方康充	6〜11月中旬	8,000円(6時間)/12,000円(10時間)	080・1063・1907	斜路前桟橋	スローピッチジャークを推奨
美国漁港	第一海生丸	本間寿樹	8月下旬〜11月中旬	8,000円(貸切70,000円)	090・8902・1099	予約時要確認	魚は船長が活締めしてくれる
美国漁港	栄丸	川村正	6〜11月	8,000円	090・8898・2807	北防波堤基部	9.9トンの大型船で揺れが少ない
美国漁港	第一漁栄丸	新井富士夫	6〜11月	8,000円	090・9755・9108	予約時要確認	氷サービスあり

(道央日本海)

港	船名	船長	営業期間	基本料金	連絡先TEL	乗船場所	メモ
道央日本海							
幌武意漁港	栄久丸	加藤忠貴	6～11月	8,000円(6時間)	090-3114-1083	予約時要確認	2人から出船
	浜洋丸	長内春樹	6～11月	8,000円	090-3116-6970	市場前	2人から出船
	博洋丸	加藤博明	6～11月中旬	8,000円	090-8899-7744	予約時要確認	出船は2人から。漁との兼ね合いで決定
	ノーザンボイジャーⅡ	杉本勝	5月下旬～11月中旬	8,000円(貸切48,000円)	080-1884-6794	南防波堤基部	ソナー装備船。レンタルタックル1,000円
	仁成丸	佐藤正仁	6～11月	8,000円	090-8899-1693	予約時要確認	キャビン、トイレあり。レンタル2,000円
日司漁港	ナナⅢ	小笠原忍	5月下旬～11月下旬	8,000円	090-8371-6294	予約時要確認	午前、午後、夜の3便。平日1人でも出船
	第16豊進丸	釜野清一	6～11月中旬	8,000円	090-8272-2824	弁天岩正面の突堤	9.6トンの大型船。トイレあり
	第18北星丸	杉野秀幸	6～11月	8,000円	0135-45-6054	北側船揚場の左手	14トンの大型船
	第八明見丸	加納好規	6～11月	8,000円	090-2076-7112	弁天岩正面の突堤右手	6～8月はウニ漁との兼ね合いあり。出船は応相談
	第18朝丸	大島克己	9～10月	8,000円	0135-45-6250	船揚場の横。マグロ旗目印	船長はベテランのクロマグロ漁師
余別来岸漁港	寿丸	神成史崇	6～11月中旬	午前8,000円/午後7,000円	090-2050-1572	予約時要確認	レンタル2,000円。カード決済可
	アクアガイド龍神丸	小原茂美	7～10月	8,000円	090-1526-1584	漁協右手の南防波堤基部	氷サービスあり。男女別トイレ
	北斗Ⅲ	高橋守	6～11月	8,000円	0135-46-5800	予約時要確認	デイジギング中心。宿泊施設あり
	輝潮	鹿児島一行	6～11月	8,000円	0135-46-5800	予約時要確認	定員5人。小人数でのんびり楽しめる
	ブルームーン	朝妻靖博	6～11月	8,000円	090-2870-1792	予約時要確認	魚は船長が神経締め&血抜きしてくれる
	マリⅡ	小山真	6～11月	午前8,000円/午後7,000円	090-8709-9285	予約時要確認	魚は船長が神経締め&血抜きしてくれる
	桜丸	関口和弥	5月中旬～11月	午前8,000円/午後7,000円	080-1898-9000	予約時要確認	1人から出船。初心者大歓迎。レンタルあり
余別漁港	第15龍祥丸	飯田浩紀	6月上旬～11月中旬	8,000円	090-6999-1132	漁協と船揚場間の突堤	魚の活締め、氷サービスあり
	漁福丸	澤貴幸	7～10月	8,000円	090-8897-0160	漁協左手のトイレ前	夜のみ出船。氷サービスあり
	第28千鳥丸	山田馨	6～10月	8,000円	090-3398-2147	漁協左手のトイレ前	出船は夜中心。活締めアシストあり
	光洋丸	角田拓也	6～10月	8,000円	080-1893-3527	漁協と船揚場間の突堤	活締めアシストあり
	金比羅丸	吉田恵一	6～11月	8,000円	090-6698-1351	漁協左手のトイレ前	氷サービスあり
	第28弘安丸	山田孝弘	6～11月	8,000円	090-3019-3703	漁協と船揚場間の突堤	出船は夜中心。活締め、氷サービスあり
	第18幸信丸	柴田幸信	6月下旬～8月	8,000円	0135-46-5261	漁協前	出船は昼のみ
神恵内漁港	第58雄飛丸	山森淳	6～11月	8,000円	090-7646-8240	予約時要確認	4人から出船。3人以下は応相談
道南日本海&津軽海峡							
青苗漁港(奥尻島)	第五福清丸	小松清美	6～11月中旬	3人30,000円/4人36,000円	090-2699-7419	深瀬鉄鋼所前	提携宿泊施設、釣具店近くにあり
上ノ国漁港	北斗丸	笠谷順悦	5月下旬～11月	8,000～10,000円	090-8636-0207	北防波堤基部	天候により汐吹漁港から出船
汐吹漁港	幸村丸	木村幸雄	5月下旬～11月	10,000円	090-8633-6853	漁協右突堤	氷サービスあり
江良漁港	第五武司丸	伊川俊幸	5月下旬～11月	8,000円	0139-45-3049	旧港側	民宿併営。出船は5人から
静浦漁港	金洋丸	石山忠義	5月下旬～11月	貸切50,000円	090-9523-3256	漁協前右手	定員8人。松前小島沖がメイン
福島漁港	洋盛丸	角谷敏雄	5月下旬～11月	貸切25,000～30,000円	090-9086-4677	旧フェリー乗り場周辺	定員6人。船長はブリ釣り歴20年以上
函館港	エスコート	梅田忠広	6月中旬～11月中旬	8,500円	090-3890-0450	緑の島	定員6人。氷サービスあり
大間漁港	第三更生丸	吉村由利	5月下旬～11月中旬	8,000円(4人以上の場合)	080-1876-9605	漁協右手の突堤	活締めアシスト、氷サービスあり
戸井漁港	第一海友丸	谷藤宏志	5月下旬～12月中旬	8,000円	090-2698-1320	泊町会館前の斜路	活締めアシスト、乗船後の休憩施設あり
太平洋							
虻田漁港	すてら	奥野英輔	8月中旬～9月	8,000円(貸切は応相談)	090-7050-4289	西防波堤中央	ポイントは虻田沖80mライン
オホーツク海							
ウトロ漁港	海友丸	近藤和義	6月中旬～10月	10,000円	090-1647-9357	漁協前	写真サービスあり。9月1日～25日はサケ専業
	永宝丸	門間一廣	7～10月	10,000円	080-1899-8555	婦人部食堂前	9月1日～25日はサケ専業。探検丸装備
	大成丸	大高英一/佐々木祐一	7～10月	10,000円	090-3114-4395	漁協前	9月1日～25日はサケ専業
	牛若	小田桐清一	7～10月中旬	10,000円	090-3773-3395	漁協前	9月1日～25日はサケ専業
網走港	第八勝栄丸	深谷勝	7～10月上旬	10,000円	0152-73-3545/ブルーマリン	網走川中央橋下流右岸	ポイントは能取沖、水深40～70mライン
常呂漁港	第二つれたか	佐々木貴晴	6月中旬～10月	10,000円	090-4871-8157	北防波堤基部	初心者大歓迎
	第58星流丸	鏡智也	6～11月上旬	10,000円	090-8899-8873	斜路周辺	レンタル3000円。仮眠所あり
	第8幌岩丸	皆川寛紀	6月中旬～10月	10,000円	090-5223-3614	中央埠頭周辺	レンタルあり。状況はHPで随時更新
	第38新生丸	村岡信也	6月中旬～10月	10,000円	090-6217-3401	港奥の船溜まり	氷サービスあり
	第八勇信丸	櫻井正樹	6月中旬～10月	10,000円	090-5075-4289	予約時要確認	氷サービス、宿泊所あり
能取新港	泰洋丸	湯川泰洋	6月中旬～10月	10,000円	090-8898-1956	基部岸壁右手奥	トイレ2ヵ所、キャビンあり。定員10人
紋別港	第18海王丸	円角孝	7～10月下旬	8,000～10,000円	090-7653-3550	第3埠頭	トイレあり。状況はHPで随時更新
	第18朝日丸	北川秀一	7～10月	8,000～10,000円	090-8370-6904	第3埠頭	2人から出船。無料宿泊施設あり
岡島漁港	第18大成丸	増田直登	6～10月	8,000～10,000円	090-3892-3872	北側岸壁	3～4人から出船。定員10人
	高竜丸	小川辰夫	8～10月	4人からで応相談	090-2690-2414	北防波堤中央	9月下旬～10月上旬はサケの予約多い

メーカー・釣具店・遊漁船 おすすめ広告特集

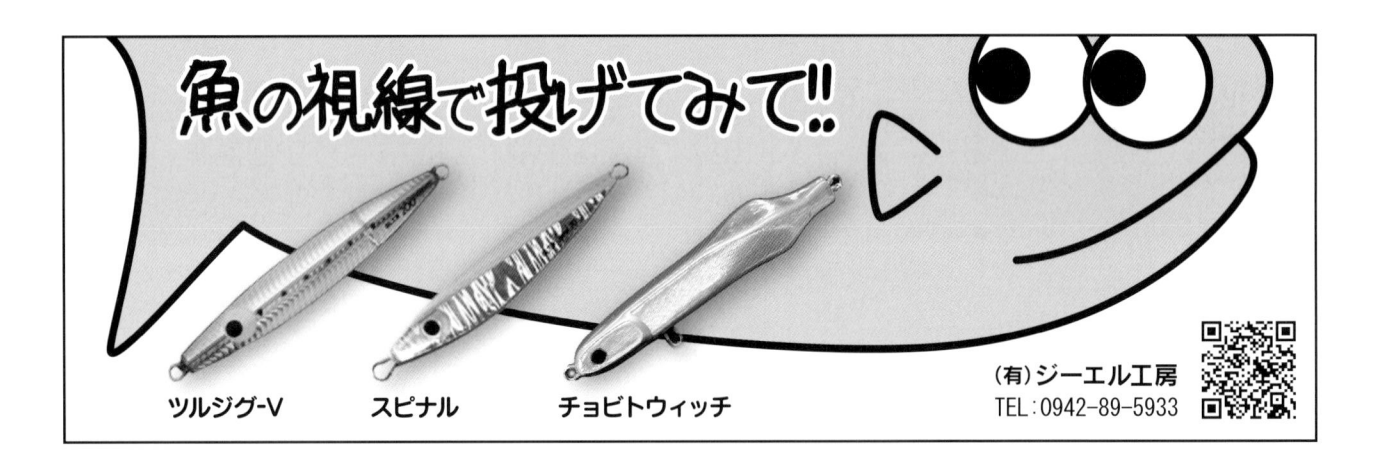

つり具の大型専門店 ブルーマリン
網走近郊の最大クラスの品揃え！

DAIWA / G-Loomis / Abu Garcia / LOOP / EUFLEX / FoxFire / SHIMANO / Waterland / SAURUS / PALMS / MARINE / SOULS

http://www.blue-marlin.co.jp/

ブルーマリンの気ままなブログ
新製品速報や釣果報告などを日々紹介しています。ぜひ遊びに来てください。

オフショアのブリジギング用品 オフショアのブリキャスティング用品 豊富に取り揃えています！

スローピッチ用品 "Rockラバ"用品 充実の品揃え

【営業時間のご案内】
夏 5月〜10月 AM8:00〜PM8:00 無休
冬 11月〜4月 AM8:30〜PM7:00 無休

P 大型駐車場完備

網走郡美幌町三橋町2丁目10-6（国道39号線沿い）
Find us on Facebook　TEL 0152-73-3545　FAX 0152-73-3929

魚の視線で投げてみて!!

ツルジグ-V　スピナル　チョビトウィッチ

(有)ジーエル工房　TEL：0942-89-5933

BlueGrass ブルーグラス

重さ 28g・35g・42g・60g

キャスティングならではの飛距離と使用感、ベイトフィッシュライクな細身のシェイプに、緩やかな曲線の面とエッジの効いた直線的な面を持ち左右で異なるフラッシングを発生する非対称ボディー。
サーフでのキャスティングで回遊魚、ハンティングで実績があります。
海さくら、サワラ、サバ、ヒラメ、etc…

全8色　Jazz

〒270-2214　千葉県松戸市松飛台 293-5
TEL 047-385-5229　FAX 047-385-8248　www.jazz-lure.com

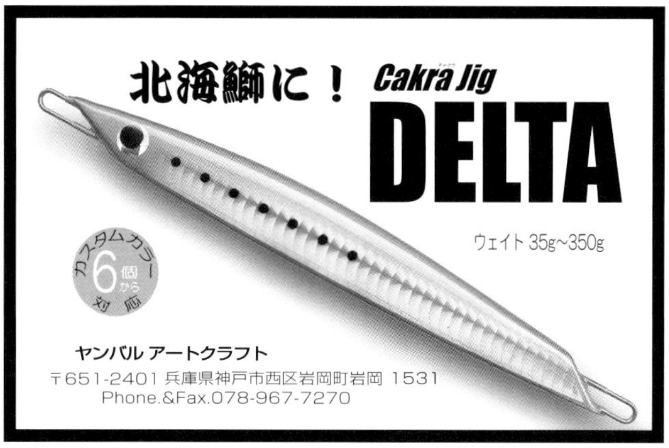

北海鰤に！
Cakra Jig
DELTA
ウェイト 35g~350g
カスタムカラー 6個から 対応
ヤンバル アートクラフト
〒651-2401 兵庫県神戸市西区岩岡町岩岡 1531
Phone.&Fax.078-967-7270

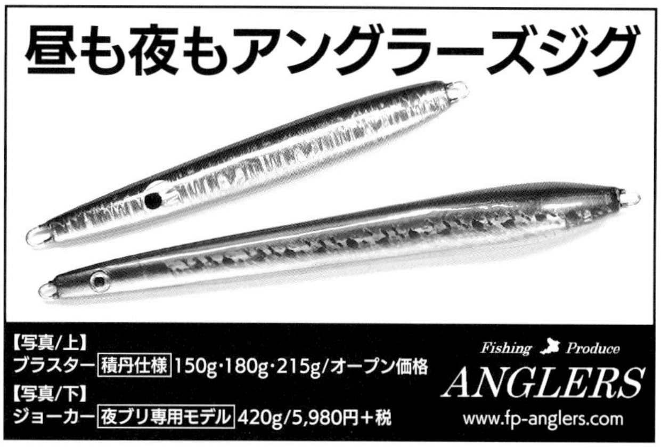

昼も夜もアングラーズジグ
【写真/上】
ブラスター 積丹仕様 150g·180g·215g/オープン価格
【写真/下】
ジョーカー 夜ブリ専用モデル 420g/5,980円+税
Fishing Produce
ANGLERS
www.fp-anglers.com

M.S.T.
Handmade Lure`s
Sea Strip

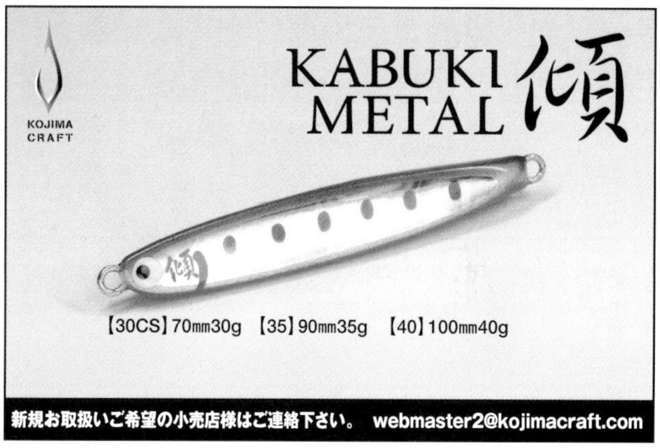

KOJIMA CRAFT
KABUKI METAL 傾
【30CS】70mm30g 【35】90mm35g 【40】100mm40g
新規お取扱いご希望の小売店様はご連絡下さい。 webmaster2@kojimacraft.com

無機質な物から有機質な物へ
職人の手を介して
アングラーの手を介して
次のステージへと生まれかわる
魚との対話
仲間の笑顔
海の恵みが運んでくれる
新たなステージの幕開け
夢に向かって
Second Stage
second jig yaiba
second jig yaiba PLUS
Second stage★
HIGH PERFORMANCE SALT WATER LURE
second stage☆ 大阪営業所
大阪府藤井寺市大井２－５－３５－I
TEL ０７２－９２６－７３１５
FAX ０７２－９２６－７３１８
http://secondstage01.com/

青物！ 鱒！ 根魚！ 鰈！ 北海道の釣りに特化した専門釣具店は
中古釣具の下取・買取・販売は

【最新新品釣具＆中古釣具】

MEGAFISH札幌本店

最新新品釣具のご購入ならMEGAFISH!!
"下取"ご利用で新品のロッド・リールを超オトクにGET！

MEGAFISH札幌本店 【新品/中古】

札幌市東区伏古10条2丁目10-8メガフィッシュビル4F
(札幌新道沿い。伏古IC出口すぐ／キリン柄のビル)

営業時間 10:00～20:00
TEL. 011-783-9000

ネットショッピング MEGAFISH札幌本店 大好評

楽天ICHIBA　YAHOO! JAPAN

10,800円以上送料無料
楽天ポイントTポイントが使える&たまる

北海道の釣りに特化した新品釣具が大量入荷中です!!

おもしろ市場屯田四条店 【中古のみ】

札幌市北区屯田4条7丁目7-30(コープさっぽろとんでん店さん隣)
TEL.011-776-7703　営業時間/10:00～19:00

NEWモデルから年代物までお宝が見つかるかも!?
中古商品の入荷情報はコチラ！
★ライブドアブログ★
MEGAFISH ブログ 検索

超お得な下取対象商品＆
最新新品商品の入荷情報はコチラ！
★アメーバブログ★
メガフィッシュ ブログ 検索

各ブログ、フェイスブックは毎日更新中!!
通信買取・販売も大好評受付中です♪
f★Facebook★
メガフィッシュ フェイスブック 検索

オトクな情報やクーポンを
LINEメンバーに限定配信!!
★LINE★
お友達登録

【積丹来岸漁港より出航】 ブリジギング船

REDMOON －レッドムーン－

レンタルタックルあります。
初めての方、道具をお持ちでない方も大歓迎！

ご予約・お問い合わせは **090-2692-8585**

最新情報はFacebook、アメブロでほぼ毎日更新中！
「積丹遊漁船レッドムーン」で検索

Advertising Index (50音順)

アングラーズ	127
アングラーズリパブリック	81
M.S.T.ハンドメイドルアーズ	127
岡クラフト	93
オーナーばり	4・5
コジマクラフト	127
ささき銃砲釣具店	128
ジーエル工房	126
ジャズ	126
スタジオオーシャンマーク	65
セカンドステージ	127
ダイワ	2・3
タックルハウス	表4
タマリスク遊漁船部	128
つり具天狗屋	85
つり具の釣人	128
Nature Boys	7
ピュア・フィッシング・ジャパン	18
フィッシングショップインパクト	128
Fishing Tackle Studio EzoHachi	41
ブルーマリン	126
プロショップかわぐち	128
ホームセンターラッキー	128
メガフィッシュ	129
山鹿釣具	9
山豊テグス	8
ヤンバルアートクラフト	127
ランカーズクシロ	128
琉駕/義経工房	128
レスターファイン	6

2015年7月1日 初版発行

編 者 つり人社北海道支社
発行者 鈴木康友
印刷所 株式会社須田製版
発行所 株式会社つり人社

[本社]
〒101-8408
東京都千代田区神田神保町1-30-13
TEL.03-3294-0781
FAX.03-3294-0783
振替 00110-7-70582

[北海道支社]
〒003-0022
北海道札幌市白石区南郷通13丁目南5-16 南郷サンハイツ401
TEL.011-866-7331
FAX.011-866-7335

乱丁・落丁がありましたら、お取り替えいたします。

ISBN978-4-86447-079-7 C2075
©Tsuribitosha INC
2015.Printed in Japan

つり人社ホームページ
http://www.tsuribito.co.jp/
NAオフィシャルブログ「北の国から」もチェックしてみてね

本書の内容の一部や全部を無断で複写複製（コピー）することは、法律で認められた場合を除き、著作権および出版社の権利の侵害になりますので、その場合はあらかじめ小社あてに許諾を求めてください。

※文中の価格表記はすべて本体価格です。2015年6月現在

単位換算表

1インチ(in)＝2.54cm
1フィート(ft)＝30.48cm
1ヤード(yd)＝91.44cm
1ポンド(lb)＝453.59g
1オンス(oz)＝28g

※一般的な換算です。メーカーごとに多少の差があります。

ブリ釣り北海道
NorthAngler's COLLECTION
Off Shore & Shore Fishing

From Staff

■ブリ釣りで忘れられない出来事が2つある。ひとつは「第一次ブリブーム」時の2002年9月に積丹半島で開催された、北海道で初となるオフショアジギングトーナメントでのこと。このとき、積丹町の幌武意漁港から50人ほどのアングラーを乗せ、5艘の遊漁船が沖に出た。その日は、快晴・無風・ベタナギという三重苦。その影響か、全体で7kgという一尾とふるわなかった。が、幸運にも私は、唯一釣果のあった船に乗っていて、カラー4ページを作ることができた。「君はツイてるな！」と言われたのをよく覚えている。ちなみに、その貴重な考案者であるKさん。ところが、この後から道内のブリ釣りは、しばらく厳しい時代に突入

していただいて帰宅すると（ほとんどの人が魅了される理由がよく分かった。■ブリを釣って、あるいはお裾分けしている手には、けっこう堪える引きだった。ブリの強さを再認識し、多くキャッチ。普段キーボードばかり叩いている手には、けっこう堪える引き再びオフショアアタックを手にし、2013年は久々にグッドサイズをかったが、第二次ブリブームを迎えてしばらくブリ釣りを楽しむことはなかった。その直後、マイタックルはドボン。海に奉納してしまった……。以後、船縁にマイタックルを置いたのが悪緊迫したシーンを撮影しようと、ついのとき、同行者がヒットし、釣り中の私はア・ジギングトーナメントでのことと。同。で、数回目の釣行でのことダーを購入。で、数回目の釣行でのことをはたいてジギングロッドとアンバサブリがブレイクしていると知り、大枚する。■その1〜2年前、函館方面で

になれれば幸いだ。
る。本書が皆さんの豊かな釣行の一助根魚の写真も可能性を秘めていうに、同じメソッドで釣れる青ものや道の海を遊び尽くしていただけるよう。本書の主役はブリとはいえ、北海日本でも、ブリは北海道を代表する魚になる可能性を秘めているだろりでも食して、ブリは北海道を代表する魚になる。北海道には、そのどちらもいる。釣日本は後者、西日本はブリといわれだ。正月を飾る魚といえば、昔から東ぶりっこしているわけではないよう願いします♡」という隣人は、決してて、本当に美味しいですよね。またお、「釣ってきたブリっになっているらしい。「釣ってきたブリっ年の豊漁は一般の人も知っていて気にるのだが、これがじつに評判がいい。近ばく。そして、さく取りして近所に配は後者。いつも女房が心を込めてさ

平澤